Bhakti
El Yoga del Amor

Bhakti
El Yoga del Amor

Gregor Maehle

Kaivalya Publications 2025

Revisión y edición de la traducción: Marta Sánchez Carril y Christian Orgaz Alonso

Por el mismo autor:

Ashtanga Yoga: Practice and Philosophy

Ashtanga Yoga Primera Serie

Filosofia Del Yoga

Ashtanga Yoga: The Intermediate Series

Pranayama The Breath of Yoga

Pranayama La Respiración del Yoga

Yoga Meditation: Through Mantra, Chakras and Kundalini to Spiritual Freedom

Samadhi The Great Freedom

How To Find Your Life's Divine Purpose – Brain Software For A New Civilization

Chakras, Drugs and Evolution – A Map of Transformative States

Mudras: Seals of Yoga

Mudras Sellos Del Yoga

Publicado por Kaivalya Publications PO Box 181 Crabbes Creek, NSW 2483 Australia

© Gregor Maehle 2026

Este libro está protegido por derechos de autor. Salvo para fines de estudio privado, investigación, crítica o revisión, según lo permitido por la Ley de Propiedad Intelectual, ninguna parte puede ser reproducida por ningún procedimiento sin el permiso escrito del autor.

Primera publicación 2024

Maehle, Gregor
Bhakti: El Yoga del Amor/por Gregor Maehle;

Traducción: DeepL

Revisión y edición de la traducción: Marta Sánchez Carril y Christian Orgaz Alonso

ISBN (pbk.): 978-1-7635825-8-3

Incluye referencias bibliográficas Bhakti yoga

Se hizo todo lo posible por contactar con los titulares de los derechos de autor del material citado, pero no fue posible en todos los casos.

Imagen de portada: Radha y Krishna, Bharat Kala Bhavan, Benarés

Dedicatoria

A los antiguos sabios de la India, que revelaron los misterios de la vida en los *Vedas* y los *Upanishads*.

Agradecimientos

Estoy agradecido a Sri T. Krishnamacharya, por la dedicación de toda su vida a la enseñanza de muchas técnicas de yoga extremadamente útiles.

A Sri Ramakrishna, por mostrar que hay una verdad común detrás de todas las religiones, que no puede reducirse a un solo tipo de experiencia mística.

A Sri Ramanujacharya, por presentar una teología precisa basada en los *Upanishads,* el *Bhagavad Gita* y el *Brahma Sutra*.

A Sri Aurobindo, que mostró que *el Jnana*, el *Karma* y el *Bhakti* Yoga son partes de un todo integrado.

A Alfred North Whitehead, que demostró que lo mismo puede ser posible para las matemáticas, la ciencia occidental, la filosofía occidental y el cristianismo.

A Marta Sanchez Carril y Christian Orgaz Alonso (Nosaltres Yoga) por la revisión y edición de la traducción en español.

Índice

Dedicatoria vii

Agradecimientos ix

Lista De Shastras Citados En Este Texto: xiii

Introducción 1

Capítulo 1: ¿Quién Y Qué Es Lo Divino? 23

Capítulo 2: ¿Quiénes Somos? 73

Capítulo 3: ¿Cuál Es Nuestra Relación Con Lo Divino? 91

Capítulo 4: Bhakti, Qué Es 117

Capítulo 5: El Karma Yoga Y Su Importancia Para
  El Bhakti 159

Capítulo 6: El Jnana Yoga Y Su Importancia Para
  El Bhakti 203

Capítulo 7: El Raja Yoga Y Su Importancia Para El Bhakti 225

Capítulo 8: Papel De La Ética En El Bhakti 241

Capítulo 9: Errores Metafísicos Y Lo Que No
              Es Lo Divino 251

Capítulo 10: Aclaración De Términos 279

Epílogo 307

Bibliografía 311

Información Sobre El Autor 319

Lista De Shastras Citados En Este Texto:

Yoga Sutra,
Gheranda Samhita,
Hatha Tatva Kaumudi,
Bhagavad Gita,
Chandogya Upanishad,
Bhagavata Purana,
Mundaka Upanishad,
Brhad Aranyaka Upanishad,
Aitareya Upanishad,
Hatha Yoga Pradipika,
Taittiriya Upanishad,
Mandukya Upanishad,
Mandukya Karika,
Vedanta Sara de Ramanuja,
Shri Bhashya de Ramanuja,
Mahabharata
Narada Bhakti Sutras

Introducción

En Shiraz (Persia), en el siglo XIV, un panadero de 20 años pasó por delante del balcón de una mujer de clase alta y, al ver su belleza, se enamoró perdidamente de ella.

El panadero era pobre, de baja cuna, y no se le consideraba guapo. En la medida en que se dio cuenta de que su deseo por la mujer, que más tarde se convertiría en la esposa del rey, nunca podría consumarse, su obsesión por ella no hizo sino aumentar. Su encaprichamiento llegó al extremo de que apenas podía comer ni dormir. A través de diversos vericuetos, el joven acabó siendo alumno de un maestro sufí que le aconsejó que dirigiera su amor humano hacia Dios. Hafiz, como llegó a ser conocido, dejó constancia de todo su viaje místico en su poesía, que es hoy en día la mejor en lengua persa. Aunque no era un *bhakta*,[1] en el sentido más estricto de la palabra, la obra de Hafiz nos proporciona, no obstante, una clara hoja de ruta de lo que significa convertir el amor humano en amor divino. Cabe destacar que, incluso en el caso de Hafiz, cortar y pulir el sentimiento en bruto del corazón requirió 40 años de práctica, para convertirlo en la gema preciosa de la realización divina.

Aunque no poseo el don de la poesía de Hafiz, tampoco mi entrada en el camino del *bhakti* fue por la puerta principal. De joven me sentí atraído por *el Jnana* Yoga, que es el camino de la realización del Absoluto sin forma (o conciencia infinita), mediante la reflexión sobre pasajes de las escrituras. También practiqué *el Raja* Yoga *del Yoga Sutra*, que consiste en diversos ejercicios de meditación y concentración para afilar la mente

---

[1] Practicante de Bhakti Yoga, el camino de la devoción.

como un láser, de modo que pueda cortar la ignorancia y el engaño. El *Bhakti* Yoga, sin embargo, siempre me incomodó. Me recordaba al adoctrinamiento religioso de mi infancia, en el que me decían que debía tener fe en un hombre blanco, gigante y barbudo del cielo, que ante mi negativa enviaría inundaciones, langostas, plagas, etc., o me enviaría a la condenación eterna en el infierno.

MI ENCUENTRO CON EL BHAKTI

Cuando llegué a la India, tenía la misma edad que Hafiz cuando vio a Shakh-e-Nabat en aquel balcón. Aquí había una tierra en la que a nadie le importaba si mi Dios era el Absoluto informe, *el nirvana*, un flautista de piel azul o, de hecho, una mujer negra desnuda que llevaba guirnaldas de calaveras. En mi equipaje a la India había una experiencia reciente, que había colocado en el cesto de las que son demasiado difíciles de integrar, por ser irreconciliable con mis tendencias ateo-agnósticas. Tras haber meditado, ayunado, mantenido el aislamiento y estudiado los *Upanishads* durante un largo periodo, llegué a la conclusión de que era incapaz de alcanzar lo que pretendía: *moksha*, la liberación espiritual. En un raro momento de rendición, me tumbé en el suelo del bosque y alcé los ojos hacia el cielo nocturno. Pensé: "ayuda, muéstrame quién soy", aunque según mi agnosticismo declarado, no había ninguna entidad ahí fuera a la que pudiera dirigirme.

En ese momento, fue como si una cremallera gigante se hubiera abierto sobre el cielo, y la tela que velaba la realidad se hubiera retirado. Tras ella apareció un ser infinito y eterno, cuyo cuerpo era el total de todos los universos. Ante mi ojo interior, este ser hizo surgir una corriente interminable de universos y reabsorbió otros, que habían seguido su curso. Al mismo tiempo, la entidad irradiaba una infinidad de seres sensibles, microbios, plantas, hongos, animales, humanos y

INTRODUCCIÓN

formas divinas, que eran todos cómputos y emanaciones de Sí misma, y al hacerlo, se convertía en Sí misma. Al mismo tiempo, un aspecto de Sí misma, Su esencia eterna, no se veía afectada en absoluto por estas transformaciones. Observé esta revelación ante los ojos de mi mente durante unos 45 minutos. Luego reflexioné sobre ella durante más de un año antes de llegar a la conclusión de que no encajaba en mi visión de la vida y, por tanto, tenía que ir a parar al cesto de lo demasiado duro. Lo que había visto era demasiado vivo para mí, demasiado ser; implicaba demasiado proceso, evolución y multiplicidad. Yo sólo quería la nada, el vacío, la inexistencia, la conciencia, la consciencia y el silencio. Desde luego, no sabía qué hacer con Dios y el amor.

Equipado con tales ideas preconcebidas, llegué a la India a principios de los años 80, donde primero me dediqué a varias sectas y cultos de iluminación instantánea, antes de embarcarme en una formación de varias décadas en yoga clásico. Esta formación incluía *asanas*, *pranayama*, meditación *chakra-Kundalini*, *samadhi*, sánscrito y estudio de *shastra* (escrituras). Al cabo de unos 20 años de formación, y sin pensarlo mucho, empecé casi accidentalmente a realizar *Trataka* (contemplación) de diversas imágenes y símbolos divinos durante las largas retenciones de la respiración (*kumbhakas*). Quería determinar si tal concentración ayudaría a mantener la mente luminosa (*sáttvica*) durante las retenciones. Lo que obtuve fue mucho más de lo que esperaba. Aprendí que las imágenes divinas inspiradas son similares a arquetipos espirituales que pueden revelar conocimiento si la mente del meditador está vacía y receptiva. Durante las largas retenciones yóguicas de la respiración, si se ejecutan correctamente, la mente se volverá vacía y receptiva de forma más o menos automática.

Aunque al principio me centré en las imágenes divinas hindúes combinadas con *mantras* sánscritos, más tarde aprendí que las imágenes budistas, islámicas, cristianas y judías, combinadas con conjuros pali, árabes o hebreos, funcionan igual de bien. El místico indio Sri Ramakrishna, que emprendió todos estos caminos secuencialmente, ya lo había confirmado. Más tarde, experimenté con símbolos sagrados animistas, indígenas y basados en la naturaleza, como espíritus de animales y plantas, montañas y ríos sagrados, etc., cuyo valor y capacidad para instruir al meditador también demostraron su utilidad. Aunque continúo con mi *Raja* Yoga hasta el día de hoy, estas experiencias acabaron convirtiéndome de un *Raja* Yogui (basado en la técnica) a un *Bhakti* Yogui (basado en la devoción). Espero que este texto sobre *el Bhakti* Yoga pueda servir de apoyo a cualquier persona interesada en profundizar en su espiritualidad y en las experiencias asociadas a ella.

Puedes practicar el *Bhakti* Yoga seas o no miembro de una confesión espiritual. Lo que me pareció sumamente importante es que las experiencias y el conocimiento espirituales auténticos sustituyen en última instancia a la creencia. Alguien que sólo cree, sabe que está sobre una base insegura y, por tanto, tiende a defender dogmáticamente su postura frente a quienes tienen creencias diferentes. Demostrar certeza respecto a las propias creencias religiosas y espirituales suele manifestarse en la medida en que surgen dudas y cuestionamientos internos. Esta paradoja de certeza externa y duda interna ha contribuido en gran medida a nuestra historia de guerras santas, que son intentos de convertir por la espada a quienes sostienen creencias diferentes, que consideramos amenazadoras. Cuando hemos alcanzado el conocimiento, el hecho de que otra persona crea o no que estamos en lo cierto se vuelve irrelevante.

Por ejemplo, no te sentirías amenazado si alguien te dijera que no tienes ojos. El hecho de que puedas ver te indica que tienes ojos. Alternativamente, puedes mirarte en el espejo para confirmar que tienes ojos. El caso es similar si alguien dice que no cree en la fuerza de la gravedad. Puedes ponerte de pie y sentir que la gravedad presiona tus pies contra el suelo. Incluso si te sientas en una tumbona, sentirás la gravitación presionando tu cuerpo sobre la superficie blanda. Si alguien te dice que no cree que tengas ojos o que no cree en la gravedad, es probable que lo consideres extraño, pero desde luego no una amenaza para tu sistema primario de valores. Distinta es la situación con las creencias religiosas. Si aún no hemos alcanzado el conocimiento, el hecho de que otra persona pueda seguir creencias distintas puede hacernos sentir inseguros sobre si nuestras creencias son erróneas. Podemos compensar esta inseguridad mediante la agresión. Esta inseguridad y la agresión que fomenta se vuelven obsoletas una vez que obtenemos el conocimiento místico.

¿QUÉ ES UN ISHTADEVATA?

Todo esto cambia una vez que conocemos a la única Divinidad sin nombre conocida bajo mil nombres. Tal conocimiento conduce a la devoción y el servicio al Uno, fuente ancestral de todas las religiones, caminos espirituales y escuelas místicas, todos igualmente válidos. El *Yoga Sutra* afirma que el estudio de los tratados sagrados revela la deidad apropiada de cada uno (*ishtadevata*).[2] El concepto de *ishtadevata* implica que existen muchos tipos diferentes de personalidades, cada forma divina representa una frecuencia distinta, asumida por la única Divinidad, para comunicarse con nosotros individualmente. Aunque la Divinidad no es una persona ni un humano gigante en el cielo, es personal para cada uno de nosotros. Esto es así porque todos nosotros somos permutaciones de la Divinidad única, a través de las cuales Ella encarna Su creatividad ilimitada. En su séptimo capítulo,

---

2 Yoga Sutra II.24

el *Gheranda Samhita*, un texto medieval de Hatha Yoga, enseña seis vías para alcanzar *el samadhi* (éxtasis de absorción y revelación). Una de estas seis vías es *el bhakti samadhi*, que consiste en visualizar el propio *ishtadevata* (la forma divina apropiada para un individuo concreto) en nuestro corazón, hasta derramar lágrimas de felicidad.[3] Parece desconcertante que la simple visualización de una forma divina conduzca al derramamiento de lágrimas de felicidad, pero el contexto lo es todo. Esta estrofa en concreto aparece en el capítulo final de un tratado que ofrece interminables listas de prácticas ocultas, como *asanas, kriyas, mudras, pranayama*, meditaciones, etc., para prepararse para *el samadhi*. Incluso al llegar a este tema final, el *Gheranda Samhita* no insiste en *el bhakti*, sino que sólo lo enumera como uno de los seis enfoques posibles.

Sin embargo, la pista crítica de la estrofa que hace que *el bhakti* sea tan poderoso es el término *ishtadevata*. La importante connotación que incluye este término es que debes elegir una representación de la Divinidad que sea apropiada para ti, y no que te haya sido impuesta por otra persona. Una forma adecuada para mí podría ser totalmente inadecuada para cualquier otra persona. Una situación así no debería hacernos sentir inseguros, sino llevarnos a celebrar nuestra diversidad. Por ejemplo, una situación en la que fueras la única persona viva en la Tierra que meditara en un *ishtadevata* concreto no devaluaría este *ishtadevata*, ni devaluaría tu experiencia en modo alguno. Significa que, actualmente, eres la única persona en la Tierra de ese tipo concreto de personalidad espiritual, eso es todo.

En última instancia, sobre todo si nuestra meditación y comunión con nuestro *ishtadevata* es profunda, podemos llegar al punto de haber sondeado la profundidad de lo que este *ishtadevata* concreto puede revelarnos. Ten en cuenta

---

3 Gheranda Samhita VII.14-15

INTRODUCCIÓN

que no se trata de una limitación de la Divinidad, sino de nuestro tipo de personalidad espiritual. Entonces podemos elegir meditar en otra forma divina y luego en otra más, como ha demostrado Sri Ramakrishna. Sri Aurobindo dijo que un *bhakta* consumado acabaría meditando en todos los *ishtadevatas* disponibles. Sin embargo, no debemos dejar que esta afirmación nos lleve a una especie de carrera de ratas, de forma divina en forma divina. Aun así, Aurobindo señaló un hecho que será extremadamente importante para una futura comunidad espiritual global. Cuando entres en una cultura desconocida, prepárate meditando en las formas divinas que utiliza esa cultura. Mediante esa meditación, te sumergirás en otra cultura desde dentro. Comprendiendo las formas divinas de esa cultura, y obteniendo su *darshana*,[4] entrarás en otra cultura, como un pez que entra en el agua.

NOMBRES DE LO DIVINO

Para expresar universalidad, en este texto utilizaré los siguientes términos para referirme a lo Divino: el Ser Supremo, Purushottama (Ser Supremo en sánscrito), el Uno y Dios. Este último término está especialmente cargado, ya que casi todo el mundo tiene una opinión clara sobre lo que denota, ya sea favorable o desfavorable. Me pareció muy importante reivindicar este término. El primer y más significativo capítulo de este libro trata de lo que es y no es lo Divino. Aparentemente, los peces no tienen conciencia del océano en el que nadan, pues es todo lo que han experimentado. La Divinidad es así. Nuestra situación respecto a lo Divino es similar a la del pez respecto al océano. Definimos algo demarcando sus límites frente a algo que no es. Nuestra definición de lo bueno adquiere sentido al delimitarlo frente

---

4 Darshana traducido directamente significa visión. Durante una visión profunda, obtenemos la revelación.

a lo malo, y lo mismo ocurre con nuestro concepto de lo caliente, que surge al separarlo de lo frío.

Del mismo modo, el azul fue el último color en ser nombrado en la mayoría de las lenguas. Esto se debe a que la mayor parte del mundo, el cielo y los océanos, es azul. Por ello, durante una gran parte de nuestra historia no lo vimos como un color, sino que lo tomamos como el aspecto del mundo. Éste es precisamente el caso de la Divinidad, y por eso nos cuesta tanto verla. La Divinidad no es sólo el telón de fondo en el que todo tiene lugar, sino que todos los actores de esa pantalla son también la Divinidad.

Basaré este texto en las Escrituras, en el testimonio de místicos pioneros y en mi propia experiencia. En general, todo lo escrito en este libro se basa en los tres. Las escrituras autorizadas que he citado a cada paso son el *Bhagavad Gita*, el *Bhagavata Purana* (en ambos el orador principal es el *avatar* de Vishnu, Krishna), y el *Bhakti Sutra* de Narada. También citaré *la Biblia* y diversos textos de yoga, en particular el *Yoga Sutra*. Además, he citado al teólogo indio Ramanujacharya (1077-1157 d.C.), a los místicos y filósofos indios Sri Ramakrishna (siglo 19th), y Sri Aurobindo (siglo 20th), al matemático y filósofo británico Alfred North Whitehead (siglo 20th), y a varios eruditos indios contemporáneos, entre ellos Swami Tapasyananda y Swami Tyagisananda. Cuando aparece por primera vez, me dirijo a estas autoridades con el honorífico Shri, de uso común en la India. Debido a la gran cantidad de citas y para no ser demasiado repetitivo, omitiré el título más adelante. No pretendo faltar al respeto y espero que nadie se ofenda.

¿QUÉ ES EL AMOR HUMANO?

El Hatha Tatva Kaumudi medieval se pregunta para qué sirve el Hatha Yoga sin el *bhakti*.[5] A continuación describe el *bhakti*

---

[5] Hatha Tatva Kaumudi, p.629

INTRODUCCIÓN

como el proceso durante el cual un yogui se empapa en lágrimas de intensa dicha, provocadas por el amor a través de la comunión con lo Divino. El texto afirma además que *bhakti* es experimentar el amor eterno, al sumergirte en el océano del amor divino. De la elección de las palabras se desprende que el concepto de amor difiere aquí significativamente de las ideas contemporáneas sobre el amor que se utilizan actualmente en la sociedad moderna. Hoy en día, utilizamos el término principalmente en el contexto del amor romántico. El amor romántico suscribe el mito de que de algún modo estamos incompletos y de que ahí fuera existe precisamente la persona adecuada para hacernos íntegros y completos, si tan sólo podemos encontrarla.[6] Las personas modernas, por tanto, tienden a entrar en las relaciones románticas cargadas de enormes expectativas, bajo cuyo peso tienden a derrumbarse rápidamente. La mayoría de la gente no puede estar a la altura de la expectativa de que es su responsabilidad hacer que su pareja sea íntegra y feliz, ¿y por qué debería hacerlo? Entonces creemos que hemos elegido a la persona equivocada, seguimos nuestro camino y continuamos buscando al hombre o a la mujer adecuados.

Uno de los problemas del amor humano es el elemento siempre presente de la proyección. Freud señaló cómo nuestras relaciones con nuestro(s) cuidador(es) primario(s), normalmente nuestros padres, dejan ciertas heridas psicológicas, en el yoga llamadas *samskaras* (huellas subconscientes). Basándonos en esas huellas tempranas, seleccionamos a nuestra(s) pareja(s) más tarde, en la edad adulta, en función de su capacidad para volver a infligirnos esas mismas heridas, simplemente porque confirman nuestros prejuicios existentes. Así, nuestras parejas se convierten en la pantalla receptora para proyectar nuestros

---

[6] Robert A. Johnson, We: Understanding the Psychology of Romantic Love, Harper One, 2009.

prejuicios subconscientes. Me referiré a ellos simplemente con el término proyecciones.

Estos prejuicios pueden implicar creencias como que la vida es dolorosa o compleja, que no valemos nada o somos indignos, que a los hombres sólo les interesa el sexo, que las mujeres sólo están por el dinero y la seguridad, y muchas más. Nuestro subconsciente ha destilado tales creencias a partir de nuestras experiencias vitales con el fin de sobrevivir, y muchas de ellas durante la primera infancia, al emular a nuestros cuidadores primarios. Desarrollamos tales creencias como respuesta a la aceptación del comportamiento de nuestros cuidadores primarios, y de todos los demás con los que nos encontramos. A menos que nos impliquemos en un trabajo transformador, esos prejuicios y creencias subconscientes no suelen revaluarse o revisarse en la vida adulta, simplemente porque funcionaron en el pasado. Por este motivo, en yoga nos referimos a la totalidad de estas creencias como programación robótica.

Tendemos a seleccionar a nuestras parejas no en función de quiénes son realmente como individuos, sino en función de su idoneidad para recibir nuestra proyección. El momento en que despertamos de proyectar necesidades subconscientes en nuestra pareja suele ser el momento en que se rompe la relación romántica. En ese momento, solemos buscar una nueva pareja que se convierta en el próximo receptor de nuestra proyección. Alternativamente, cuando decidimos conscientemente amar a nuestra pareja sin proyectarnos en ella, nuestro amor puede adquirir una cualidad espiritual. En este caso, el enfoque de la relación pasará de recibir lo que necesitamos de nuestra pareja a lo que estamos dispuestos a dar. Éste es el punto de partida en el que el amor humano comienza a girar hacia y dentro del amor divino. En última instancia, el amor divino nos pide que veamos y experimentemos a todo el mundo como una encarnación de

INTRODUCCIÓN

Dios. Para muchos de nosotros, empezar con la pareja es un punto de partida natural en este viaje.

Una fuente similar de proyección puede ser el amor que sentimos por nuestros hijos. Las personas de hoy en día que no siguen una religión o un camino espiritual concreto albergan a menudo la esperanza o creencia subconsciente de alcanzar alguna forma de inmortalidad viviendo a través de sus hijos. De niño, luchaba contra la forma, a veces obsesiva, que tenía mi madre de identificarse conmigo. Cuando me dirigí a mi padre para pedirle consejo sobre cómo manejar esta situación, me dijo que tenía que entender que mi madre era atea. Como todos los ateos, decía mi padre, veía a sus hijos como una continuación de sí misma, y como su billete a la inmortalidad. Esas creencias inconscientes y no examinadas pueden aflorar en afirmaciones tan simples como "no quiero que mis hijos sufran las mismas privaciones o dificultades que yo sufrí", o "siempre quise hacer esto o aquello, pero nunca pude; ahora me aseguro de que mis hijos puedan". Otra posibilidad es que hayamos deseado ser médicos, cantantes de éxito o atletas, pero nunca lo conseguimos. Puede que ahora intentemos alcanzar ese éxito a través de nuestros hijos, maniobrando con ellos para colocarlos en una posición en la que podamos disfrutar y consumir su éxito por extensión. Tal actitud está presente en la medida en que intentamos empujar a nuestros hijos en una dirección determinada.

Por supuesto, también aquí puede producirse una evolución. Esto queda especialmente claro cuando empezamos a amar a nuestros hijos no por lo que pueden ser para nosotros, sino simplemente por lo que son actualmente, aunque no sean necesariamente la persona que esperábamos. Especialmente si nuestro hijo tiene lo que podríamos llamar un destino problemático, y aun así le amamos y apoyamos desinteresadamente, o aprendemos gradualmente a hacerlo, entonces nuestro amor está empezando a evolucionar hacia el ideal del *bhakti*, el amor divino.

LA DIFERENCIA ENTRE EL AMOR HUMANO Y EL DIVINO

El amor humano es el amor en el que nuestra atención se centra en recibir un subidón hormonal, al estar junto a la persona amada. Una vez que nuestro amor ha madurado hasta el punto en que la atención se centra en nuestra capacidad de amar, independientemente de las cualidades del objeto de amor, ya estamos practicando un estado previo al *bhakti*. La diferencia vital es el paso de querer recibir amor a querer dar amor. Cuanto más maduro es este amor, más independiente es del comportamiento real del receptor. Esto queda claro en nuestra imagen del amor maternal ideal, en el que la madre ama a su hijo incondicionalmente, aunque éste siga mostrando comportamientos y elecciones desafortunadas.

Por tanto, no es falso decir que nuestras familias ofrecen el primer campo de entrenamiento para ejercer *el bhakti*. Si desarrollamos una cualidad madura de amor hacia nuestro cónyuge, hijos y padres, podremos extender este amor a todos los hijos de Dios, humanos o no. Se trata de un gran paso, ya que nuestra familia suele funcionar como una extensión de nuestro ego. Aunque el amor maduro hacia los miembros de la propia familia es un importante paso adelante, no puede decirse que sea verdadero *bhakti*, a menos que se dirija a la totalidad de la existencia. Esto es así porque la totalidad de la existencia es el cuerpo cristalizado de la Divinidad. La Divinidad no es un hombre blanco con barba que está en el cielo. Al contrario, la Divinidad consiste en:

- un aspecto trascendental (llamado de diversas formas: el Absoluto sin forma, la conciencia infinita, el Dao, el Padre, el Brahman *nirguna*, etc.),

- un aspecto inmanente (llamado inteligencia cósmica, fuerza divina creadora, Shakti, la Madre, Shekhinah, etc.),
- toda la materia como cuerpo de lo Divino,
- una infinidad de seres por los que entra lo Divino, convirtiéndose en Sí misma como ellos,
- y una infinidad de objetos, por los que la Divinidad entra, dándoles sus características.

No es necesario que memorices la lista anterior; la repetiré con frecuencia en este texto. Constituye la clave del auténtico *bhakti*. El Bhagavata Purana afirma que necesitamos meditar en cada aspecto de la Divinidad individualmente, y, luego, en todas las partes de forma simultánea.[7]

Cuando queremos amar verdaderamente a Dios, debemos amar a cada ser y átomo de este universo, y a todo lo que hay más allá. El primer capítulo de este texto está dedicado a este tema, porque una verdadera comprensión de lo que es la Divinidad constituye el fundamento *del bhakti*. Verlo todo como Dios no significa que lo aceptemos todo como perfecto, o que el mundo que la humanidad ha creado sea perfecto. Es todo menos eso. Significa, sin embargo, que debemos convertirnos en agentes del cambio, no desde una posición de frustración, ira o miedo ante el hecho de que las cosas sean como son, sino desde una posición de amor.

A veces se dice que *el bhakti* es el yoga de las emociones, o el acto de dirigir las emociones hacia Dios. Ninguna de estas afirmaciones es errónea, pero requieren una explicación. Estas afirmaciones no significan que debamos ser emocionales, o que las emociones estén más cerca de lo Divino que los pensamientos. Las emociones son sentimientos basados en impresiones pasadas. Si estoy emocionado, estoy reaccionando,

---

7 Bhagavata Purana III.33.22

basándome en condiciones pasadas. Una forma fácil de entenderlo es si observamos nuestra respuesta a algo que hace nuestro cónyuge. Si desencadena una respuesta basada en el momento presente, sólo puede decirse que nuestra respuesta provoca en nosotros un sentimiento. Por ejemplo, podríamos sentirnos tristes, preocupados o temerosos por algo que dice o hace nuestra pareja. En ambos casos, seríamos capaces de señalar nuestros sentimientos sin mucha carga emocional en nuestra voz. Podríamos comunicar que sería útil para nosotros que nuestra pareja ajustara su comportamiento por tales o cuales razones.

La situación sería muy diferente en el caso de una emoción. En este caso, no responderíamos a nuestra pareja basándonos en los sentimientos que surgen en el momento. Más bien reaccionaríamos basándonos en emociones relacionadas con el pasado. Estas emociones suelen estar vinculadas a situaciones similares que hemos vivido con un progenitor o cuidador principal. De niños, solemos ser impotentes para responder adecuadamente en el momento; por eso, una carga emocional, como la relacionada con la humillación, se acumula gradualmente con el tiempo. Estas cargas pueden desencadenarse décadas más tarde, y podemos mostrar un arrebato emocional aparentemente desproporcionado respecto a lo que nuestra pareja acaba de comunicarnos. Una emoción es, por tanto, un sentimiento acumulado basado en experiencias, reacciones e improntas pasadas.

Si entonces llamamos *al bhakti* el yoga de las emociones, o cuando hablamos de volver las propias emociones hacia Dios, lo que realmente queremos decir es que *el bhakti* se ocupa de purificar las propias emociones volviéndolas hacia Dios. Veamos, por ejemplo, las emociones del miedo y del odio. Es imposible amar a Dios y odiar a cualquiera de Sus hijos. Odiar a cualquiera equivale a odiar a Dios. En este caso, orientar las emociones hacia Dios significa desprenderse del

INTRODUCCIÓN

odio, pues odiar a cualquiera equivaldría a odiar a Dios. Sobre el miedo, Sri Krishna afirma en el *Bhagavad Gita* que Sus devotos son aquellos que no temen a nadie y que no causan miedo a nadie.[8] Lo hacen porque lo ven todo como una manifestación de Dios. Por supuesto, sería una tontería decir que *el bhakti* evitará cualquier sentimiento de miedo. Por ejemplo, si estamos cruzando una calle y un gran camión se dirige hacia nosotros a gran velocidad, sentir miedo es saludable. El miedo movilizará la adrenalina, que nos ayudará a tambalearnos con increíble velocidad hacia la seguridad del camino. Pero *el bhakti* nos ayudará a superar el estado más o menos permanente de ansiedad inconsciente que muchos experimentan hoy en día. Observa aquí de nuevo la diferencia entre un sentimiento relacionado con el momento presente y una emoción acumulada durante mucho tiempo. Por tanto, podemos generalizar que las emociones sólo pueden seguir existiendo en ausencia del amor divino. En presencia del amor divino, se disolverán, y sólo permanecerán los sentimientos relacionados con el presente.

¿QUÉ ES EL AMOR DIVINO?

Escribir o teorizar sobre el amor divino es difícil porque silencia la mente cada vez que uno lo siente. Por esta razón, también se le llama la voz del corazón. Pero debo escribir sobre él porque el amor divino, el *bhakti*, es una disciplina espiritual. No surge de forma automática o espontánea, sino que es una respuesta aprendida, una práctica espiritual, una *sadhana*, como hemos visto en el ejemplo de Hafiz y de muchos otros. Estudiarlo y practicarlo puede traer más amor al mundo. También podemos ayudar a Dios, a lo Divino, a venir a través de nosotros más de lo que actualmente es posible.

---

8 Bhagavad Gita XII.15

El amor divino es amor puro. El amor puro es el amor que se ha purificado de nuestra emocionalidad, de nuestras necesidades y de nuestra necesidad de ser necesitados. El amor es el resplandor central de nuestro ser. Es lo que brilla desde nuestro núcleo, desde nuestro *atman*, nuestra consciencia, nuestra alma, hacia fuera, hacia nuestra personalidad superficial. El *bhakta* intenta hacer que la personalidad superficial sea translúcida como un cristal o un diamante, para que pueda brillar el amor radiante que hay en el núcleo de nuestro ser.

El uso metafórico de un cristal o un diamante es constructivo porque ambos necesitan pulirse y tallarse para revelar su resplandor y luminosidad. Un diamante puede estar oculto en el interior de una piedra, y poco de él puede ser visible en la superficie. Se requiere trabajo y pericia en el pulido y el corte para sacar a la luz su mayor potencial. Del mismo modo, la práctica *del bhakti* requiere trabajo y pericia para sacar a la luz el resplandor de nuestro *atman*, el yo, la consciencia.

El amor es un aspecto de nuestra conciencia, del yo y de lo Divino. Del mismo modo, como nuestra conciencia es consciente de todo sin omitir nada, también ama a todo y a todos por igual. La práctica *del bhakti* consiste en hacer aflorar esta capacidad. Si podemos hacer surgir esta cualidad, nos colmará. Entonces podremos ir más allá de la necesidad de recibir, tomar y estar necesitados. El verdadero *bhakti* debe implicar siempre grados de autoconocimiento, conocimiento de la Divinidad, y disposición a llevar el propio amor al mundo sirviendo a la Divinidad y a todos los seres. Sri Aurobindo dice que el amor sin conocimiento puede ser apasionado e intenso, pero a menudo ciego, burdo e incluso peligroso. Es un gran poder, pero también un escollo.[9] El amor, limitado en el conocimiento [de lo Divino y del yo] se

---

9 Sri Aurobindo, The Synthesis of Yoga, Sri Aurobindo Ashram, Pondicherry, 1948, p. 548.

INTRODUCCIÓN

condena en su fervor a la estrechez. El amor combinado con el conocimiento (así dice Aurobindo) no se contradice, sino que se lanza con alegría a las obras divinas, porque ama a Dios y es uno con Ella en todos Sus seres. Trabajar por el mundo significa sentir y realizar el propio amor a Dios. Por tanto, no debe preocuparnos que nuestra práctica *del bhakti* nos lleve a volvernos distantes, sectarios o desinteresados por el mundo. Al contrario, *el bhakti* nos permitirá actuar con gran alegría y compasión al servicio de la Divinidad y de todos los seres.

Puesto que lo Divino es amor puro, no podemos sentirlo verdaderamente, a menos que nos convirtamos en amor puro. Ese devenir no implica un cambio, sino más bien un desprendimiento de los aspectos destructivos de nuestra personalidad superficial. No podemos ser amor puro a menos que nos rindamos y dejemos ir la enemistad, el odio y el enfrentamiento. Esta tríada es representativa del conflicto interior exteriorizado. El conflicto interior exteriorizado significa que rechazamos aspectos de nosotros mismos que nos resulta demasiado doloroso mirar y reconocer. Por tanto, reprimimos estos aspectos en la profundidad de nuestro inconsciente, y los combatimos exteriorizándolos, es decir, reconociéndolos, luchando contra ellos, y proyectando en los demás el conflicto reprimido.

Al desarrollar la cualidad del amor puro y divino, podemos reconocer los aspectos dañinos, destructivos y dolorosos de nuestra psique y entregarlos y soltarlos a la Divinidad. Además de reconocer los elementos dolorosos y destructivos de nuestra psique, este proceso también implica perdonarnos a nosotros mismos por albergarlos. En la medida en que se promulga ese perdón, también se extiende a los defectos de los demás. Esto pone fin al conflicto interior, y a su represión. Con ello, la exteriorización de dicho conflicto pierde su necesidad.

En otras palabras, para sentir verdaderamente a Dios, debemos acabar en última instancia con todo conflicto en nuestro interior, y amarnos y aceptarnos a nosotros mismos. Cuando se hace correctamente, los efectos significativos de este proceso son dejar de lado las actitudes negativas y desarrollar la gratitud y el perdón. Obstaculizamos nuestra evolución y nos frenamos al aferrarnos a actitudes negativas sobre la vida, el mundo y los demás. Desarrollamos estas actitudes para protegernos de la adversidad, pero impiden la satisfacción y la felicidad que obtenemos de la vida. Estas actitudes negativas suelen basarse en experiencias dolorosas, a veces traumáticas, del pasado. Al darnos cuenta de la Divinidad, comprender que la naturaleza de la Divinidad es el amor, y ponernos a su servicio, estas experiencias dolorosas pierden su finalidad y podemos desprendernos de ellas gradualmente.

Para soltar las experiencias dolorosas hay que empezar primero por tomar consciencia del esfuerzo y de la energía visceral y neurológica que invertimos en aferrarnos a ellas. Una vez que creamos esta consciencia (y sólo entonces), podemos desprendernos de esta energía, y utilizarla con fines más creativos y afirmativos para la vida. En este contexto, las afirmaciones (*sankalpas*) y el cultivo de patrones de pensamiento alineados con lo Divino (*bhavanas*) que describí y enumeré en mi texto de 2020, *Cómo encontrar el propósito divino de tu vida,* son útiles y esenciales. Con más de 100 páginas, el tema es demasiado extenso para tratarlo aquí.

Un tema crucial relacionado con esto, también descrito en ese libro, es la práctica del perdón. También aquí, la forma más fácil de perdonar es darse cuenta de que todos los seres son emanaciones e hijos de la Divinidad. Pueden estar heridos, distorsionados y, a través de su larga, dolorosa y traumática historia de errores, pueden incluso cometer actos malvados y sádicos. Aun así, a su manera distorsionada, están en su viaje hacia la felicidad, el amor y la libertad. También ellos llegarán finalmente a su destino, aunque probablemente de diversas maneras indirectas. También llegarán al mismo destino de convertirse en conocedores y amantes de lo Divino. Mientras tanto, tenemos que perdonarles y, si es necesario, corregir su comportamiento compasivamente, sin obtener ningún engrandecimiento del ego por tener razón, ser mejores o más virtuosos.

Perdonar no significa dejar que otra persona se libere, pues su *karma* le alcanzará. El perdón es una práctica de purificación de nuestro propio subconsciente. Los rencores que guardamos envenenan nuestro subconsciente. Nuestro subconsciente no puede distinguir si guardamos rencor a otra persona o a nosotros mismos. Por eso Jesucristo dijo: "no juzguéis, porque por el mismo rasero con que juzgáis, vosotros mismos seréis juzgados."[10] En la medida en que nos desprendamos de las actitudes negativas y perdonemos, el tema dominante de nuestra vida se convertirá en la gratitud y el amor. La gratitud es uno de los sentimientos más curativos que podemos tener. La gratitud genuina de que estamos vivos, y de que la Divinidad se experimenta a Sí misma a través de nosotros no puede existir en el mismo espacio que la ansiedad, la depresión y el trauma. Tampoco pueden existir en el mismo espacio que la gratitud genuina.

Lo más sorprendente que se descubre al sumergirse cada vez más profundamente en el *Bhakti* Yoga es que la conciencia (*purusha*, *atman*, Brahman) no es sólo una conciencia fría, desapegada e incolora, sino que, en su centro mismo, en su núcleo, es de la naturaleza del amor puro. Por eso es correcto decir que Dios es amor y que la práctica del *bhakti*, por un lado, puede conducir al conocimiento, pero también que, por

---

10 Mateo 7:1-2

otro lado, la práctica del *Jnana* Yoga (el yoga del conocimiento) puede conducir al *bhakti*. Sólo juntas son completas. En sánscrito, los términos *hrt* y *hrdaya* significan ambos corazón, núcleo y centro. El *chakra* del corazón es el central de los siete *chakras* principales. En este *chakra* se escucha el sonido no golpeado (*anahata*), que es la sílaba primordial OM. De ella surgieron todos los demás patrones vibratorios. Por eso es correcto llamar al OM el equivalente de la filosofía india al Big Bang. En astrofísica, el Big Bang es la onda original, el primer patrón vibratorio del que surge todo.

El *Chandogya Upanishad* dice sobre el corazón que en el centro del pecho hay un pequeño santuario con una pequeña llama (el *atman*, el yo). En su interior se encuentra, milagrosamente, todo este vasto universo con todos sus planetas, estrellas, océanos, continentes, cordilleras, ríos y seres.[11] Este pasaje refleja un estado místico en el que el vidente, a través del corazón en un estado de amor puro, es consciente de que toda la creación procede del Absoluto informe. La conciencia se revela a los yoguis, que están centrados en el corazón, como una naturaleza de amor puro. Lo hacemos centrándonos en el *chakra* del corazón mientras permanecemos en un estado de conciencia pura, una técnica de meditación avanzada. Esta experiencia tiene entonces el potencial de irradiarse y sanarnos a nosotros y a nuestra actitud hacia el mundo. Podemos llevar este estado hasta el punto de que sólo exista amor puro, nada más. No hay sensación de yo, cuerpo, mente o separación, e inicialmente, tampoco hay percepción de nada más que amor: un profundo estado de belleza, libertad, paz y expansión. Entonces podemos dejar que este amor irradie al mundo, convirtiéndonos en un vehículo de este amor divino.

Para que podamos transmitir esta llama sanadora del amor divino, el yo superficial (el complejo cuerpo-mente del

---

[11] Chandogya Upanishad 8.1.1-3

ego) tiene que ser limpiado y transformado por la experiencia del amor puro. Esto sólo puede ocurrir si cancelamos y abandonamos todo conflicto y lucha con nosotros mismos. Este conflicto con nosotros mismos a veces parece antiguo, casi eterno. Durante un tiempo parecido a la eternidad, nos hemos definido a través de la guerra que libramos contra nosotros mismos, incluyendo el antagonismo, la ambición, la competición, los grados de violencia doméstica y el conflicto armado entre culturas. Podemos superar estas tendencias redescubriendo el amor divino. Este amor no se preocupa por recibir. Es tan desbordante que siempre quiere dar, tiene que dar.

A pesar de todas las adversidades auto creadas a las que se enfrenta la humanidad, necesitamos redescubrir que somos cristalizaciones del amor divino y que nuestra naturaleza esencial es el amor. El objetivo del *Bhakti* Yoga es que esta cualidad interna del amor brille a través de nuestro ser hacia el mundo, proporcionando curación a los demás y significado para nosotros. Para este corazón, sólo hay un propósito en la vida: aportar una contribución válida a la vida de los demás.

Capítulo 1
¿QUIÉN Y QUÉ ES LO DIVINO?

Como ocurre con todos los yogas, lo ideal es que el *Bhakti* Yoga no se practique solo, sino junto con todos los demás yogas. De este modo, es mucho más eficaz. El *Bhakti* Yoga es el yoga del amor divino o de la entrega a la Divinidad. Antes de entrar en detalles sobre los métodos *del bhakti*, debemos comprender a qué nos estamos rindiendo o qué estamos amando. Nuestro amor a la Divinidad se verá comprometido si, en el fondo, creemos que la Divinidad es antropomórfica, es decir, un hombre gigante que está en el cielo.

Dios no es un hombre. Ni Dios es humano, ni tiene un ego desde el que dosifica el castigo a unos mientras se lo niega a otros que son más queridos para él. Imagina por un momento que Dios fuera un humano. ¿Cómo afectaría eso al impulso de la evolución para desarrollar formas de vida más avanzadas que la humanidad? ¿O queremos sinceramente aferrarnos a la creencia de que la humanidad es la corona de la creación, y que la evolución termina aquí? Los últimos siglos de la historia humana, incluida la guerra casi permanente de la humanidad contra sí misma y contra la naturaleza, han demostrado que la evolución necesita urgentemente actualizarse a la biología "post-humana".

En las páginas siguientes exploraré cómo podemos experimentar lo Divino. Hay una cierta secuencialidad en ello, aunque eso no significa que los aspectos de lo Divino tengan que experimentarse en este orden. Sin embargo, los primeros aspectos suelen ser más evidentes y accesibles que los últimos. En última instancia, un *bhakta* aspirará a tener todos estos puntos de vista, y posiblemente algunos que, por ignorancia, no he enumerado.

LO DIVINO COMO EL YO

El Bhagavad Gita dice en la estrofa VI.29 que una persona sabia ve al yo residiendo en todos los seres y a todos los seres descansando en el yo. Ver ambas cosas es una experiencia que podemos tener tras cierto progreso en la meditación y el yoga, y está al alcance de todos. Ten en cuenta que, a menos que se especifique, utilizo el término yoga para referirme a la totalidad de las disciplinas espirituales, incluidas las prácticas físicas, respiratorias, mentales y espirituales (*sadhanas*). Cuando me refiera al aspecto físico exclusivo del yoga, utilizaré el término *asana* (postura).

Al iniciar el proceso de yoga y meditación, podemos empezar con el concepto de que somos el cuerpo, ya que eso es lo que nos enseña la sociedad moderna. Tras algunos progresos, nos damos cuenta de que el cuerpo y cómo lo sentimos (lo que a veces se denomina conciencia corporal) cambian constantemente. Un día nos sentimos cansados y otro día, enérgicos. Un día nos sentimos rígidos y doloridos, otro fluidos y fuertes. En definitiva, nos damos cuenta de cómo siente nuestro cuerpo, y de que cambia a diario y gradualmente a lo largo del tiempo. Eso significa que el cuerpo no es el yo, ya que el yo es un estado permanente (más adelante lo explicaré con más detalle). Sin embargo, al cabo de un tiempo, encontramos una entidad más profunda dentro de nosotros, que vigila y observa el cuerpo. Esta entidad permanece igual o cambia mucho más lentamente, de modo que al principio no la notamos. Entonces nos centramos en

CAPÍTULO 1

la meditación para observar esta entidad, y aprendemos a aislarla del cuerpo. Aislar significa que podemos diferenciar en todo momento si lo que observamos es una señal del cuerpo, o de esta nueva entidad.

Los que proceden de una sociedad influenciada por Occidente llamarían mente a esta nueva entidad. Renunciaré en este punto a que alguien procedente de la India tradicional interponga entre el cuerpo y la mente el llamado yo *pránico* o envoltura *pránica*, que Sri Aurobindo denomina yo vital. El hecho de interponer o no esta capa, no cambiará el funcionamiento del proceso en su totalidad. Tras cierto tiempo observando la mente nos damos cuenta de que cambia constantemente, no sólo desde una perspectiva cotidiana (incluso cada hora), sino que también va cambiando gradualmente, con el paso del tiempo, lo que siente nuestra mente. Esto incluye también lo que la mente nos dice sobre nosotros mismos, nuestra autoimagen o nuestra identidad.

Existe lo que podríamos llamar una mente superficial, que se ocupa de los asuntos y quehaceres cotidianos de supervivencia, y una mente más profunda que contiene nuestro sentido del yo, los valores que mantenemos desde hace mucho tiempo, y las creencias sobre quiénes somos. En yoga, la mente superficial o sensorial se denomina *manas* (los términos ingleses man, human y woman derivan del sánscrito *manas*). Para simplificar, podemos utilizar la abreviatura inglesa "mind".

Desde la visión del yoga, la capa más profunda de la mente que contiene nuestro sentido a largo plazo del yo, los valores y las creencias se denomina *ahamkara* o *asmita*. Estos términos podrían traducirse como yo-soy, sentido-de-yo, yo-hacedor o ego. De ellos, el término ego es el más común, pero debemos recordar que lo utilizamos sin ningún juicio de valor. No se refiere a que alguien tenga un ego grande o patológico.

Simplemente incluye lo que forma y moldea nuestro sentido del yo y de la identidad a un nivel más profundo.[12]

Una vez que hayamos aislado el cuerpo de la mente y, más tarde, el ego de la mente, con el tiempo notaremos que incluso el ego se siente diferente cada día. Además, evolucionará de forma gradual durante un periodo más prolongado, aunque, normalmente, más despacio que el cuerpo y la mente superficial. Al haber observado los cambios del ego durante un periodo más prolongado, acabamos siendo conscientes de un nivel más profundo en nuestra conciencia del que surgen los cambios del cuerpo, la mente superficial y el ego. Algunas escuelas de yoga interponen de nuevo uno o dos niveles más, pero otras aceptan que podemos descender directamente de nuestros egos a lo que puede denominarse conciencia pura. Conciencia pura significa aquí que uno es consciente, independientemente de cualquier contenido de la conciencia.

Por ejemplo, podemos sentir vergüenza, exultación, bochorno, dolor, envidia o miedo, pero todos ellos no son más que contenidos de la consciencia. En el yoga y la meditación, nos entrenamos para ser conscientes de la propia entidad que es consciente, totalmente independiente de la sensación de la que se es consciente. Ser consciente de esta entidad es un estado irresistible. De ella dice el *Bhagavad Gita*: "el que es el mismo en la gloria y en la vergüenza". La gloria, la vergüenza y otras sensaciones intentan llevarnos lejos, fuera de nuestro centro, y parecen obligarnos a una reacción inmediata. ¿Cómo reaccionas ante esta gloria o vergüenza? ¿Cuál es tu posición? ¿Con qué te identificas? Si permanecemos con la consciencia, podemos encontrar una capa de nuestra personalidad, nuestro

---

12 Una disciplina avanzada del yoga se ocupa de reducir el ego al puro yo-pensamiento. El Yoga Sutra enumera esta disciplina bajo el término asmita-samadhi.

yo profundo, que permanece inalterable independientemente de lo que le ocurra a nuestro yo superficial.

Los *Upanishads* suelen llamar *atman* a este yo profundo. El *Yoga Sutra* lo denomina *purusha* (conciencia), las religiones abrahámicas lo llaman alma, y el *Bhagavad Gita* lo denomina mayoritariamente *jiva* (espíritu individual). En el próximo capítulo, definiré cada uno de estos términos y explicaré sus diferencias. Todos ellos son útiles en determinadas circunstancias, y menos en otras. Pero volvamos a la afirmación *del Bhagavad Gita* de que un sabio ve al yo residiendo en todos los seres y a todos los seres descansando en el yo. Cuando meditamos sobre la consciencia pura durante el tiempo suficiente, nos damos cuenta de que no tiene contenido, lo que significa que puede ser consciente de cualquier cosa hacia la que la dirijamos, pero los contenidos no se adhieren a ella. Los contenidos u objetos de la conciencia se desprenden de ella como el agua. Son como el barro que no se pega a una hoja de loto o, más profanamente, como el aceite de cocina que no se pega a una sartén antiadherente. Esta conciencia que conocemos en lo más profundo de nuestro ser también es infinita, lo que significa que se extiende espacialmente en todas direcciones; y eterna, lo que significa que se extiende temporalmente hacia el pasado y el futuro. Todo el mundo puede confirmar ambos hechos mediante la meditación a largo plazo y la práctica del yoga.

Esta conciencia, nuestro yo profundo, que es eterna e infinita, es la misma en todos los seres, estén donde estén y existan ahora, hayan existido en el pasado, o vayan a existir en el futuro. Por eso el *Gita* nos exhorta a ver "el único yo que reside en todos los seres". Pero el *Gita* no se detiene ahí. A continuación, afirma que todos los seres residen en el yo. ¿Cómo es posible? Esta segunda afirmación requiere que nos sumerjamos mucho más profundamente en la experiencia del yo. Si conseguimos mantener nuestra atención en el yo durante períodos prolongados, acabaremos viendo, como el *Chandogya Upanishad* que, allí, en el espacio del corazón, en el yo, está misteriosamente todo este vasto universo con todos sus cuerpos celestes, continentes, océanos, cordilleras, ríos, bosques y seres.

Misteriosamente, pues, Dios no sólo está en el corazón de todos nosotros, sino que, colectivamente, este ser profundo nos contiene a todos y al universo entero. Para utilizar un término de la geometría y las matemáticas, lo Divino es de naturaleza fractal. Eso significa que siempre que nos acercamos a las minucias (como el yo del meditador individual), se revela de nuevo la naturaleza del todo. Es a esta naturaleza fractal de la mente a la que apuntaba Buda cuando dijo que [la capa más profunda de] la mente contiene el mundo y todos los seres.

La forma divina que nos habla a través del *Gita*, Sri Krishna, dice en la estrofa VI.30: "Quien Me ve en todos los seres y a todos los seres en Mí, para él nunca estoy perdido, ni él lo está para Mí". Desgranemos esta afirmación. En primer lugar, nuestro yo profundo se identifica con un ser consciente al que podemos sentir y con el que podemos comunicarnos y que, a su vez, puede sentirnos y hablarnos. En próximas secciones sobre la realización de Dios (*vijnana*) y el Ser Supremo (Purushottama), lo detallaré. Observemos que ver lo Divino en todos los seres se sugiere aquí como una forma de práctica. Se nos dice que vayamos más allá del punto en el que sólo podemos ver lo Divino en un momento de exultación, en una epifanía, una revelación, y lo convirtamos en una visión constante. Esta visión continua se vuelve crucial, sobre todo cuando tenemos una relación problemática con alguien. Es entonces cuando nuestra determinación debe sostener nuestra capacidad de ver, también dentro de ellos, el mismo ser que conocemos dentro de nosotros.

Podemos objetar: ¿por qué no se comportan como Dios, si Dios está en su interior? Pero tampoco nosotros actuamos siempre como Dios, aunque, en momentos exultantes, hayamos visto a la Divinidad en nuestro interior. Si alguien nos asalta con negatividad, debemos señalar internamente a la Divinidad: "estás haciendo un gran trabajo escondiéndote en esa persona, pero aun así te he reconocido". Ten en cuenta que no aconsejo comunicar esta realización a nuestros adversarios directamente. Si no pueden ver a Dios en su interior, no tiene sentido que les digamos que nosotros sí podemos. Sin embargo, podemos cambiar su comportamiento no dejándonos arrastrar por el enfrentamiento. No podemos comunicar este cambio con palabras, pero debe hacerse evidente desde nuestra postura pacífica y no amenazadora. Debe irradiar desde el núcleo y ser visible en nuestras acciones y actitudes.

A continuación, el *Gita* continúa con el consejo de que, si vemos el Ser Divino en todos los seres y a todos los seres en el Ser Divino, entonces, para nosotros, lo Divino nunca se pierde, ni nosotros para lo Divino. La imagen aquí es similar a la relación de una célula individual con nuestro cuerpo. Nuestra conciencia incluye a esta célula; por otra parte, la célula está incluida en nuestro cuerpo. El *Gita* nos pide que hagamos consciente esta relación, lo que significa que, por un lado, nos demos cuenta de que es la totalidad de la Divinidad la que se expresa a través de nuestro yo microscópico (y también de billones de otros yo microscópicos), mientras que, al mismo tiempo, somos conscientes de que desempeñamos un papel en el plan de juego más amplio de una entidad infinita. El arte de la vida consiste en crear un bucle de retroalimentación consciente, una vía de comunicación entre el yo cósmico y nuestro propio yo individual, que siempre está a nuestra vista.

Veamos ahora algunas referencias textuales del *Bhagavata Purana*, texto al que a veces se denomina *Shrimad Bhagavata*. Es uno de los 36 *Puranas*, que significan "antiguos", un grupo de *shastras* (escrituras) que trata principalmente de material mitológico. De ellos, el *Bhagavata es el Purana* más devocional. En el *Bhagavata Purana*, la Divinidad afirma que debe reconocerse Su presencia en todos los seres.[13] En el prólogo de Swami Tapasyananda al Vol.3 del *Bhagavata Purana*, encontramos una elaboración detallada de la adoración de la Divinidad en todos los seres y de la importancia de la práctica de *"vandana"*, es decir, el saludo a Dios en todos los seres y en todo.[14] En un pasaje posterior, el *Bhagavata* Purana nos pide entonces que nos demos cuenta de que el Ser Supremo está alojado en el corazón de todos los seres.[15] ¿Por qué se repite hasta la saciedad la misma orden tanto en el *Bhagavad Gita* como en el *Bhagavata Purana*?

La respuesta es que muchas personas obtienen una primera visión de lo Divino al ser testigos de la consciencia en el núcleo de su ser. Utilizo aquí el término consciencia en el sentido del *Yoga Sutra*, donde denota lo que es consciente, es decir, la sede de la consciencia, en lugar de aquello de lo que somos conscientes (es decir, el contenido de la mente). En este último sentido, la palabra se utiliza hoy en la psicología occidental. En el yoga, tiene el significado anterior.

Una vez que hemos reconocido la conciencia, el yo, el testigo, la consciencia en nuestro interior, es un paso concebible realizarlo también en todos los demás seres sensibles. *El Gita* y el *Bhagavata Purana* insisten siempre en que debe verse el mismo yo en todos los seres. Esto debe adquirirse debido

---

13 Bhagavata Purana III.29.16
14 Swami Tapasyananda, Srimad Bhagavata, Sri Ramakrishna Math, Chennai, 1981, vol. 3, p. 29.
15 Bhagavata Purana XI.29.47

al poder transformador de esta visión experiencial, que cambiará nuestra ética y nuestras interacciones con todos los demás. El propio concepto de otro dejará de existir, ya que todos los demás seres están incluidos en nuestro sentido del yo, una vez que seamos conscientes de nuestro propio yo, la conciencia, también en ellos. Especialmente en situaciones de conflicto, debemos recordarnos a nosotros mismos que el mismo yo, Dios, está mirando al mundo a través de todos los seres.

En la vida cotidiana, suponemos que podemos externalizar el demérito al "otro" y, con ello, evitar el demérito en nosotros mismos. Una vez que nos damos cuenta de que un mismo ser es todos los seres, comprendemos que, en situaciones de conflicto, tenemos que negociar para que todos compartan el demérito por igual. Mediante esta comprensión, desactivamos automáticamente el conflicto. Las normas éticas son fundamentales hasta que hayamos realizado el mismo ser en todos los seres. Una vez que hayamos alcanzado esta realización, nos resultará difícil actuar sin ética, ya que automáticamente sentiremos el dolor de todos los seres. El *Gita* apoya este mismo hecho al decir que el más grande de todos los yoguis es aquel que siente la alegría y el sufrimiento de los demás como si fueran propios, debido a que reconoce que todos los seres comparten el mismo *atman*.[16]

El *Gita* también afirma repetidamente que debemos combinar la realización del mismo yo en todos los seres, con la realización de todos los seres contenidos en el mismo yo. Esta afirmación se denomina a veces en los *Upanishads* unidad o identidad de la conciencia pura (*atman*) y el yo cósmico (Brahman). Esto puede verse y experimentarse en los momentos en que nos disociamos de nuestra personalidad superficial y de nuestra identificación con el cuerpo-mente

---

16 Bhagavad Gita VI.32

egoico, y nos dejamos caer en la capa más profunda de nuestra psique, la conciencia, nuestra consciencia. En la medida en que podamos, mediante la habilidad en la meditación y el yoga, mantener la no identidad con nuestra personalidad superficial y cuerpo-mente egoico, podremos permanecer absortos en el yo/conciencia profundos. Si permanecemos en este estado durante periodos prolongados, puede ampliarse y profundizarse hasta la realización del Ser Cósmico, el Brahman. Esta realización es lo que el *Gita* denomina "ver a todos los seres en el yo".

A efectos de higiene espiritual, quiero señalar ya aquí que si, por gracia, experimentamos este estado, no debemos salir de él exponiendo: "yo soy el Brahman". Podemos experimentar el Brahman en el momento en que la identificación con el "yo" y el cuerpo se rinde, se abandona. Cuando se es consciente del cuerpo-mente egoico, la identidad con el Brahman es imposible. Al salir del estado *bráhmico*, persiste un recuerdo, y este recuerdo es vital para la integración espiritual. Sin embargo, en el momento en que utilizamos nuestra mente lingüística y nuestra caja de voz para entonar una frase como "yo soy el Brahman", el ego y la conciencia corporal son necesarios y, por tanto, técnicamente, el estado de "brahmanidad" ya no está presente (aparte de su recuerdo). Por eso los textos yóguicos dicen a menudo que cuando aparece el Brahman, desaparece la conciencia del mundo (y del cuerpo), y cuando desaparece la conciencia del mundo (y del cuerpo), aparece el Brahman. Por eso, el difunto místico bengalí Shri Ramakrishna señaló que, tras una experiencia de revelación divina, sólo deberíamos decir que somos hijos de la Divinidad, en lugar de afirmar una identidad con la Divinidad. Señaló que afirmar la identidad e identificarse con lo Divino es incorrecto mientras estemos encarnados. Esta diferenciación delicada y esencial es necesaria para evitar desarrollar un ego espiritual, que puede ser tan problemático y prevalente como un ego materialista.

DEIDADES Y FORMAS DIVINAS

Otra forma en la que muchos de nosotros podemos encontrar inicialmente el acceso a lo Divino es a través de las deidades, formas de lo Divino o *avatares*, que son encarnaciones de lo Divino en humanos, como Jesucristo o Sri Krishna. Trataré de *los av*atares en una sección específica del capítulo 10, y de las deidades aquí. La ventaja de las deidades es que pueden proporcionar al buscador individual una vía a través de la cual acceder a la Divinidad. El problema de las deidades es que, una vez que se accede a ellas, pueden conducir fácilmente al sectarismo. Un ejemplo sería la creencia de que mi deidad es superior a la tuya simplemente porque yo puedo comprenderla, mientras que no puedo comprender la tuya.

Otro ejemplo sería la creencia de que soy superior porque ahora tengo una línea directa con la Divinidad. Sin embargo, si queremos practicar el verdadero *Bhakti* Yoga, tenemos que darnos cuenta de que ninguna deidad es superior a otra y ningún devoto es superior a otro sólo porque tenga una deidad mejor. La comparación, la competición y la búsqueda de ventajas son rasgos comunes de la humanidad, pero tenemos que arrojarlos por la borda cuando nos embarquemos en el camino *del bhakti*, el servicio a la Divinidad. Este camino significa servir a la Divinidad a través de todos los seres y todas las formas divinas. Para dejarlo claro, el *Bhagavata* Purana dice, por ejemplo, que la adoración de Visnú es la adoración de todos los seres.[17] Esta estrofa nos recuerda que no tiene sentido adorar a la Divinidad si eso no se traduce en humildad, amabilidad y servicio hacia todos. Supongamos que tenemos dificultades para reconocer la Divinidad, el

---

17 Bhagavata Purana IV.31.14

Brahman, en una deidad o un ser humano concretos. Debemos admitir que se trata de nuestra propia limitación y nunca de la suya.

El Bhagavad Gita dice que cualquiera que sea el aspecto de la Divinidad que deseemos adorar con convicción, el Ser Supremo reforzará nuestra convicción.[18] La idea aquí es que alguna forma de adoración es mejor que ninguna, incluso a un aspecto limitado de la Divinidad. La razón de ello es evidente para quienes hayan adorado alguna vez en su meditación al Absoluto sin forma (en sánscrito llamado el *nirguna* Brahman). Dado que el Absoluto sin forma es informe, no podemos visualizarlo de ninguna manera ni representarlo mediante simbología auditiva (sonido, lenguaje, etc.) o visual. Sin embargo, la mente humana sólo puede pensar y dar sentido con símbolos visuales y auditivos. Hablando en términos prácticos, la adoración o concentración en el Absoluto sin forma, al no existir objeto cognoscible, es una no adoración o no concentración. Es una forma noble de decir que es una pérdida de tiempo, a menos que alguien esté muy avanzado en yoga. Krishna afirma esto mismo en la estrofa XII.4 del *Gita*.

En mi propia práctica de meditación, utilizo un gran abanico de deidades y formas divinas para adorar a la Divinidad. Pero cada vez que lo hago, me recuerdo a mí mismo que la forma divina es sólo un indicador de un principio abstracto que hay detrás de ella (el Absoluto sin forma), que no podría representarse de otro modo. La relación entre el Absoluto sin forma o el Ser Supremo y una deidad o símbolo divino es similar a la de un icono en tu escritorio, por un lado, y una aplicación informática de varios gigabytes, por otro. Puede que el icono sólo tenga 18kb, pero abre una aplicación comparativamente colosal si haces clic en él. El

---

18 Bhagavad Gita VII.21 34

CAPÍTULO 1

icono es sólo una vía de acceso a la aplicación. Del mismo modo, utilizamos formas divinas y deidades para acceder a lo Divino, al Ser Supremo. Olvidar que el icono no es el Ser Supremo nos conducirá al fundamentalismo y al sectarismo.

El Bhagavad Gita dice que si adoras a una deidad concreta, obtendrás los resultados de esa adoración concedidos únicamente por el Ser Supremo.[19] Es otra forma de decir que sólo hay un Dios verdadero, y que todas las deidades y formas divinas son emanaciones dependientes y símbolos que irradian de esa Divinidad. Pero también dice que todas ellas son formas viables de acceder a la única Divinidad verdadera. Esta estrofa dice entonces que si es ahí donde te encuentras, el Ser Supremo se reunirá felizmente contigo allí y te ayudará. Pero en la siguiente estrofa, la Divinidad dice que, mientras que los frutos que se obtienen adorando a las deidades son finitos, los frutos de adorar directamente a los Seres Supremos son infinitos (también debo apresurarme a señalar que es mucho más difícil porque tenemos que admitir constantemente ante nosotros mismos que rara vez comprendemos completamente lo que es).[20] Así pues, el Ser Supremo dice aquí que adorar a las deidades es aceptable por ahora, pero si alguna vez te interesa comprender verdaderamente quién soy Yo, el Ser Supremo, investiga e indaga más. Esta afirmación nos dice que hay capas para comprender la profundidad del Ser Supremo. Cuantas más de ellas podamos comprender, experimentar y apreciar, más profunda será nuestra práctica. Exploraré muchas de ellas en las próximas secciones.

Un resultado crucial de conocer y comprender ampliamente los múltiples aspectos de la Divinidad es la continuación de dicho conocimiento en el momento de la

---
19 Bhagavad Gita VII.22
20 Bhagavad Gita VII.23

muerte. En una estrofa posterior del *Gita*, el Ser Supremo afirma que quienes han comprendido que Él es el poder que sustenta todas las manifestaciones físicas de la Divinidad y todas las deidades seguirán conociéndolo como tal, incluso en el momento de la muerte.[21] Para que eso ocurra, vayamos de nuevo al *Bhagavata Purana*, donde encontramos que el devoto necesita darse cuenta de que las deidades son sólo emanaciones del Brahman Supremo. Es decir, no tienen poder ni independencia propios. Hay que darse cuenta y recordar que, al adorar a una deidad, dicha adoración se convierte en adoración al Brahman, la Conciencia Infinita, el Ser Supremo. A continuación, el *Purana* afirma que el nombre real de Brahman es Sat-Chit-Ananda. El místico indio Sri Aurobindo también utiliza este término para designar el nombre de Dios. Sat-Chit-Ananda es un compuesto que se menciona a menudo en los *Upanishads*, el texto fuente por excelencia de la mayoría de las enseñanzas místicas procedentes de la India. *Sat* es un término traducido como verdad o existencia, que es lo que verdaderamente existe. *Chit* significa conciencia, y *ananda* significa éxtasis. El término *sat* se refiere al aspecto inmanente de lo Divino, el elemento que está aquí con nosotros y que podemos observar, lo que en última instancia da lugar a la opinión de que todo es Dios. *Chit*, como conciencia, es el aspecto trascendental de lo Divino, trascendental porque no es cognoscible por los sentidos. *Ananda* es el éxtasis que asegura la interacción de ambos. También es la alegría y el éxtasis que siente el *bhakta*, que es testigo de la interacción de ambos y se convierte en un conducto para ella.

En el *Bhagavata* Purana, encontramos la enigmática afirmación de que el Dios constituido de Sat-Chit-Ananda es el culto adecuado para el *Krta Yuga* (Edad de Oro, a menudo

---

21 Bhagavad Gita VII.30

denominada *Satya Yuga*, edad de la verdad).[22] Si pensabas que el párrafo anterior sobre el éxtasis que se produce cuando el Dios Trascendente y el Dios Inmanente se encuentran era un poco exagerado, no eres el único. El *Bhagavata Purana* dice que, aunque en última instancia todos querremos volver a ese nivel, se trata de una forma de espiritualidad común y en boga durante una época ya pasada, la llamada Edad de Oro de los *Vedas*. Creamos o no en ese pasado dorado, para la mayoría de nosotros hoy en día es más fácil empezar con conceptos más sencillos de lo Divino, como el yo o las formas y deidades divinas, antes de trabajar hacia otros más complejos. En una sección posterior, exploraré la interacción de los aspectos trascendental e inmanente de la Divinidad, también llamados Padre Divino y Madre Divina. Por ahora, concluyamos nuestro debate sobre las formas divinas volviendo al *Bhagavata Purana*, que dice que la adoración de la Divinidad debe realizarse mediante la adoración de todas las deidades y de todo el universo.[23] De nuevo, se trata de una afirmación compleja. Sri Aurobindo decía que un yogui debe ser capaz de adorar a todas las deidades, pero, al principio, no te agobies y empieza con una o unas pocas, y nunca dejes que un sectario te diga que tienes que ceñirte a la misma. Como todos sabemos ahora, todas son sólo representaciones del único Ser Supremo sin nombre.

¿Cómo podemos averiguar qué divinidad nos conviene? *El Yoga Sutra* dice que leyendo textos sagrados podemos averiguar qué forma de la Divinidad nos conviene.[24] Para simplificarlo, siempre que tengas una reacción intensamente positiva hacia una descripción de la Divinidad, merece la pena investigarla. Imprime una imagen de la forma y luego

---

22 Bhagavata Purana III.21.8
23 Bhagavata Purana IV.31.14
24 Yoga Sutra II.44

medita en ella practicando *Trataka* (mirada yóguica) sobre ella, y, posiblemente, incluso durante *kumbhaka* (retención yóguica de la respiración en el contexto del *pranayama*, la respiración yóguica).

Antes de terminar la sección sobre las formas divinas, quiero hablar brevemente del antropomorfismo. Aunque las escrituras afirman que la forma humana ha sido creada a imagen y semejanza de la Divinidad, hemos hecho muchas imágenes divinas a nuestra semejanza. Sin querer herir la sensibilidad de nadie, imagina por un momento que cualquier otra especie tuviera una religión, ¿cómo se imaginarían que es Dios? ¿Como un humano? No, lo más probable es que su Dios fuera exactamente como ellos, pero con proporciones gigantescas, dotado de omnipotencia y situado en el cielo. Lo que digo es que imaginar que Dios se parece a ti es probablemente un estado evolutivo por el que pasa una especie hasta que conocemos algo mejor. Es una forma de especismo, la creencia de que tu especie es mejor que las demás, seguida de acciones de discriminación contra ellas.

Lo creas o no, en muchas culturas existe una larga historia de acusaciones de ateísmo contra los místicos que se negaban a describir lo Divino en términos antropomórficos. Es decir, que si no crees en el hombre gigante, blanco, barbudo y nacido del aire (o inserta cualquier apariencia que prefieras), entonces eres, por definición, un ateo. Según este punto de vista, el autor de este libro sería, a los ojos de muchos, una especie de cripto-ateo. Quiero dar la vuelta a toda la argumentación y sugerir que el *Gita* y el *Bhagavata Purana* describen un Ser Cósmico complejo y de múltiples capas, que, por ser demasiado difícil de comprender para nuestro limitado intelecto humano, puede, mientras tanto, ser adorado en forma humana. Esto sólo es más comprensible si tenemos en cuenta que quienes dan testimonio de una comprensión avanzada de este Ser Supremo sin nombre (aunque, al mismo tiempo, todos los nombres que apuntan hacia lo Divino son de Ello) son siempre exclusivamente humanos. De ahí que hayamos aprendido a adorarlos como *avatares*.

Parece existir una conexión entre la creencia especista en la supremacía humana, la representación antropomórfica exclusiva de la Divinidad como un hombre gigante que se eleva sobre las nubes, gobernándola desde el cielo, y la destrucción de nuestro entorno natural y el abuso de los animales, los bosques, los océanos y la atmósfera. Como he descrito en mi anterior libro *Cómo Encontrar el Propósito Divino de tu Vida*, el mandato religioso de "haz de la Tierra tu dominio" fue absorbido incuestionablemente por la Ciencia Occidental y hoy constituye su cimiento filosófico. En sus primeros 300 años de existencia, la Ciencia occidental fue promovida exclusivamente por personas religiosas, como Bacon, Copérnico, Newton, Galilei y Descartes, que creían en un Dios supra natural, esencialmente distinto de la naturaleza. Por tanto, la naturaleza no era divina y podía ser explotada a voluntad. Sugiero aquí que el *Bhagavad Gita*, el *Bhagavata Purana* y místicos como Ramakrishna y Aurobindo consideran que el mundo es un aspecto integral de Dios. Estas autoridades señalan la necesidad de ver la materia, la naturaleza y todos los seres como aspectos esenciales de Dios. Si integramos este principio en la Ciencia, podríamos desarrollar una ciencia que no mejore algo a expensas de otra cosa. En otras palabras, estoy adoptando un enfoque místico de lo que el difunto biólogo James Lovelock llamó la Teoría de Gaia, hoy denominada Ciencias de los Sistemas Terrestres.[25] Aquí, consideramos el mundo y todo lo que incluye como un todo conectado y posiblemente como un súper organismo en el que todos los individuos desempeñan funciones, como las

---

25 James Lovelock, Gaia: Una nueva mirada a la vida en la Tierra, Oxford University Press, 2016.

células individuales de un cuerpo. Como místico, me centro en experimentar directamente la inteligencia y el ser de ese súper organismo. Dicha experiencia, si es lo suficientemente sólida y detallada (ya que hay capas en la experiencia, que irán surgiendo gradualmente en este texto), nos impedirá actuar de forma poco ética, explotadora y ecológicamente incorrecta. En este momento, el movimiento ecologista intenta convencernos intelectualmente de que nos interesa cambiar nuestro comportamiento, con un éxito algo limitado. Si, en cambio, vemos al Ser Supremo en su totalidad, como hizo Aurobindo, ya no es posible un comportamiento conflictivo y perjudicial.

Hablaré mucho de esto más adelante, pero por ahora volvamos a por qué las imágenes antropomórficas son tan populares: las imágenes antropomórficas de la Divinidad, es decir, las que tienen características humanas, funcionan, y yo mismo las utilizo. Constituyen un atajo heurístico que podemos y debemos utilizar cuando no es factible recordar todos los múltiples aspectos del Ser Supremo en su totalidad. Pero, en última instancia, tenemos que darnos cuenta de que se trata de una etapa en la evolución de nuestra espiritualidad, y tenemos que abrirnos, por fin, a las representaciones no humanas de lo Divino. En una sección titulada Las Glorias de lo Divino, el *Bhagavad Gita* dice: "entre las deidades, yo soy Krishna; entre los humanos, yo soy Arjuna; entre las masas de agua, yo soy el océano; entre las montañas, yo soy el Himalaya; entre los árboles, yo soy el árbol Peepal (*Ashvatta* o *ficus religiosa*, llamado Árbol *Bodhi* por los budistas); y entre los animales, yo soy el león, etc.[26] Esta sección nos anima a ver, reconocer y adorar a la Divinidad en todas partes y en todo. Por ejemplo, la forma más elevada de *samadhi* yóguico se compara a veces con el éxtasis oceánico o, simplemente,

---

26 Bhagavad Gita estrofas X.19-41

con la experiencia oceánica. Desde donde escribo este libro, tengo una amplia vista del océano Pacífico. Siempre que se me cansa la vista o necesito inspiración, miro hacia arriba y soy consciente de esta vasta presencia oceánica. Hay algo eterno, numinoso, revelador y sobrecogedor en el océano. Podemos ver a Dios en el océano si estamos abiertos a él. Lo mismo puede y debe decirse de las cordilleras, las montañas sagradas, los lagos, los ríos, los bosques, el sol y la luna, el cielo estrellado, los árboles sagrados *como el Peepal* o el *Banyan* y, por supuesto, los animales. La cuestión no es tanto si Dios está en ellos. Dios sí está porque no hay nada más que Dios. La cuestión es si un objeto o una forma concretos son adecuados para que veas a Dios en ellos. Entonces, utilízalo en tu camino hacia ser capaz, en última instancia, de ver a Dios en todo. Aunque en última instancia esto requiera un alto grado de maestría, debemos empezar por algún sitio.

DIOS COMO UNIVERSO

Otro aspecto de lo Divino que muchos de nosotros podemos comprender y al que podemos acceder es Dios como universo. Lo que quiero decir con esto no es que Dios y el universo sean idénticos (este punto de vista se denomina panteísmo), sino que el universo es el cuerpo cristalizado de Dios (este punto de vista se denomina panenteísmo), del mismo modo que mi cuerpo físico es la forma humanoide en la que me muevo actualmente. La opinión de que el universo es parte de la Divinidad, pero que la Divinidad es mayor que el universo, se afirma en el *Bhagavad Gita*, donde Krishna dice: "todo este universo está impregnado por Mí, el Ser Trascendental. Todos los objetos están sostenidos por Mí, pero Yo no estoy en ellos".[27] Esta afirmación aclara que la Divinidad está en todo, pero que algunos aspectos de la Divinidad no forman

---

27 Bhagavad Gita IX.4

parte del universo físico. Más adelante, Krishna amplía este pensamiento afirmando: "conmigo como coreógrafo testigo, la fuerza creadora divina proyecta este poderoso universo de partes móviles e inmóviles y continúa haciéndolo girar".[28] El concepto del coreógrafo testigo implica que el universo no es un suceso aleatorio, sino una expresión dirigida de la creatividad de la Divinidad, es decir, su extensión física. El universo nos parece lícito porque expresa la Divinidad, y su licitud es la naturaleza de la Divinidad.

Ser capaz de ver lo Divino en todo es la base para poder llevar una vida devocional. Si tenemos una idea abstracta de la Divinidad como una entidad remota en algún lugar del lejano cielo o de la nada, es poco probable que esto cambie nuestro comportamiento aquí y ahora. Pero el concepto *del Bhakti* Yoga consiste en ver y reconocer lo Divino en todo lo que miramos y, posteriormente, ser capaces de reconocer, alabar y amar lo Divino en todo.

En el capítulo 13 del *Gita*, Krishna dice que un verdadero vidente es aquel que reconoce al Ser Supremo en todas partes y en todo.[29] El teólogo indio medieval Ramanuja desarrolló claramente este punto de vista mediante la llamada filosofía *Visishtadvaita*, según la cual el universo es el cuerpo de Dios y no está separado de la Divinidad. Ramanuja fue el gran adversario del filósofo Shankara *del Vedanta Advaita*, que enseñaba que el mundo es una ilusión. Que el mundo es una ilusión no es el punto de vista del Krishna *del Bhagavad Gita*, y Shankara, en muchos sentidos, tiene que tergiversar el significado de las palabras de Krishna para que se ajusten a su filosofía, un proceso denominado eiségesis. Escribiré sobre esto más adelante.

---

28 Bhagavad Gita IX.10
29 Bhagavad Gita XIII.27

CAPÍTULO 1

El universo es el cuerpo de Dios, y debe comenzar con una comprensión intelectual, pero no puede permanecer en ese nivel. En el capítulo 11th del *Gita*, Arjuna le dice a Krishna que ya le ha comprendido intelectualmente, pero que necesita una visión mística de lo que Krishna ha afirmado antes. Cuando Krishna accede y revela Su forma universal (*vishvarupa*), Arjuna ve un resplandor semejante al de mil soles brillando simultáneamente en el cielo.[30] Pero esto es sólo una introducción a que Arjuna vea todo el universo como una multiplicidad que aparece unificada como el cuerpo del Dios de los dioses.[31] La redacción de la estrofa es esencial. En primer lugar, confirma que el universo es realmente el cuerpo de la Divinidad. En segundo lugar, desarrolla la idea de la multiplicidad como unidad. Si observamos el universo físico y la evolución de la vida, vemos que ambos son una carrera hacia la multiplicidad y la complejidad. Pero detrás de esta complejidad, podemos conocer fácilmente la inteligencia unificadora que da origen a todo ello, y, lo que es más importante, se expresa creativamente a través de esta multiplicidad. Ambas deben tenerse en cuenta simultáneamente para comprender al Ser Supremo.

La mente humana necesita desesperadamente la simplicidad, una necesidad casi patológica de reducirlo todo al mínimo y único denominador. Como devotos de la Divinidad, debemos darnos cuenta de que la Divinidad tiene un intelecto de potencia infinita y, por tanto, no necesita limitarse a la simplicidad. La Divinidad es unidad y multiplicidad infinita al mismo tiempo. Por eso a menudo nos encontramos totalmente desconcertados cuando estudiamos ciencias complejas, como la historia, la economía o las ciencias de los sistemas terrestres, una al lado de la otra. Todo parece

---

30 Bhagavad Gita XI.12
31 Bhagavad Gita XI.13

tan complicado. ¿Por qué no puede ser más sencillo? Confía en que a la Divinidad no le desconcierten estas ciencias, sino que este desconcierto sólo refleja nuestra inteligencia insuficiente.

Pasemos al *Bhagavata Purana* para ver lo que dice sobre el tema. El capítulo 5 de *Skanda* II del *Bhagavata* trata del universo como forma externa de la Divinidad e introduce un concepto divinizado de la naturaleza para la meditación. Unas páginas más adelante, el *Purana* sugiere realizar *dharana* (concentración) en este universo como forma de la Divinidad.[32] Más adelante hablaremos de una sección del capítulo XII del *Gita* en la que Krishna afirma que la Divinidad sin forma, a menudo llamada Absoluto sin forma o Brahman *nirguna*, es mucho más difícil de concentrar y comprender. Ver el universo como la forma de la Divinidad (*saguna*) elimina esta dificultad. Nos aclara que estamos, como dice la Biblia, viviendo, moviéndonos y teniendo nuestro ser en la Divinidad.[33] Similar al *Bhagavad Gita*, también el *Bhagavata Purana* dice en el pasaje anterior que el Ser Supremo imbuye esta forma cósmica universal [es decir, el universo] con sus cinco elementos.

Unas estrofas más adelante, el *Bhagavata* Purana aconseja al devoto que se concentre exclusivamente en el universo como cuerpo burdo de Dios, fuera del cual no hay nada.[34] La frase "fuera del cual no hay nada" significa que sólo existe Dios. No hay nada en el universo que no sea Dios, es decir, nada que no sea sagrado, que no deba ser reverenciado, y nada que deba ser profanado, no adorado o externalizado de Dios. Nuestra sociedad moderna necesita constantemente vertederos de residuos tóxicos, vertederos de residuos nucleares y lugares

---

32 Bhagavata Purana II.2.23ss
33 Hechos 17:28
34 Bhagavata Purana II.2.38

donde hundir plataformas petrolíferas obsoletas o reactores atómicos navales quemados. En economía, llamamos a este proceso externalización del demérito, y lo llevamos a cabo para que otro pague la cuenta y las facturas, de modo que nuestras instalaciones de producción puedan seguir siendo rentables. La externalización del demérito es un proceso clave que hace que nuestra cultura sea insostenible.

En la enseñanza del *bhakti*, no hay lugares a los que podamos externalizar los residuos, porque todo es Dios. Nuestra sociedad clasifica a los individuos o grupos sociales que le interesa como personas que no son gratas o bienvenidas. Esto se hace para poder externalizarles los deméritos, en un intento de eliminar el demérito y las personas que no nos resultan gratas de nuestros balances. Incluso en las sociedades que, hasta cierto punto, han superado el racismo, el demérito se sigue externalizando a menudo hacia las mujeres (por ejemplo, mediante salarios más bajos o esperando automáticamente que cuiden de las personas mayores) o hacia otras especies, destruyendo sus hábitats para dejar espacio a la explotación agrícola y a las instalaciones industriales.

Al principio del *Bhagavata* Purana, encontramos que todo el universo es una expresión del pensamiento creador de la Divinidad.[35] El hecho de que el pensamiento creador sea el origen del universo debería hacernos dudar del tópico de la Nueva Era que afirma que la mayoría de los problemas personales se deben a la mente, y que podríamos resolver nuestros problemas dejando de pensar. ¿Cómo cabría esperar que la Divinidad hubiera traído el mundo a la existencia? ¿Enrollándose las mangas, cogiendo una pala y empezando a construir? No, la Divinidad es la Inteligencia Cósmica y la Ley Divina como dos de sus aspectos. Debido a que es el "uno sin segundo", sin nada que se le oponga y omnipotente, todo lo

---

35 Bhagavata Purana II.5.3 y 11

que contemple (es decir, piense) cristalizará y se condensará en la existencia. Por tanto, es correcto decir que el universo es una expresión del pensamiento creador de la Divinidad o que la Divinidad ha pensado el mundo para que exista. El objetivo *del bhakta* no es detener la mente por completo, sino pensar en consonancia con la Divinidad. He explorado esto en mi libro anterior, *Cómo encontrar el propósito divino de tu vida*, pero este concepto también se explorará en este texto en la sección sobre *Karma* Yoga.

Al principio del Vol. 2 del *Bhagavata Purana*, se compara el universo entero con un *yantra*[36]. Un *yantra* representa la geometría sagrada en la que meditamos para comprender el principio que hay detrás. El principio que hay detrás del universo es el Ser Supremo. El universo no está separado de lo Divino, sino que es Su forma burda, es decir, Su cuerpo cristalizado. Al meditar sobre la belleza, la singularidad, la inteligencia y la sabiduría inherentes al universo, desarrollamos un sentimiento de asombro y admiración que nos ayuda a comprender las cualidades del ser que le dio origen. Utilizo aquí el término aseidad (cualidad del ser que tiene en sí mismo la razón de su existencia) en lugar de ser, porque, en lengua inglesa, empleamos el término ser para denotar una entidad separada de todo lo que la rodea y limitada en el espacio y el tiempo. Incluso poniendo supremo delante de ser, sigue siendo difícil para algunos no pensar en un varón gigante y barbudo que está en el cielo. Sin embargo, utilizar el término aseidad nos ayuda a comprender que estamos hablando del principio que está en la base de todos los seres, aquello que se expresa a través de todos los seres y a través de este hermoso y milagroso universo en el que vivimos. Somos fracciones (*amshas*) o chispas (*jivas*) de la Divinidad, que viven dentro de Ella, es decir, en el universo.

---

36 Swami Tapasyananda, Srimad Bhagavata, vol.2, p. 2.

Una vez más, es importante señalar que la comprensión de que el universo es divino no es una comprensión abstracta o intelectual que no repercuta en nuestras vidas. El difunto fundador de la filosofía procesual, Alfred North Whitehead, dijo que no alcanzamos la paz manteniendo creencias cognitivas particulares con mayor o menor intensidad, sino comprendiendo nuestra relación con el hecho de que el universo es divino.[37] Whitehead dice que el universo es una expresión de creatividad, libertad y posibilidades infinitas, pero que es impotente para hacerse real sin la armonía ideal completada, que es Dios. Es importante comprender esto porque, sin esta comprensión, volveríamos a caer en el panteísmo, es decir, en la creencia de que el universo en su totalidad es Dios y que no hay nada divino más allá del universo. Me preocupa que ésta sea la base filosófica del tópico espiritual "el universo se ocupa". Esta afirmación reduce el universo a un gigantesco centro comercial que, por alguna razón, tiene que abastecer todos los caprichos que nuestra mente y nuestro ego puedan imaginar. Sin embargo, el *bhakta* medita en el universo para comprender la inteligencia gigantesca que lo ha contemplado hasta su existencia, dándose cuenta de que el universo no sería nada sin la Divinidad.

VIJNANA, REALIZACIÓN DE DIOS

Ya hemos completado nuestras indagaciones sobre los conceptos o aspectos simples de la Divinidad, los de la Divinidad como yo, como deidades y como universo. Por lo general, éstos nos aparecerán primero en el camino del *bhakti*, ya que son más fáciles de entender y comprender. Los siguientes conceptos son más avanzados, pero son muy importantes y, en última instancia, el *bhakta* necesita

---

37 John B. Cobb, A Christian Natural Theology, Westminster John Knox Press, 2007, p. 62.

integrarlos todos. Aunque esto lleve tiempo, el amor a Dios no será completo hasta que comprendamos a Dios lo más profundamente posible, un proceso que el *Gita* denomina *jnana yajna* -ofrenda de conocimiento-.

Los seis primeros capítulos del *Gita* son bastante introductorios, y los conceptos más avanzados se introducen en los últimos 12 capítulos. Por desgracia, muchos lectores se limitan en su análisis a estos seis primeros capítulos introductorios. Pero el séptimo capítulo, al principio, presenta uno de los conceptos más esenciales del *Gita*, yuxtaponiendo los términos *jnana* y *vijnana*. El término *jnana* se identifica generalmente con el conocimiento del ser o la autorrealización. El prefijo *vi* en *vijnana* denota ampliación o extensión. Por tanto, representa una forma de súper conocimiento, más amplio que la mera autorrealización. Sri Ramakrishna fue el primero en señalar la importancia del término *vijnana*, y enseñó que significaba la realización de Dios, consistente en la realización combinada de lo Divino con forma (*saguna* Brahman) y lo Absoluto sin forma (*nirguna* Brahman).[38]

Sri Aurobindo recogió el testigo de Ramakrishna y desarrolló aún más el concepto de *vijnana*. Aurobindo suele traducir *vijnana* como súper mente, es decir, la inteligencia de lo Divino.[39] Aurobindo también define la súper mente como el Ser Supremo que se conoce a Sí mismo dinámicamente como el tiempo.[40] Para profundizar más, Aurobindo también describió la súper mente como el aspecto conocimiento-voluntad creativo del Supremo.[41]

---

38 Sw. Tapasyananda, Shrimad Bhagavata, Vol 3, p.9.
39 Debashish Banerji, Seven Quartets of Becoming- A Transformative Yoga Psychology Based on the Diaries of Sri Aurobindo, Nalanda International. Los Ángeles, 2012, p. 157.
40 Debashish Banerji, Seven Quartets of Becoming, p. 187.
41 Debashish Banerji, Seven Quartets of Becoming, p. 277.

CAPÍTULO 1

Es importante comprender esto porque la práctica y el esfuerzo de toda la vida de Aurobindo consistían en alinearse con la súper mente divina, algo que él etiquetó como la "llamada de la súper mente". Para Aurobindo era importante centrarse no sólo en los aspectos de conciencia trascendental, quietud, vacío y nada de lo Divino, sino también en su autoexpresión creativa e inteligente.

Aurobindo desarrolló la terminología súper mente a principios del siglo XX, y hoy, más de 100 años después, el término suena anticuado, ya que lo asociamos más fácilmente con la tecnología de la información y la inteligencia artificial (o más profanamente con cosas como Superman o el supermercado). En su lugar, sugiero los términos Dios inmanente o inteligencia cósmica, y la conexión entre ambos se explora en la siguiente sección. No pretendo ser irrespetuoso cuando me presento aquí para mejorar el lenguaje de Aurobindo. Considero a Aurobindo el principal titán intelectual y místico del siglo 20, y yo no lo soy en absoluto. Pero la lengua inglesa envejece con rapidez, un hecho del que Aurobindo era muy consciente. A diferencia del sánscrito, en el que el significado de las palabras está predefinido en antiguos textos sobre gramática, en inglés las definiciones de las palabras se derivan por convención. De ahí que cambien si un número suficiente de personas cambia de opinión sobre lo que significan.

Analicemos el misterioso y a menudo pasado por alto y mal interpretado pasaje del *Gita* que introduce el término *vijnana*. Después de que Krishna, en los seis primeros capítulos del *Bhagavad Gita*, haya enseñado a Arjuna *Karma-*, Jñana-, Samkhya-, Buddhi- y *Raja* Yoga, pronuncia las siguientes poderosas palabras: "ahora te difundiré el conocimiento esencial (*jnana*, es decir, la autorrealización) y el conocimiento integral (*vijnana*, es decir, la realización de Dios), tras los cuales se conoce todo lo que hay que conocer".[42] Tanto Ramakrishna como Aurobindo creían que ésta era la estrofa fundamental del *Gita*. El término *jñana* se refiere generalmente a la realización de la conciencia pura, el testigo que habita en nuestra profundidad, que Patanjali llama *purusha*, nuestra verdadera naturaleza, y los *Upanishads* denominan *atman*, el yo profundo. Esta realización suele implicar que nos sumerjamos en el núcleo de nuestro ser y conozcamos allí una presencia que es infinita, eterna, inmutable e incondicionada, es decir, que no cambia sea lo que sea lo que experimentemos. Dado que esta experiencia (dependiendo del tiempo que la mantengamos) puede conducir a una desidentificación y posterior distanciamiento del yo superficial (ser cuerpo-mente egoico), a menudo se denomina autorrealización.

Muchas escuelas consideran que esta autorrealización es la meta y el fin del camino espiritual, y algunos sostienen que la escuela de yoga de Patanjali, con su énfasis en el *samadhi* sin objeto, el *samadhi* sobre la conciencia pura, se encuentra entre ellas. Según otra opinión, el yoga de Patanjali va más allá, con su enseñanza sobre los *siddha* (seres inmortales liberados que permanecen activos) en el tercer capítulo del *Yoga Sutra*, pero está fuera del alcance de este libro tratar este tema vital. Krishna, sin embargo, enseña en el séptimo capítulo del *Gita* que, tras la autorrealización, existe la apertura más amplia de la realización de Dios, que consiste, como enseñó Ramakrishna, en la realización integrada tanto del Brahman *nirguna* como del *saguna*, la Divinidad con forma y el Absoluto sin forma, ambos mucho más vastos que el yo individual.

Una breve excursión por la teología india: el punto de vista que acabamos de exponer es, por supuesto, irreconciliable con la enseñanza de Shankara (el principal defensor *del Vedanta Advaita* y de la opinión de que el mundo es una ilusión), pero

---

42 Bhagavad Gita VII.2

CAPÍTULO 1

coincide con la doctrina de la identidad en la diferencia de Ramanuja (Ramanuja fue el gran adversario de Shankara), como tendremos más tiempo de explicar más adelante. Mencionaré estas cosas con frecuencia porque *el Vedanta Advaita* domina tanto la impresión occidental de la filosofía india, que los occidentales a menudo parecen pensar que todo el mundo en la India cree que el mundo es una ilusión. El punto de vista expuesto en el capítulo siete del *Gita* también coincide con las experiencias de Sri Aurobindo en la cárcel de Alipore, donde estuvo encarcelado antes de ser juzgado por sedición y por organizar la resistencia armada contra el Raj británico en la India. Aprovechando su estancia en la cárcel, Aurobindo experimentó primero la vasta quietud y vacío del yo, experiencia que más tarde calificó de libertad y *nirvana*, y más tarde la realización del Yo Cósmico, cuando todo lo que le rodeaba, las paredes de la celda, su manta y su cama, sus guardias y compañeros de celda, se fundieron en lo Divino, en este caso, Krishna.

En las estrofas siguientes, el propio Krishna describe lo que quiere decir con *vijnana*; aunque éste es sólo el séptimo capítulo del *Gita*, tampoco lo revela todo aquí. Divulga hechos aún más profundos en los capítulos 15 y 18. En la estrofa VII.4 del *Gita*, afirma que Su naturaleza inferior (*apara prakriti*) es óctuple, e incluye los cinco elementos, la mente (*manas*), la inteligencia (*buddhi*) y el Yo-soy (*ahamkara*). Veamos primero el término *prakriti*. El término se traduce más fácilmente como naturaleza, pro-creatividad o procreadora. Naturaleza es, por supuesto, la menos engorrosa de ellas, pero en este contexto debemos entender la naturaleza como la fuerza que lo engendra todo.

En el *Sutra* de Patanjali, las evoluciones de *la prakriti* son cosas con las que tenemos que des identificarnos para que, finalmente, la conciencia individual pura se libere, se aísle, se independice y se revele en su propio esplendor. Esta última expresión suena como un puñado, pero describe con precisión lo que se siente cuando la conciencia pura se mantiene por sí misma sin impedimentos y no se ve defraudada por ninguna identificación con el yo superficial, el cuerpo-mente egoico. Este hecho también está bellamente expresado y confirmado en la historia de los dos pájaros del *Mundaka Upanishad*[43]. Aquí nos hablan de dos pájaros, buenos amigos, que se sientan en el mismo árbol de la vida. El primer pájaro, que representa al yo superficial, ligado a *la prakriti*, come los frutos del árbol de la vida: placer y dolor. Debido a la constante montaña rusa, a la no permanencia y al vaivén de placer y dolor, el primer pájaro acaba por abatirse y caer en la desesperación. El *Mundaka* aconseja ahora que el primer pájaro, el yo superficial, debe apartarse de los frutos del árbol de la vida y contemplar a su amigo, el segundo pájaro. El segundo pájaro es representativo del *purusha del Yoga Sutra*, la conciencia pura que permanece en *samadhi* (arrobamiento) sin objeto, libre de *prakriti* y de sus muchos hijos de identificación mental y experiencia sensorial.

Aunque esto sea simplista, podríamos reducir el consejo que aquí se da a que *purusha/conciencia* debe ser acatado, y *prakriti* y sus evoluciones deben ser evitadas. Y éste es precisamente el punto de vista que podemos mantener cuando practicamos exclusivamente el *Jñana-* y el *Raja* Yoga, que el *Gita* trató en los seis primeros capítulos. Pero Krishna nos lleva ahora más lejos, hacia *el vijnana*, al decir que la *prakriti* es Su divina fuerza creadora. Es un término que utilizará repetidamente en *el* Gita, haciendo de la *prakriti*, Su Shakti, Su poder. Esto contrasta con el yoga de Patanjali, que nos exhorta a aislarnos de la *prakriti* (aunque va más allá de esa postura al presentar al *siddha* sin ego).

Antes de pasar a la siguiente estrofa, permíteme comentar brevemente la lista de Sri Krishna de los ocho constituyentes

---

43 Mundaka Upanishad III.1

de la *prakriti* inferior, los cinco elementos, la mente, la inteligencia y el ego. La lista completa que figura en el *Samkhya Karika* es, por supuesto, de 23 evoluciones, incluidos los quantums o elementos sutiles *(tanmatras)*, los cinco órganos de acción *(karmendriyas)* y los cinco órganos de los sentidos *(jnanendriyas)*. Sin embargo, Krishna ya ha hablado exhaustivamente de la filosofía *Samkhya* en el segundo capítulo. El término *Samkhya* significa enumeración y una de sus características principales es la enumeración de todas las categorías de *prakriti*. Aquí, en el *Gita*, Krishna sólo da una breve lista de las categorías esenciales, porque no se trata de cuántas categorías de *prakriti* hay en total, sino de que la *prakriti* es la fuerza por la que Él mueve el mundo, en lugar de ser una fuerza mecánica que actúa independientemente por sí misma.

Otro punto importante es que existen dos *prakriti*, una superior y otra inferior. En *el Gita*, Krishna nos exhorta a que Su naturaleza superior, la *para prakriti*, es el origen de todos los *jivas*, espíritus individuales, y el soporte de todo el universo.[44] En un capítulo posterior, aislaré términos como *jiva* (espíritu individual), *purusha* (conciencia), *atman* (yo profundo o yo sagrado), etc., unos de otros. Todos ellos tienen connotaciones similares, pero también presentan diferencias esenciales que deben comprenderse. Sin embargo, al incluir aquí el término *jiva*, es necesario dar una ojeada a su significado. El *jiva* suele denominarse el yo superficial o yo individual. Se le llama chispa del fuego de lo Divino. Como se explica con más detalle en el siguiente subtítulo, lo Divino tiene dos aspectos principales: *saguna* (con forma o Dios inmanente) y *nirguna* (Dios trascendente, conciencia infinita, Absoluto sin forma). El pasaje actual no trata del aspecto trascendental de la Divinidad, que se analiza en el capítulo 15 del *Gita*, sino que

---

44 Bhagavad Gita VII.5

aquí trata del aspecto inmanente, es decir, de la Divinidad que está aquí con nosotros, que es perceptible. Este Dios inmanente en Sí mismo consta de los siguientes elementos principales:

- inteligencia cósmica que piensa y contempla todo en la existencia según la ley divina,
- el universo material, incluidos todos los objetos, que son el resultado de la *prakriti* inferior
- todos los seres que son el resultado de la prakriti superior.

¿Cómo puede entenderse esto? Imagina el aspecto de ser del Dios inmanente como un ser infinito con infinitas permutaciones, individuaciones, caminos y cómputos de lo que podría aparecer en el mundo. En conjunto, representan su potencial infinito. Sin embargo, no tiene ego. *El Bhagavata Purana* confirma esta carencia de ego.[45] Al carecer de ego, la única forma de que el Dios inmanente se individualice y encarne los infinitos aspectos, personalidades e individualidades que potencialmente podría ser es convertirse en todos ellos. Cada una de ellas está provista de un cuerpo, una conciencia, una mente y, lo que es más importante, un ego. Un ego es una pieza de software psicológico que une la conciencia, el cuerpo y la mente en un sentido individual del yo, es decir, nos permite decir que éste es mi cuerpo, mi mente y mi conciencia. Damos esto por sentado, pero una operación extremadamente compleja lo hace posible. Si nuestro yo-soy o sentido del yo resulta dañado por *el karma*, una enfermedad mental (como la esquizofrenia o el trastorno de personalidad múltiple) o el uso de

---

45 Bhagavata Purana III.12.38

CAPÍTULO 1

psicodélicos, podemos darnos cuenta de repente de lo precario y tenue que es el vínculo entre el yo profundo (conciencia) y el yo superficial (cuerpo-mente egoico).

Puesto que la Divinidad, al carecer de ego, no puede convertirse en individuo, debe individuarse a través de un número infinito de yoes individuales, nosotros, para actuar en el plano de lo individual. La Divinidad es cósmica; lo es todo y no puede ser, por tanto, el individuo. Sólo puede ser la totalidad de todos los yoes individuales simultáneamente. La Divinidad debe individuarse a través de nosotros para actuar y experimentar a nivel individual. Un individuo tiene ego y, por tanto, puede limitarse a Sí mismo en el continuo espacio-tiempo, es decir, puede decir estoy aquí ahora y no en otro lugar y en otros momentos. Puesto que la Divinidad no tiene ego, no puede ser un individuo. Estar libre de persona individual y de ego hace posible que la Divinidad esté simultáneamente en todas partes y en todo momento. Como la Divinidad tiene un potencial ilimitado, contiene un número infinito de permutaciones individuales. De ahí que veamos la multitud de seres en todos los tiempos y lugares. Todos ellos son chispas (*jivas*) y fracciones (*amshas*) de la Divinidad, es decir, posibles caminos que puede tomar la Divinidad, limitados en el espacio y en el tiempo a través de sus egos.

Sin utilizar seres individuales con egos que los limiten en el continuo espacio-tiempo, la Divinidad no puede individuarse. El ego permite a un Ser ser algo o alguien con características específicas frente a alguien con otras características. La Divinidad tiene todas las características simultáneamente siempre que se alineen con la ley divina, un aspecto esencial de la Divinidad.

¿Por qué la Divinidad se dividió en infinitas chispas divinas sin que su integridad y unidad se vieran afectadas?

Sin convertirse en una multiplicidad infinita de seres, la Divinidad trascendente, la conciencia infinita, sólo sería consciente de Sí misma como la Divinidad Inmanente, la inteligencia cósmica y Su encarnación, el universo y todos los seres, de forma general, pero no particular. Al convertirse en una multiplicidad de seres, la Divinidad puede ahora experimentarse a Sí misma a través de la multiplicidad de seres que son parte de su programa divino. Este plan o agenda divina podría denominarse *lila*, juego divino. Otra forma de entenderlo es que lo divino inmanente es potencial y creatividad infinitos, y es el Uno sin segundo, es decir, nada le impide manifestarse. Esto significa que todo lo que puede ser debe ser.

Aurobindo describió el programa, proyecto o agenda de la Divinidad como el proceso, de mil millones de años de duración, de elevar toda la materia y la vida a la conciencia divina. El matemático y filósofo británico Alfred North Whitehead describió el programa de la Divinidad como un plan de novedad e intensidad. Más adelante profundizaré en esta afirmación. El propio Krishna habló de ello como Su *yoga-maya*, Su poder misterioso. El uso del término poder misterioso implica que quizá no comprendamos realmente lo que Él pretende. No obstante, debemos esforzarnos al máximo si nuestro objetivo es alcanzar la cima del *vijnana*.

Es crucial no limitarse a dejar de lado estas exploraciones como una explicación, aunque interesante pero teórica y en última instancia inútil, del funcionamiento de la Divinidad. Al contrario, comprender y conocer a la Divinidad es el secreto del *bhakta* exitoso. Cuando estamos enamorados de otro ser humano, cuanto más lo comprendamos y lo conozcamos, más probable será que nuestra relación perdure. Y esto es mucho más cierto en nuestra relación con la Divinidad. Debemos darnos cuenta de que vivimos dentro de la Divinidad en la forma del universo como cuerpo cristalizado de Dios. Somos los órganos sensoriales con los que la Divinidad, como conciencia infinita (*nirguna* Brahman), se experimenta a Sí misma como fuerza divina creadora. Esta Shakti se encarna a Sí misma como todos los seres y como la inteligencia que está detrás de todo lo que los impulsa. Si el *bhakta* ve conscientemente todos estos aspectos, vive, se mueve y tiene su ser en lo Divino. Y esta realización es el fundamento de una vida divina, sin la cual no es fácil concebirla.

Krishna continúa Su elaboración del conocimiento integral revelando que Él es la génesis y la fuente del universo y de todos los seres,[46] y también promulga que todos los universos están sujetos a Él como las cuentas están ensartadas en un hilo.[47] Aquí no se habla de un universo irreal que nos engaña como un ilusionista. Aquí no se conjura ningún espejismo, imaginación o ilusión, ningún mero producto de nuestra mente. Por el contrario, se nos presenta un universo real, que es el cuerpo de Dios, poblado por seres reales, todos ellos aspectos y permutaciones de la misma Divinidad unificada, que están aquí con un propósito particular, un papel que desempeñar en el proyecto de la Divinidad para expresarse a través de Su ilimitada creatividad.

Y a desempeñamos estos papeles, pero de forma inconsciente. *Bhakti* es una invitación a hacerlo conscientemente, a participar en el juego creativo y obra magna de la Divinidad, y a verlo como tal. *Vijnana* significa que Dios se ha convertido en los *jivas*, los espíritus individuales; el universo, se expresa en el juego divino y sigue siendo el océano de la conciencia infinita, el Absoluto inmutable y sin forma, el Dios trascendente. Por eso Sri Aurobindo, en *Ensayos sobre el Gita*, llama *vijnana* a la conciencia espiritual directa del Ser Supremo.[48]

---

46 Bhagavad Gita VII.6
47 Bhagavad Gita VII.7
48 Sri Aurobindo, Essays on the Gita, Sri Aurobindo Ashram Trust,

TRASCENDENTE E INMANENTE, PADRE Y MADRE, NIRGUNA Y SAGUNA

En nuestra búsqueda por comprender lo que es lo Divino, hemos superado las realizaciones iniciales de Dios como el yo, una deidad antropomórfica y la totalidad del cosmos. Ahora empezamos a comprender que la realización de Dios no es un único acto o experiencia que terminamos de una vez por todas, sino un proceso polifacético. Seguiremos ahora la afirmación de Sri Ramakrishna de que *vijnana* (la realización de Dios) consiste en la realización separada de lo Divino como *saguna* (con forma) y como *nirguna* (sin forma). No hay forma significativa de abordar ambas experiencias al mismo tiempo. Son tan fundamentalmente diferentes que es imposible tenerlas ambas simultáneamente. Por poner un ejemplo que pueda aclarar la cuestión, es imposible escalar una montaña y navegar en barco por el océano simultáneamente. Pero podemos hacer ambas cosas secuencialmente y mantener después la conciencia de ambas.

Lo mismo ocurre con la experiencia de Dios como inmanente y de Dios como trascendente. Por eso, dice Sri Aurobindo, tenemos que separar la experiencia de la inmanencia de Dios en nosotros, de la de la trascendencia de Dios. Aquí está claro que admite una variedad de experiencias espirituales,[49] y, al hacerlo, también advierte contra la simplificación excesiva que supone reducir todas las experiencias místicas a un solo tipo, el escollo más profundo del camino místico. Sin embargo, a menos que un místico tenga ambas (la *saguna* y la *nirguna* y algunas otras también, como veremos más adelante), sigue estando abocado a caer en ciertas trampas.

Pondicherry, p. 266.
49 Sri Aurobindo, Essays on the Gita, p. 315

CAPÍTULO 1

En el *Bhagavad Gita*, Krishna dice que Él es el padre y la madre de todos los seres.[50] Esta es una afirmación fundamental a considerar en nuestra búsqueda de la comprensión de lo Divino. ¿Qué quiso decir? Los términos padre y madre se utilizan del mismo modo que el tantrismo emplea los términos Shiva y Shakti. El padre, en *el tantrismo*, se llama Shiva y representa la conciencia y la consciencia puras. En *los Upanishads*, el padre se llama *nirguna* Brahman (el Absoluto sin forma), y en filosofía, utilizamos el término Dios trascendente o el aspecto trascendental de lo Divino. Trascendental significa más allá, es decir, la parte de lo Divino que está más allá de la percepción sensorial y la experiencia directa. Trascendental denota conciencia infinita, lo que significa, en este contexto, la entidad consciente más que aquello de lo que somos conscientes. Así es como se utiliza a menudo el término en la psicología moderna, donde se aplica al contenido de la mente. Sin embargo, el significado del término utilizado aquí es diferente. En el Antiguo Testamento encontramos la hermosa frase: "estad quietos y conoced que Yo Soy Dios".[51] Esta frase se refiere al aspecto trascendental de lo Divino, es decir, a la conciencia infinita. No puede verse cuando la mente está activa. Los pensamientos cubren la conciencia como las nubes cubren el azul del cielo en un día lluvioso. Por eso el Yahvé bíblico, el Padre, nos ordena "estar quietos" para que podamos contemplarle. Tengámoslo presente siempre que utilicemos el término conciencia en el contexto del yoga.

Patanjali, el autor del *Yoga Sutra*, dice: "el yoga es el aquietamiento de la mente. Entonces (cuando la mente está quieta) la conciencia permanece en sí misma".[52] Observa las

---

50 Bhagavad Gita XIV.4
51 Salmo 46:10
52 Yoga Sutra I.2- I.3

similitudes de las descripciones. También es interesante que la frase bíblica diga: "sabed que Yo Soy Dios". Es una formulación exacta, pues, en sentido estricto, el aspecto trascendental de lo Divino está más allá de la percepción y la experiencia. Por eso Yahvé no dice: "percibe y experimenta que Yo Soy Dios". Esto resuena en medio mundo en los escritos del filósofo indio Shankaracharya, que dice en su *Brahma Sutra Bhashya* (comentario sobre los *Brahma Sutras*) que la conciencia (Brahman) no puede percibirse ni experimentarse; sólo se conoce.

Encontramos un enfoque similar sobre el aspecto trascendental de lo Divino en la antigua China. *En el Tao Te King*, el sabio Lao-tzu dice: "lo que puede decirse del *Dao* (la conciencia) no es el *Dao*". Observa de nuevo aquí que la conciencia está más allá de la percepción y la descripción. Lao-tzu también afirma que lo trascendental está más allá de ser descrito mediante el lenguaje. La oración india al Nagaraj, la serpiente del infinito, ilustra el mismo concepto del Dios trascendente. Aquí, la conciencia se identifica con una serpiente de mil cabezas, surgiendo todas las mil cabezas del mismo tronco. El propio tronco es silencioso; no tiene boca con la que hablar. El tronco representa el Brahman, la conciencia infinita. Las mil cabezas que salen del mismo tronco hablan todas lenguas diferentes, representando distintos sistemas de filosofía, ciencia y religión. Pero la verdad última sólo está en el tronco, que en sí mismo no tiene lenguaje, pues la verdad absoluta está más allá de las palabras. Aunque cada cabeza puede enseñar un sistema internamente coherente que no puede refutarse si se le permite partir de sus propias premisas, todas las cabezas se contradicen entre sí. Cada cabeza puede ofrecer una interpretación viable de la verdad, pero nunca la verdad misma, que es indecible.

Como todo lo que hemos oído hasta ahora sobre lo trascendente es más bien poco concreto, la mayoría de las tradiciones tienden a darle características humanas, lo que puede ser útil hasta cierto punto. Por ejemplo, el Dios trascendente en el Antiguo Testamento se llama Yahvé; en el Nuevo Testamento, el Padre; y en la India, la mayoría de las veces, Shiva o Visnú. Se creía que tanto Yahvé como Shiva residían inactivos en las cimas de las montañas, contemplando el mundo desde lejos. Por supuesto, esta residencia debe entenderse como metafórica. En la India, por ejemplo, la montaña en la que se sienta Shiva se llama *Meru*, en referencia al monte Kailash, en el Himalaya. Sin embargo, *Meru* también se utiliza para la columna vertebral humana y el eje del mundo. El significado místico del nombre Shiva es conciencia. Según el yoga, la conciencia se experimenta cuando la fuerza vital se transporta por la columna vertebral y se mantiene en el *chakra de* la coronilla, en lo alto de la columna vertebral (*Meru*). Desde ese punto de vista, la consciencia no se parece a un hombre de piel azul y rastas, blandiendo un tridente mientras está sentado sobre una piel de tigre (como el Señor Shiva). Pero puede ser una metáfora útil visualizarla como tal durante la vida cotidiana y para la práctica de la devoción, el *bhakti*.

Pero ¿qué ocurre con el segundo aspecto de la Divinidad, la Madre? Está notablemente ausente en las religiones abrahámicas, o al menos la hemos des empoderado. Este des empoderamiento es el resultado de miles de años de patriarcado. Aurobindo dice que la naturaleza superior (*para prakriti*) del Ser Supremo representa su Shakti, la fuerza creadora que es la matriz del universo y de todos los seres.[53] Aurobindo lamentaba que nuestro concepto de espiritualidad haya creado una separación entre el aspecto activo y dinámico de lo Divino, la Madre/el Dios inmanente/la Shakti, y su lado pasivo y estático, el Absoluto sin forma nirvánico y trascendente, el Padre.[54] Para superar este abismo, debemos

---

53 Sri Aurobindo, Essays on the Gita, p. 268.
54 Debashish Banerji, Seven Quartets of Becoming, p. 282-3.

realizar lo que Aurobindo llama la integración voluntaria del Dios trascendente/Padre/conciencia, por un lado, y del Dios inmanente/Shakti/Madre Divina, por otro.[55] A diferencia del *Yoga Sutra*, Aurobindo adopta un punto de vista *tántrico* y llama a la *para prakriti*, la Shakti autoconsciente del Ser Supremo, la Devi (Diosa), la Madre.[56]

Además del aspecto trascendental de la Divinidad, la Madre es inmanente, es decir, está aquí con nosotros, es algo que podemos percibir, experimentar y tocar. Por desgracia, la religión estaba tan obsesionada con el aspecto trascendental de lo Divino que a menudo hemos ignorado y olvidado el elemento inmanente y femenino. Hay un pasaje apasionante en el Comentario *al Brahma Sutra* de Shankara que dice: "la conciencia [el Dios trascendente], semejante a un espejo, tiene la cualidad de reflejar. Si no hubiera nada que reflejar, la conciencia no podría producir su cualidad de reflexividad". ¿Qué significa esto? Trata de imaginar un espejo gigante flotando en el espacio vacío. Nada podría reflejarse en el espejo, ya que no existiría nada más. Esto significa que el espejo no podría reflejar nada. Pero como el espejo no es un espejo fuera de lo que refleja, no sería un espejo. Es importante comprenderlo, y lo mismo es válido para la conciencia. La conciencia (la sede de la conciencia) sólo es conciencia si existe un mundo del que ser consciente.

Lo que eso significa para nosotros en la práctica es que el aspecto trascendental de la Divinidad, la conciencia, es siempre consciente del aspecto inmanente. El aspecto inmanente es el cosmos, el mundo de la materia y la energía, el universo entero. Todo lo que ves, sientes y percibes es Dios. Todo el cosmos no es más que una cristalización de lo Divino. No hay lugar, tiempo, partícula, energía, radiación

---

55 Debashish Banerji, Seven Quartets of Becoming, p. 116-7
56 Debashish Banerji, Seven Quartets of Becoming, p. 294

o patrón de ondas que no sea Dios. Todo el mundo material es el cuerpo cristalizado de la Divinidad. Por eso la Biblia dice: "en Él nos movemos, vivimos y tenemos nuestro ser".[57] No puedes vivir, moverte y tener tu ser en ninguna otra cosa porque no hay nada más.

Hemos estado buscando a la Divinidad por todas partes sin encontrarla; de ese modo, actuamos como peces que buscan el océano. Para un pez, no hay nada más que el océano; para nosotros, no hay nada más que Dios. Estés donde estés, estás sobre Dios. Cualquier cosa que mires es Dios. No respiras nada más que a Dios, y no piensas nada más que a Dios. Por eso en *el Gita*, el Señor Krishna dice: "todas las acciones son realizadas por mi *prakriti*, sólo un necio cree ser el hacedor".[58] En esta frase *del Gita*, Krishna da a entender: "tú mismo no respiras, sino que yo te respiro a través de la fuerza creadora divina. No eres tú quien hace latir tu corazón, sino que el Dios inmanente lo hace latir a través de ti. ¿Puedes ordenar a tu brazo que se levante? No, soy Yo quien piensa el pensamiento, envía impulsos a través de tus neuronas y da fuerza a tus músculos. ¿Puedes transformar los alimentos en energía a través de tu metabolismo? No, soy Yo como Dios inmanente quien lo hace. ¿Puedes escribir tu ADN, crear proteínas, dar energía a las células mediante las mitocondrias, recoger la luz solar mediante la fotosíntesis y convertirla en proteínas?". No, todos estos procesos milagrosos los realiza el Dios inmanente a través de nosotros sin que tengamos que hacer nada. Por eso Krishna dice: "sólo un necio cree ser el hacedor". Nuestra estupidez consiste en habernos designado a nosotros mismos como los hacedores, mientras que estas acciones se expresan a través de nosotros sin nuestra aportación consciente.

---

57 Hechos 17:28

58 Bhagavad Gita III.27

Esto me lleva al concepto probablemente más importante relacionado con el Dios inmanente, la inteligencia cósmica. Si nos fijamos en el párrafo anterior, no se puede negar que el propio cosmos es inteligente, puesto que puede producir algo tan milagroso como la vida, y además una vida excepcionalmente compleja. A menudo hemos considerado la materia como muda, muerta e inerte, pero todo el cosmos material es una incubadora inteligente de vida inteligente diseñada para encarnar la inteligencia cósmica y cocrear con ella. Esta misma inteligencia se ha cristalizado como la materia, el cosmos y nosotros. No hay diferencia entre la inteligencia, el espíritu y Dios inmanentes, por un lado, y la materia, por otro. La materia es inteligencia y espíritu cristalizados. La materia es el cuerpo cristalizado de Dios. La materia es parte de Dios. Ya esté presente como ondas, partículas o energía, la materia es un aspecto esencial del Dios inmanente. El filósofo holandés Spinoza no se equivocaba al afirmar que Dios es una sustancia, aunque podría argumentarse que esta afirmación deja fuera el aspecto trascendental de lo Divino.

Aurobindo también identificó al Dios trascendente y al Dios inmanente como ser y devenir.[59] La espiritualidad y la religión convencionales se centran excesivamente en el aspecto ser de Dios (conciencia), lo que conduce a una espiritualidad estática, de estado sólido. Así, el yogui ideal suele ser representado como un hombre solitario, sentado inamoviblemente en la cima de una montaña con la mente y los pensamientos detenidos, habiendo dejado fuera al mundo entero. Bien podría estar ya muerto y, de hecho, algunos movimientos espirituales aspiran a algo cercano a la auto aniquilación espiritual.

Sin embargo, el aspecto Devenir de lo Divino nos salvará de este callejón sin salida. El aspecto Devenir de lo Divino

---

59 Debashish Banerji, Seven Quartets of Becoming, p. 172.

CAPÍTULO 1

es el aspecto de Dios que evoluciona, crece, se desarrolla y avanza constantemente. Es lo que el matemático y filósofo británico Alfred North Whitehead denominó proceso. Nadie en Occidente comprendió al Dios inmanente tan profundamente como Whitehead. Whitehead enseñó que ni Dios ni el universo alcanzan una culminación estática, pues ambos representan el avance creativo hacia la novedad.[60] Whitehead también adoptó el término freudiano "eros" (el impulso creador y el impulso a crear belleza) como nombre de la naturaleza primordial de Dios, que es el poder en el universo que impulsa hacia la realización de los ideales. No confundas aquí el término Eros como reducido a erotismo. Es un aspecto ínfimo. Algunos estudiosos han advertido la convergencia de las ideas de Aurobindo y Whitehead (y, por lo demás, incluso de los pensamientos de Ramanuja y Whitehead). Aurobindo creía que el ideal y el objetivo de Dios era la divinización de toda la vida y la materia del universo, y que el *bhakta* debe comprometerse a apoyar este objetivo. Whitehead creía que el alma individual puede establecer con la Divinidad una relación peculiarmente intensa.[61] Esto también se afirma en el *Bhagavata Purana*. Por ejemplo, en el *Bhagavata Purana*, Krishna declara que el devoto es Su mismo corazón y que Él es, de hecho, el corazón del devoto.[62] Incluso llega a declararse esclavo del devoto sin ninguna libertad. Luego declara que Su corazón está en las garras del *bhakta*, de quien es amante. He aquí la "relación peculiarmente intensa" de la que hablaba Whitehead. Como *bhaktas*, no necesitamos preguntarnos cómo establecer una relación

---

60 Alfred North Whitehead, Process and Reality, Free Press, 1979, p. 349.

61 Alfred North Whitehead, Adventure of Ideas, Free Press, 1967, p.267.

62 Swami Tapasyananda, Srimad Bhagavata, vol.4, p. 227.

amorosa con Dios. Necesitamos sintonizar con el hecho de que el corazón de Dios ya está en las garras del nuestro y que sólo necesitamos devolver el amor dirigido a nosotros. Esta devolución de amor es, por supuesto, al principio, un reto. Whitehead también habla de Dios como la conciencia universal, que es individual en nosotros, y de Dios como el amor universal que todo lo abarca, que es parcial en nosotros. Tenemos que hacer que el amor que es parcial en nosotros sea omnímodo y universal, como el amor que Dios nos extiende. Eso significa amar a Dios en todo lo que vemos y en todos Sus hijos.

EL MISTERIO DEL SER SUPREMO

Habiendo comprendido ahora que necesitamos ponernos al servicio de una Divinidad que tiene dos aspectos significativos, el estático, de estado sólido, trascendente, que es la conciencia infinita (Shiva, el padre, *nirguna* Brahman y el ser), y el dinámico, inmanente y fluido, la inteligencia cósmica y la fuerza creadora divina (Shakti, la madre, *saguna* Brahman y el devenir), ya estamos preparados para contemplar el misterio del Ser Supremo (*purusha* + *uttama* = Purushottama). En el *Bhagavad Gita*, Krishna reevalúa las enseñanzas *del Samkhya* y del Yoga sobre el *purusha* (conciencia), de las que ambos sistemas dicen que cada individuo tiene su propio *purusha* y que Dios tiene uno separado, diferente de todos los demás en que es eternamente libre.[63] Krishna enseña un único *purusha*, aunque con tres capas o estadios diferentes. Inicialmente sólo revela que hay dos estadios de *purusha*, el perecedero (*kshara*) y el imperecedero (*akshara*). El perecedero incluye a todos los *jivas* encarnados (espíritus individuales), que se identifican con su yo superficial y viven en un mundo en constante cambio. *El purusha* imperecedero consiste en la comunidad

---

63 Bhagavad Gita XV.16

de los *jivas* liberados, impasibles ante el mundo siempre cambiante (Patanjali los llamaría *siddhas*). Esta afirmación reconoce que, aunque la conciencia es siempre consciente, cuando se encarna y se identifica con el cuerpo-mente egoico, se tiñe de esta identificación y actúa de forma diferente.

Sin embargo, en las dos estrofas siguientes, Krishna revela que existe otro *purusha* más, el Ser Supremo (Purushottama), la más elevada de todas las formas de conciencia, que impregna todos los mundos y seres y los sustenta.[64] Afirma que en esta forma del Purushottama, Él es superior tanto a lo perecedero (*kshara*) como a lo imperecedero (*askshara*). Esta afirmación rechaza claramente la opinión de Shankara de que el yo individual y el Brahman (el yo cósmico) son lo mismo. Sin embargo, *el Gita* apoya la doctrina de la identidad en la diferencia (*beda-abeda*) de Ramanuja, que declara que somos idénticos a la Divinidad en el sentido de que somos *purusha* (conciencia), pero somos diferentes en el sentido de que nuestros poderes, inteligencia y cuerpos son limitados, mientras que los de la Divinidad no lo son. Un ser sensible puede evolucionar de un ser perecedero a un ser imperecedero reconociendo que no es el cuerpo-mente egoico, sino identificándose con la conciencia interior eterna, infinita e inmutable. Pero por encima de ambas está y estará siempre, como dijo Krishna, el Ser Supremo, el Purushottama, en el que todos los seres y mundos están ensartados como perlas.

La actitud correcta hacia el Ser Supremo es distinta de la identificación. No debemos andar por el mundo proclamando que somos uno o que estamos identificados con Dios (como hizo, por ejemplo, Manjour al Hallaj). Pero, como afirma Krishna a continuación,[65] si entendemos a la Divinidad como inmanente y trascendente a la vez, padre y madre, ser y

---

64 Bhagavad Gita XV.17-18
65 Bhagavad Gita XV.19

devenir, como la totalidad del universo material, el espacio y el tiempo, incluyendo en Sí misma a todos los seres atados y liberados, y más allá incluso como una entidad misteriosa, superinteligente y súper consciente, que todo lo sustenta, nutre y apoya, superándolo todo en su inmensidad, entonces nuestra actitud hacia esta entidad, el Purushottama, sólo puede ser de amor, adoración y servicio con todo nuestro ser.

En la estrofa final de este pasaje, se nos dice que esta doctrina espiritual es la más profunda de todas las enseñanzas sagradas.[66] Si la comprendemos globalmente, no podemos sino alcanzar la plenitud total. ¡Así es, en efecto! Llegados a este punto, vuelve a ser tentador reducir el Purushottama, el Ser Supremo, al Absoluto sin forma, el Brahman *nirguna*, el *nirvana*. Por el contrario, el Absoluto sin forma y el *nirvana* son sólo algunos de los aspectos integrantes del Purushottama. El Purushottama es una entidad misteriosa que incluye el Absoluto sin forma, el vacío, la nada, el ser y el devenir, todos los seres sensibles, toda la materia y todos los universos, pero es más que todo eso. El Purushottama está en todos los seres y los hace vivos y reales, pero todas las cosas y seres están también en Él y contenidos en Él. La Purushottama también incluye a todas las deidades y formas divinas. Pero la Purushottama es más que eso. Es una inteligencia cósmica viva y sensible, capaz de respondernos, guiarnos y tener una relación personal íntima con todos y cada uno de nosotros.

No confundamos esta capacidad con el hecho de que Dios sea un individuo, pues Dios no es una persona, sino que todas las existencias personales e individuales forman parte de Él.[67] Esta relación peculiar, intensa, íntima y personal que podemos desarrollar con el Ser Supremo es la meta del *bhakta* y el tema de este texto.

---

66 Bhagavad Gita XV.20
67 Sri Aurobindo, Essays on the Gita, p. 573

CAPÍTULO 1

ETAPAS DE LA REALIZACIÓN DE DIOS

A estas alturas ya ha quedado claro que no existe una experiencia mística que, una vez obtenida, nos enseñe todo sobre la Divinidad, sino que hay una variedad de estados místicos. Cuantos más de ellos alcancemos, más auténtica y completa será nuestra entrega a la Divinidad y, por tanto, nuestra práctica *del bhakti*. Ya Sri Ramakrishna enseñó que la Divinidad debe experimentarse de más de una forma, y al comienzo del capítulo 7th del *Gita*, Krishna se refiere a alcanzar otras visiones de la Divinidad, en lugar de *la jñana* esencial, como *vijnana*, conocimiento integral. Sri Aurobindo escribió que el *Gita* esboza cuatro tipos diferentes de realizaciones de Dios.[68]

1. El aspecto trascendente y supra cósmico de la Divinidad, el Padre, el Absoluto sin forma, está en todas partes, pero más allá de todo lo manifestado. *El Gita* subraya que éste es el aspecto de lo Divino que debemos mantener siempre en nuestros visores, aunque ya hayamos alcanzado los demás puntos de vista.
2. El Dios inmanente, la Shakti y la *prakriti*, la Divinidad como universo y agente activo en todo. Dios como el proceso espacio/tiempo, la fuerza inteligente y creativa que despliega el universo y la evolución para encarnarse en él. Tanto Ramakrishna como Aurobindo enseñaron que es a este aspecto de lo Divino al que debemos rendirnos en nuestra vida cotidiana.
3. Dios como el morador interior de todos los cuerpos, el yo en el corazón de todos los seres, el *atman* consciente. Necesitamos darnos cuenta del significado divino de todos los seres vivos; necesitamos ver que todas sus

---

68 Sri Aurobindo, Essays on the Gita, p. 316-7

vidas son expresiones espirituales de Dios, es decir, que todas expresan un aspecto de lo Divino y son, por tanto, sagradas.
4. Más allá de eso, también debemos realizar a Dios en todas las cosas, objetos, manifestaciones y fenómenos. Esta realización se refiere a los muchos *vibhutis* (poderes) de Krishna, como "entre las montañas, soy el Himalaya, entre los recipientes el océano, entre los animales soy el león y entre los humanos el rey". Este aspecto de la Divinidad se venera en el animismo y el chamanismo como espíritus y elementos.

Aurobindo sostiene que sólo realizando todos estos aspectos de lo Divino podemos alcanzar la entrega completa, que Krishna pide repetidamente.[69] Todos estos aspectos de Dios deben ser conocidos y vistos. De lo contrario, nuestro *bhakti* será limitado, y el misterio del Purushottama permanecerá encerrado. En última instancia, se nos pide que veamos a Dios en todo lo que encontremos y nada más que a Dios. Sin embargo, debemos tener presente que siempre quedarán aspectos de la Divinidad que no podemos ver, como el aspecto trascendental de la Divinidad. Cuanto más de Dios podamos ver, más informadas estarán nuestras acciones por lo Divino. Esto hará que lo Divino sea más tangible y concreto en nuestra existencia encarnada y fomentará el programa, el proyecto o agenda de lo Divino, que es elevar toda la vida y la materia a un nivel de conciencia divina mayor que el actual.

El Bhakti Sutra de Narada enumera siete formas de adorar a la Divinidad.[70] He elegido los nombres de los subtítulos de este capítulo para que sigan una trayectoria que comienza

---

69 Sri Aurobindo, Essays on the Gita, p. 333
70 Swami Tyagisananda, Narada Bhakti Sutras, Sri Ramakrishna Math, Chennai, 2001, p. 52

con los cuatro aspectos del Ser Supremo, tal como los enseña Krishna en el *Gita*, y continúa a través de las etapas evolutivas descritas por Narada. Las siete formas de la Divinidad adecuadas para la adoración según Narada son:

1. Una deidad y forma personal de la Divinidad, como Shiva, Vishnu, Shakti, etc. Los maestros que funcionaron como mis guías espirituales, T. Krishnamacharya, Ramakrishna y Aurobindo, ampliaron esta lista a formas no hindúes de la Divinidad y nunca intentaron convertir a nadie a su religión. Al contrario, animaron a los individuos a elegir formas divinas según su mejor comprensión. Éste es también mi punto de vista, pues no creo en imponer mi religión a los demás, ni en la superioridad de un sistema sobre otro.
2. Una imagen material de la Divinidad, según lo anterior, con fines de culto ritual. Para la mayoría de la gente, una mera idea o concepto de la Divinidad, aunque sea personal, no basta para recordarnos a nosotros mismos. Una imagen o estatua sagrada que represente a la Divinidad suele ser más poderosa.
3. *Un avatar*, una encarnación física de lo Divino, como Jesús, Krishna, Moisés, el profeta Mahoma o Buda. Para muchos de nosotros, incluso una imagen divina personal sigue siendo demasiado abstracta, y anhelamos al Dios que se ha hecho carne. Éste debería ser una figura histórica fuera de toda duda y no un líder de una secta moderna.
4. El guía espiritual de uno mismo. Esto es arriesgado en el entorno actual, pues muchos charlatanes nos invitan a verlos como divinos para manipularnos. Tomo a Narada como una figura histórica que vivió hace miles de años, y me pregunto si, de haber vivido hoy y haber sido testigo de la industria espiritual actual, este punto

seguiría figurando en la lista. Después de todo, estamos en el *Kali Yuga*. Más adelante hablaremos de ello.
5. Toda la humanidad y toda la vida. Esto último es aún más crítico, ya que la tendencia especista de la humanidad a elevarse por encima de otras formas de vida ha provocado graves daños a la biosfera. Que Dios es toda la vida también se afirma en el *Bhagavata Purana*, un texto sorprendentemente cosmopolita.[71] Tenemos que meditar sobre todo el colectivo de formas de vida del planeta Tierra como el único "hijo de Dios" (o posiblemente hija de Dios para superar el lenguaje específico de género).
6. Todo el universo como el cuerpo cristalizado de Dios; toda la materia como divina. De nuevo, esto se enseña también en el *Bhagavata Purana*, que vuelve a sobresalir por su visión espiritual.[72,]
7. La propia conciencia testigo (*purusha*), el yo profundo o *atman*.

Aunque al principio no importa con cuál de estos aspectos y formas de lo Divino empecemos, en última instancia, en el espíritu de Ramakrishna y Aurobindo, queremos trabajar gradualmente a través de la lista y abarcarlos todos para alcanzar el *vijnana* completo, *la* realización de Dios y abrazar la totalidad del Purushottama.

---

[71] Bhagavata Purana III.29.21-34 y VII.14.34 -38
[72] *Bhagavata Purana* XI.2.41

Capítulo 2
¿QUIÉNES SOMOS?

En este capítulo intentaré aclarar los diversos términos utilizados en *los shastras* indios para designar el yo, la conciencia y el espíritu. En el capítulo anterior se estableció el trabajo del conocimiento de lo que es la Divinidad. En este capítulo, esculpiremos lo que es el *bhakta* individual. A partir de ahí, podremos definir la relación entre ambos, que es el tema del tercer capítulo. Armados con este conocimiento, podremos entonces abordar los diversos métodos del *bhakti* en el cuarto capítulo, que tendría poco sentido sin comprender el tema de los tres capítulos anteriores.

Hemos establecido anteriormente que, mediante la meditación, un yogui experimentará diversas capas de la psique humana que son más profundas que el cuerpo y más profundas que los sucesos bioeléctricos y bioquímicos del cerebro. Desde este punto de vista, el yoga está en desacuerdo con la medicina y la neurociencia occidentales, que sostienen que todo lo que llamamos mente es un mero resultado precisamente de estos sucesos bioeléctricos y bioquímicos en el cerebro. El yoga, sin embargo, propone no sólo una mente más profunda que el cuerpo, sino también diversas capas aún más profundas que la mente (*manas*). En yoga, llamamos a estas capas más profundas de la mente inteligencia o intelecto (*buddhi*), yo-soy o ego (*ahamkara* o *asmita*), conciencia (*purusha*) o el yo profundo (*atman*). El término *jiva* (espíritu individual) es un compuesto de varias de las categorías anteriores, al igual que el concepto abrahámico de alma. Doy por supuesto que tú, apreciado lector, has tenido algún conocimiento, aunque sólo sea tentativo, del aspecto eterno de tu alma o intuyes que existe. Concluyo esto porque, de lo contrario, es poco probable que hayas leído hasta aquí. He tratado el punto de cómo obtener una visión de las capas más profundas de la psique en varios de mis libros, como *Meditación Yoga, Samadhi La Gran Libertad* y *Chakras, Drogas y Evolución*. Por lo tanto, no profundizaré en ello aquí. En este punto, entraré en algunas citas de las escrituras que establecen de forma general que existe un aspecto eterno en nosotros, antes de entrar en sus diversas categorías.

En el segundo capítulo del *Bhagavad Gita*, Sri Krishna responde a Arjuna, que identifica a los adversarios que ve en el campo de batalla de *Kurukshetra* con sus cuerpos.[73] Krishna afirma que nunca hubo un tiempo en que ninguna de estas personas no existiera, ni dejará de existir jamás. Krishna recuerda a Arjuna que no debe considerar a las personas como cuerpos, sino como seres eternos y espirituales que actualmente tienen una experiencia física. Erróneamente, miramos la vida desde el otro lado, creyéndonos seres físicos que buscan una experiencia espiritual.

Como a muchos de nosotros, a Arjuna le desconcierta la pregunta: si el cuerpo es tan temporal, ¿cómo puede ser eterno el yo? Krishna explica entonces que, del mismo modo que una persona tira la ropa usada al cesto de la ropa sucia por la noche y elige un juego nuevo al despertarse por la mañana, el yo profundo tira un cuerpo gastado, que ha agotado su *karma* actual, al anochecer de nuestra vida, para elegir un cuerpo nuevo al amanecer de la siguiente.[74]

Arjuna se pregunta ahora en qué puede diferenciarse este supuesto yo del cuerpo, que es tan cambiante y frágil. El *avatar* afirma entonces que el yo es eterno, infinito, e inmutable, pues

---

73 Bhagavad Gita II.12
74 Bhagavad Gita II.22

no puede ser quemado por el fuego, ahogado por el agua o arrastrado por el viento.[75] Esta estrofa aparece casi idéntica en el *Yoga Sutra*, que añade que no puede ser atravesado por espinas ni cortado por cuchillas. El Yo profundo es, por tanto, indestructible y eterno, y es en este conocimiento en el que queremos establecernos como resultado de nuestro yoga, ya sea mediante *el bhakti* o de otro modo.

Arjuna se pregunta ahora cómo Krishna tiene todo este conocimiento detallado, mientras que él parece no tener conocimiento de estos asuntos. Krishna le aclara que ambos (y todos los demás también) han pasado por numerosas encarnaciones que abarcan muchas eras del mundo.[76] Pero, según Krishna: "yo las recuerdo todas, pero tú no". Exhorta a Arjuna a que, aunque haya perdido la memoria de sus nacimientos anteriores, éstos son, no obstante, reales. Una comparación puede ayudarnos aquí. Nuestra situación es similar a la de un delincuente que, debido a la supresión de la memoria consciente o a la embriaguez, puede afirmar que es inocente de un acto que ha cometido pero que no puede recordar. Un tribunal de justicia le condenará no según su memoria, sino basándose en hechos probados. Durante la muerte y el renacimiento, perderemos la mayoría de los recuerdos de nacimientos anteriores para centrarnos en el *karma* asociado a nuestro cuerpo actual. Algunos recuerdos pueden volver en sueños o vislumbres repentinos, pero también podemos recuperarlos mediante métodos de yoga (aunque merece la pena cuestionarse si el esfuerzo recompensa adecuadamente el resultado). Sin embargo, son relativamente irrelevantes para la práctica del yoga, ya que no hay mucha diferencia entre morar en el pasado de la vida actual y morar en vidas pasadas. El yoga pretende vivir en

---

75 Bhagavad Gita II.24

76 Bhagavad Gita IV.4

el momento presente para que podamos centrar nuestras energías en lo que hay que hacer ahora para crear un futuro divino.

Arjuna se pregunta entonces por la finalidad de esta extraña configuración, según la cual los seres vuelven una y otra vez a vivir numerosas vidas. Krishna explica entonces que es Él quien, mediante Su fuerza creadora divina (Shakti o *prakriti*), proyecta a todos los seres una y otra vez. Estos seres deben someterse mecánicamente a este proceso porque las fuerzas subconscientes los controlan.[77] Este proceso tiene cierto grado de similitud con la forma en que Sigmund Freud entendía las relaciones, aunque él, por supuesto, sólo lo aplica a la vida presente. Freud vio que una persona puede haber recibido una impronta negativa de uno de sus progenitores y, entonces, está recreando esa relación negativa con su pareja. Entonces puede dejar esa relación por insatisfactoria, sólo para que el modelo inconsciente negativo se manifieste en una relación futura. Este proceso puede repetirse hasta que se reconozca la pauta y nos liberemos de ella. Esta repetición y resolución potencial es precisamente lo que enseña Krishna, sólo que su enseñanza aplica estos mismos patrones freudianos a lo largo de muchas vidas y no sólo de una. Cuando morimos con un patrón inconsciente sin resolver, resurgirá en la siguiente, o en cualquier otra futura, hasta que se aclare.

Arjuna se pregunta ahora cómo escapar de esta repetición mecánica de pautas inconscientes. Krishna responde que una persona sabia reconoce que el yo está presente en todos los seres, pero que, al mismo tiempo, este yo es también misteriosamente el recipiente que contiene al mundo y a todos los seres.[78] Krishna repite esta afirmación, y también

---

[77] Bhagavad Gita IX.8
[78] Bhagavad Gita VI.29

hace hincapié repetidamente en el yo. De ahí que este capítulo se centre en establecer qué es realmente el yo.

Cuando Krishna habla del yo del individuo, utiliza términos diferentes, lo que deja claro que la psique del individuo no es sólo un núcleo homogéneo; hay varias fuerzas en juego, que debemos comprender. Krishna dice: "conóceme como la semilla eterna de todo lo que existe".[79] Sri Aurobindo señala que las semillas pueden convertirse en plantas muy diferentes según la calidad del suelo, la cantidad de agua, de abono, etc.[80] Aurobindo confirma que somos de origen divino, pero la comparación de Krishna con una semilla subraya que lo importante es lo que hacemos con nuestro potencial.

JIVA, EL ESPÍRITU INDIVIDUAL ENREDADO EN EL RENACIMIENTO

Swami Tapasyananda, que realizó traducciones de gran calidad tanto del *Bhavagad Gita* como del *Bhagavata Purana*, llama a los *jivas* centros espirituales, chispas del fuego de la Divinidad.[81] El término *jiva* significa chispa. La idea aquí es que una chispa tiene algo de la naturaleza de todo un fuego (por ejemplo, su brillo o luminosidad), pero en mucha menor medida. Para explicar lo que significan los centros espirituales individuales, debemos recurrir a la imagen de la Divinidad como un vasto océano de conciencia. Una gota dentro de ese océano participa de la naturaleza del mar en cuanto que es agua. Pero no es lo mismo que el océano, pues no es de extensión oceánica. La *jiva* puede tener temporalmente una experiencia oceánica (*samadhi*) al desprenderse de su

---

79 Bhagavad Gita X.7
80 Sri Aurobindo, Essays on the Gita, p. 273
81 Swami Tapasyananda, Srimad Bhagavad Gita, Sri Ramakrishna Math, Chennai, 1984, p. 6

identificación mediante la suspensión del ego y la mente. Mientras el *jiva* exista como espíritu individual con un cuerpo, debe volver a su identificación como espíritu individual limitado para funcionar. Sin embargo, el recuerdo de la experiencia oceánica puede cambiar nuestra perspectiva y nuestra ética, y eso es lo que Krishna nos pide que hagamos.

Más adelante, en su comentario sobre el *Gita*, Swami Tapasyananda defiende que el *jiva* es un compuesto del yo inmortal (según la escuela de pensamiento, llamado *purusha* o *atman*) y el cuerpo sutil (*sukshma sharira*).[82] La enseñanza yóguica habla de tres cuerpos: el cuerpo burdo (*sthula sharira*), de carne y hueso; el cuerpo sutil (*sukshma sharira*), de *nadis, chakras* y *prana*; y el cuerpo causal (*karana sharira*), del conocimiento de nuestro propósito divino individual. Aunque Tapasyananda no lo afirma explícitamente, el *karana sharira* también debe incluirse en la *jiva*. Así pues, nos encontramos con que el término *jiva* excluye únicamente el cuerpo grosero, lo que hace que el *jiva* sea muy similar al concepto abrahámico del alma, que incluye el yo profundo y el superficial. De ahí que el término espíritu individual sea adecuado. Como descubriremos más adelante, el yo profundo (*atman, purusha*) no contiene en sí la individualidad. Consiste únicamente en conciencia y consciencia sin contenido, y no en información que nos convierta en un individuo, como la personalidad. Que el cuerpo *pránico* y sutil (*sukshma sharira*) sobrevive a la muerte ya se afirma en el *Brhad Aranyaka Upanishad*, que afirma que, al igual que una oruga que, al llegar al final de una brizna de hierba, la atraviesa y se arrastra hasta la siguiente brizna, el cuerpo sutil migra, al final de la vida, de un cuerpo burdo al siguiente.[83]

---

82 Swami Tapasyananda, Srimad Bhagavad Gita, Sri Ramakrishna Math, Chennai, 1984, p. 74
83 Brhad Aranyaka Upanishad IV.4.3

Avancemos ahora hasta las estrofas *del Gita* que definen al *jiva*. En el pasaje que describe el *vijnana* o conocimiento integral de la Divinidad, Krishna introduce el hecho de que Suya no es sólo la naturaleza inferior (*apara prakriti*, que desempeña un papel crucial en la filosofía *Samkhya* y en el *Yoga Sutra* de Patanjali), sino también la naturaleza superior (*para prakriti*), que es el origen de todos los *jivas* que constituyen el soporte de todo el universo.[84] En primer lugar, esto confirma que el *jiva* no es sólo conciencia (*atman, purusha*), sino también *prakriti*, que, en este contexto, podemos llamar fuerza material. En segundo lugar, el *jiva* o el colectivo de *jivas* se denomina un aspecto de lo Divino, que es lo Divino expresándose parcialmente a través de la multitud de seres individuales. El hecho de que el colectivo de los *jivas* sea un aspecto vital de la Divinidad demuestra una vez más que ver el mundo y todos los seres como una ilusión está muy lejos de la realidad. La imagen que se pinta aquí es que el colectivo de centros individuales de conciencia es una parte intrincada de la autoexpresión creativa de lo Divino, un hacerse de lo Divino sin el cual lo Divino no estaría completo. Podemos comprender este completarse de lo Divino a través de los *jivas* por el hecho de que los *jivas* tienen, en efecto, un aspecto material (el superior o *para prakriti*), que sigue siendo inherentemente divino, y está relacionado con el cosmos material, el universo, que también forma parte del juego divino.

Pero ¿qué debemos pensar de la afirmación de que los *jivas* constituyen el soporte del universo material? Podemos comprenderlo recurriendo a la física cuántica. La física cuántica descubrió que cuando la luz se enviaba a través de una abertura de doble rendija en ausencia de un observador, representaba un patrón ondulatorio. Cuando, por otro lado,

---

84 Bhagavad Gita VII.5

la luz se proyectaba sobre una placa de bromuro en presencia de un observador, la luz coloreaba partículas individuales de la placa mientras que dejaba otras inalteradas. Así se estableció que la luz en ausencia de un observador tiene características de onda, mientras que tiene características de partícula en presencia de un observador. Esta paradoja implica que un observador consciente (*jiva*) hace que todo lo que observa pase de ser un mero potencial o probabilidad (onda) a una actualidad concreta (partícula). La Divinidad se convirtió en una multitud de *jivas* para que Ella, como cosmos material, pudiera convertirse en una realidad y no en un potencial.

De este modo, la Divinidad puede presenciar esta actualidad como conciencia infinita que experimenta el mundo a través de todos los *jivas*, permutaciones de la Divinidad. En su totalidad, este proceso se denomina juego divino (*lila*), su comprensión se denomina *vijnana*, y la Divinidad como los tres, los *jivas*, el universo y la conciencia infinita, comprende el misterio del Purushottama (Ser Supremo). Quienes comprendan esto obtendrán la felicidad y la libertad debido a la importancia que esto concede a la *jiva* individual para Dios. Esta comprensión integral constituye el fundamento de nuestra relación personal y extática con lo Divino.

Una de las estrofas más críticas del *Bhagavad Gita* en su conjunto, pero que se refiere específicamente a *la jiva*, es la estrofa VIII.3. Recordemos rápidamente que en el capítulo 15, Krishna habla de una conciencia triple o de tres niveles (*purusha*), formada por los seres ligados (*kshara*), los seres no ligados (*akshara*) y el Ser Supremo (Purushottama). Ahora, en VIII.3, Krishna dice que el Supremo como *akshara* se contempla a Sí mismo (el término autocontemplación significa *svabhava*, uno de los conceptos esenciales en el contexto del *bhakti* que hay que comprender) para hacer surgir los *jivas* (espíritus

CAPÍTULO 2

individuales) transmigrantes y encarnados, que a su vez hacen surgir todos los objetos (al pasarlos del estado de onda al estado de partícula). Este acto creativo (de dar existencia a todas las cosas) se denomina *karma* (acción).

Sé que es un trabalenguas, pero aquí tenemos toda la filosofía del *Gita* en pocas palabras. Aunque la afirmación anterior es compleja, su comprensión marca el desentrañamiento del misterio de la vida y de nuestra estrecha relación con Dios, que es el secreto *del bhakti*. Para simplificarlo, Dios consta de tres niveles, de los cuales el intermedio se denomina conciencia no ligada - *akshara purusha*. Este *akshara purusha*, mediante un proceso de autocontemplación (*svabhava*), se recrea a Sí mismo como una multitud de seres (llamados *jivas* -espíritus individuales-), que luego actualizan (concretan) el universo material, al pasarlo del estado de onda al de partícula. Este acto creador (referido tanto al acto de la conciencia - *purusha* como al de los espíritus individuales - *jivas*) se denomina *karma* – obras/acciones/trabajo.

Karma significa generalmente obrar (derivado de la raíz sánscrita *kr* - hacer), pero su uso aquí forma un doble sentido. *Karma* como obras o acciones implica que lo que *las jivas* hacen en el mundo es trabajo para la Divinidad, *Karma Yoga*. Pero también se refiere al hecho de que sus acciones están guiadas por la ley de causa y efecto (también llamada *karma* o ley del *karma*), y a menos que despierten, realizarán acciones menos que ideales, sujetas a resultados menos que ideales, que, sujetos a la ley de causa y efecto, conducen a malos resultados más adelante.

El *Bhagavata Purana* expresa una idea correspondiente. Aquí aprendemos que, para crear la forma material del Ser Cósmico (el universo como cuerpo de Dios), la Divinidad tuvo que despertar las tendencias kármicas de los *jivas* (esta es otra forma de decir que la Divinidad tuvo que crear seres y enviarlos por su camino).[85] Mediante este proceso, los constituyentes del universo pudieron unirse en combinaciones significativas, haciendo que el universo pasara del estado de onda y probabilidad al estado de partícula actualizada. Las tendencias kármicas latentes en los *jivas* son otra expresión del resultado de la autocontemplación de la Divinidad. Denotan lo que la Divinidad quiere llegar a ser a través de cada individuo, que está en desacuerdo con lo que quiere llegar a ser a través de todos los demás individuos. En conjunto, sin embargo, se alinean con la Divinidad como ley divina, creatividad infinita y potencial. En última instancia, esto significa que sólo a través de la Divinidad convertida en los seres pasó el universo de ser un mero potencial, una semilla, a una realidad concreta y manifestada.

    Antes de volver al tema de la *jiva*, expondré brevemente el camino hacia la libertad de la *jiva*, el *Karma* Yoga, descrito con más detalle en el capítulo 5 de este libro. La *jiva* tiene que utilizar el mismo proceso por el que el Ser Supremo la ha traído a la existencia, es decir, la autocontemplación (*svabhava*). Mediante este proceso, cada *jiva* se da cuenta de qué aspecto de la Divinidad representa. En relación con esta realización, tomamos conciencia de nuestro propio deber (*svadharma*), es decir, de las obras que Dios quiere hacer a través de nosotros y de las que tenemos que hacer para servir a Dios. Sri Aurobindo lo confirma al decir que el camino hacia la seguridad consiste en seguir la ley del propio ser (*svadharma*) desarrollando la idea del propio ser (*svabhava*), que juntas forman el proceso de nuestro devenir.[86]

    Resumiré de nuevo esta filosofía, ya que puede llevar tiempo comprenderla inicialmente. La Divinidad nos piensa en la existencia contemplándose a Sí misma. Entonces

---

85 Bhagavata Purana III.6.3
86 Sri Aurobindo, Essays on the Gita, p. 520

CAPÍTULO 2

debemos contemplarnos a nosotros mismos (*svabhava*) para descubrir nuestra esencia divina y, a continuación, promulgarla (*svadharma*). A través de ello, nos hacemos reales. De nuevo, he aquí una idea de espiritualidad muy distinta de la de meditar simplemente en nosotros mismos hasta el *nirvana* y la nada, y que sea el último en abandonar el mundo el que apague la luz. Un individuo obtiene la libertad convirtiéndose en lo que la Divinidad quiere llegar a ser a través de ese individuo, es decir, cediendo y cooperando con el impulso creador divino, Eros, para que se exprese a través de nosotros. Cumplir *el propio svadharma* (el propio deber) es el proceso del *Karma* Yoga. Lo he descrito detalladamente en mi texto anterior *Cómo encontrar el propósito divino de tu vida*.

Siguiendo con el tema de *la jiva* en el *Gita*, encontramos a Krishna proclamando que una porción inmortal (*amsha*) Suya se ha convertido en la *jiva* en el mundo de los seres vivos; atrae hacia sí un cuerpo, una mente, unos sentidos, etc., con los que actúa.[87] Esta afirmación confirma que el núcleo de cada ser es divino, una porción de Dios, pero lo que hagamos de él queda a nuestra elección. La clave está en comprender esta herencia divina inherente a cada uno de nosotros, dejar que esta comprensión irradie a la superficie y dé forma a la calidad de nuestras decisiones, expresiones y acciones. Poco de este proceso se ha realizado o convertido en realidad en la etapa actual de la historia humana. Seguimos siendo sólo un potencial. Por eso la historia de nuestra especie es una historia de guerras, atrocidades, conquista y exterminio de nosotros mismos y de otras especies, que también son nuestros hermanos y hermanas. Si vemos esta herencia divina en cada uno de nosotros, nuestra historia cambiará finalmente a mejor.

---

87 Bhagavad Gita XV.7

PURUSHA, LA CONCIENCIA ENCARNADA

Purusha es un término utilizado en los *Vedas* y en el *Yoga Sutra*. En el *Purusha Sukta* del *Rig Veda*, cada aspecto del mundo está asociado al cuerpo de un ser cósmico; por tanto, representa la conciencia encarnada. Este hecho se hace evidente en la filosofía *Samkhya* y en el *Yoga Sutra*, que se basa en *la Samkhya*. Ambos sistemas asignan una conciencia separada a cada ser encarnado. Al principio, esto parece incómodo. El yogui descubre en la meditación que existe una entidad testigo y consciente en nuestro interior que es más profunda, más cercana a nosotros y más esencial que el cuerpo, la mente sensorial, el ego y la inteligencia. El yoga llama a esta entidad la consciencia, porque es lo que es consciente, en lugar de los contenidos de la mente, que consisten principalmente en datos inconscientes. Empleemos la metáfora de la pantalla del televisor, del ordenador o del cine para explicar la conciencia. Podemos ver las noticias, un documental, anuncios comerciales, y un largometraje proyectados en la misma pantalla, pero la pantalla no adopta las características de ninguno de ellos. El contenido de las proyecciones se desprende de la pantalla como el agua se desprende de la superficie de una sartén antiadherente o de una hoja de loto. Del mismo modo, la conciencia no se ve afectada, impresa o mancillada por lo que proyectes sobre ella. La mente y el subconsciente se ven afectados, pero la conciencia permanece siempre prístina e inmaculada.

Sin embargo, esta incapacidad de ser impresa por el contenido significa también que la conciencia de una persona no puede diferenciarse de la conciencia de otra. Por ello, *los Upanishads* y el sistema *Vedanta* propusieron un yo único, llamado *atman*, que comparten todos los seres. Sin embargo, el yoga se atuvo al concepto de los muchos *purushas* porque el

CAPÍTULO 2

yoga es una psicología *védica* aplicada. Comienza analizando la psique individual y luego propone métodos mediante los cuales los individuos superan diversos problemas o trastornos mentales (llamados *kleshas*, formas de sufrimiento). En este enfoque, no sería útil empezar la terapia sugiriendo a los clientes novatos que todos comparten la misma conciencia. Por otra parte, *el Vedanta* comienza con un briefing de diseño completamente distinto. Un análisis del *Brahma Sutra*, el texto definitorio del Vedanta, revela que se trata de una filosofía mística, no de una psicología.

El *Bhagavad Gita* habría sido entonces bastante radical cuando, en lugar de alinearse con la multitud de *purushas* según las líneas *del Samkhya* y el Yoga, enseñó una conciencia (*purusha*) única, pero de tres niveles. El primer nivel consiste en el *purusha* ligado (*kshara*), la conciencia de todos los espíritus individuales (*jivas*) dentro de la llamada existencia transmigratoria, es decir, que viajan de cuerpo en cuerpo para agotar su *karma*. Estos *jivas* se identifican con su cuerpo. El segundo nivel del *purusha del Gita* es el *purusha* no ligado (*askhara*). También aquí tenemos un colectivo de seres, pero están liberados espiritualmente.

Curiosamente, el *Gita* insiste en que los seres siguen siendo un colectivo y no una masa única e indiferenciada, es decir, que la autoconciencia no se borra con la liberación. El tercer y último nivel es el Ser Supremo (Purushottama), cuyo cuerpo es el universo y todos los demás seres. Así pues, los seres liberados conservan su autoconciencia porque no son el Ser Supremo, sino admiradores, amantes y servidores del Ello.

El Bhagavata Purana también sostiene que la conciencia individual encarnada (*purusha*) no es idéntica a la Divinidad, y el universo es visto como el cuerpo de la Divinidad.[88] Ambos

---

88 Bhagavata Purana XI.4.3-4

conceptos se sostienen también en el *Yoga Sutra*, que dice que la Divinidad es *un purusha* especial, distinto de todos los demás,[89] y que la Divinidad proyecta el cosmos mediante la emisión del *pranava* (el sonido OM, el Big Bang).[90]

¿Cuál es ahora la relación exacta entre el *purusha* y el *jiva*? En el *Bhagavad Gita* se afirma que un *purusha* (conciencia encarnada) se convierte en *jiva* (espíritu individual) al asociarse con un aspecto de *prakriti* (naturaleza, fuerza creadora divina).[91] Ya hemos oído hablar de la *prakriti* superior de la Divinidad, *la para prakriti*.[92] Esta *para prakriti* a veces se denomina también *jiva prakriti*. El aspecto de la *prakriti* con el que se identifica el *purusha* consiste en los cuerpos sutil y causal, que forman la mente, *el karma, el prana* y, en última instancia, el cuerpo burdo. Esta identificación se confirma, por ejemplo, en el *Bhagavata Purana*, que afirma que el *jiva* (espíritu individual) es el *purusha* (conciencia encarnada) asociado al cuerpo sutil.[93] Una afirmación similar en el *Bhagavata Purana* llama al *jiva*, el espíritu individual, una emanación del *purusha* (conciencia encarnada).[94] El término emanación se refiere a la emisión o irradiación hacia el exterior desde una fuente, es decir, el espíritu, que incluye aspectos como la mente, el *karma*, etc., emana hacia el exterior desde la conciencia del individuo. En términos más generales, cada individuo es una emanación, una irradiación hacia el exterior desde nuestra fuente común, el Purushottama, el Ser Supremo.

---

89 Yoga Sutra I.24
90 Yoga Sutra I.27
91 Swami Tapasyananda, Srimad Bhagavad Gita, p. 353
92 Bhagavad Gita VII.5
93 Bhagavata Purana III.31.43
94 Bhagavata Purana III.26.4-7

CAPÍTULO 2

ATMAN, EL YO INCORPÓREO Y LA CONCIENCIA PURA

El *atman* representa un concepto y una realización más abstractos que el *purusha* (conciencia encarnada). Sólo se obtiene plenamente en los momentos en que uno está totalmente des identificado del cuerpo. Muchos textos indios insisten en que la conciencia del *atman* sólo aparece cuando desaparece la conciencia del cuerpo, y la conciencia del cuerpo sólo aparece cuando desaparece la conciencia del *atman*. Por tanto, podríamos traducir *atman* como "conciencia incorpórea", pero esta etiqueta es engañosa, ya que evoca imágenes de fantasmas. Por eso, los términos "yo incorpóreo" o "conciencia pura" son útiles para distinguirlo claramente de *purusha* (conciencia encarnada). El término *atman* aparece mucho en *los Upanishads*, y he tomado "yo incorpóreo", por ejemplo, del *Chandogya Upanishad*, que afirma que el *atman*, la conciencia pura y el yo incorpóreo de todos los seres, es omnipresente como el espacio y debe realizarse como Brahman (conciencia infinita y realidad profunda).[95]

Así pues, existe una trayectoria de abstracción a lo largo de la línea *jiva-purusha-atman-Brahman*. Los cuatro representan la conciencia hasta cierto punto, pero el *jiva*, totalmente identificado con el cuerpo, es el más sujeto al sufrimiento y al engaño. Los términos *purusha* y *atman* representan estaciones de identificación decreciente con la propia individualidad actual. En el nivel de Brahman, la identidad cesa permanentemente, y sólo queda la Conciencia Cósmica.

El término "*atman*" aparece con frecuencia en el *Bhagavad Gita* y en el *Bhagavata Purana*. En el *Gita*, por ejemplo, Krishna enseña que los más grandes yoguis son aquellos que, debido a que ven el *atman* en todos los demás, sienten su alegría y

---

95 Chandogya Upanishad 8.14.1

sufrimiento como si fueran propios.[96] Ahora comprendemos lo importante que es disponer de un término que implique la unidad de una conciencia colectiva en todos nosotros. Si el *Gita* hubiera utilizado aquí el término *purusha* en lugar de *atman*, no habría transmitido el mismo impacto que *purusha*, que contiene las nociones de muchos. Una vez establecido que sólo hay un *atman*, podemos comprender cómo su realización nos haría sentir el dolor de los demás como el nuestro propio, y es que tenemos un yo profundo común y comunitario. Como nota al margen, según el *Bhagavata* Purana, esto incluye a los árboles, pues declara que los árboles también tienen *atman*.[97] Aunque ésta es una opinión que no todos los *shastras* comparten.

También quiero destacar hasta qué punto la idea que Krishna tiene del yogui difiere del concepto a veces germinado y espoleado de "aislarse del mundo mediante un acto de voluntad", que haría del yogui un personaje distante, insensible y sin compasión que se ha elevado por encima de todo. El ideal del yogui de Krishna es todo lo contrario. Su yogui no está aislado en la cima de una montaña de conciencia pura mientras los ignorantes sufren abajo en el fango de la experiencia sensorial. Al contrario, los yoguis de Krishna sienten toda la alegría y el sufrimiento como si fueran propios. Poder hacerlo y sentir empatía y compasión son algunos de los conceptos clave *del bhakti*. En primer lugar, no hay nada malo en experimentar, tanto si la experiencia es de alegría como de sufrimiento. En segundo lugar, el pasaje también aclara que la intensidad está en el proyecto de la Divinidad. Krishna quiere que experimentemos la alegría y el sufrimiento de todos los seres. Es más correcto decir que, a través de nuestro *atman* común y compartido (yo profundo),

---

96 Bhagavad Gita VI.32
97 Bhagavata Purana I.21.5

estamos obligados a compartirlo todo, pero a través de nuestro condicionamiento robótico, nos hemos insensibilizado tanto que ya no sentimos el dolor y la herida de los demás. Mediante este adormecimiento, nos hemos empobrecido a nosotros mismos y a lo Divino. El Ser Supremo se encarna como el cosmos material y todos los seres, ya estén atados o liberados. Cuando no experimentamos el mundo y la vida con la mayor intensidad posible, también empobrecemos a la Divinidad, que siente y experimenta el mundo a través de nosotros. De ahí la intervención de Krishna.

Aunque el *jiva* es una capa externa de la psique comparada con el *atman*, la conexión entre ambos se señala, no obstante, con frecuencia. El *Bhagavata* Purana dice que el *jiva* no es sino el *atman*, que se identifica con el complejo del ego cuerpo-mente.[98] En otras palabras, la diferencia entre ambos es la identificación. La identificación vincula al yo profundo o conciencia pura con el yo superficial, el cuerpo-mente egoico. Esta afirmación concuerda con el *Yoga Sutra*, que afirma que se requiere una completa desidentificación (*paravairagya*) para aislar la conciencia de los contenidos de la mente.[99]

---

98 Bhagavata Purana XI.28.16
99 Yoga Sutra I.12

Capítulo 3

¿CUÁL ES NUESTRA RELACIÓN CON LO DIVINO?

Después de haber adquirido una comprensión práctica de lo que es la Divinidad y de lo que somos nosotros, ahora podemos pasar a nuestra relación recíproca. Sólo cuando llegamos a saber cómo debe ser nuestra relación con la Divinidad y en qué se basa, podemos pasar al *bhakti*, tema del capítulo siguiente. Algunos sostienen que la creencia, la fe, el amor y la devoción son suficientes, pero sin comprensión y conocimiento, a menudo conducirán al cultismo sectario. La importancia de la comprensión y el conocimiento se explorará más a fondo en el capítulo 6, que trata de la relación entre *bhakti* y *jñana*, que también ocupa un lugar destacado en el *Gita*. Por ejemplo, sin saber y comprender que la Divinidad también está en aquellos a quienes no comprendemos, podríamos convertirnos rápidamente en guerreros santos o, al menos, ser sentenciosos y poco compasivos con los demás.

Con la comprensión de que importamos a la Divinidad, *el bhakti* puede tener éxito. Si pudiéramos comprender nuestra importancia para la Divinidad y que marcamos una diferencia para ella, nos sentiríamos fácilmente movidos a invertir más en nuestra práctica *del bhakti*. Lo que se interpone en nuestro camino es nuestro antiguo malentendido de que la Divinidad es como un emperador, un faraón o un rey. Como se suponía que Dios era omnipotente, tomamos la imagen más cercana disponible de la omnipotencia, la de un gobernante imperial humano, el llamado impasible. El poder de un emperador consiste en que puede aplicar su poder a cualquier otra persona y moverla en la dirección o sentido que quiera, pero él mismo no puede ser movido porque nadie más tiene poder para hacerlo. Por desgracia, hemos trasladado esta imagen a la Divinidad y la hemos imaginado como alguien omnipotente e inamovible. Según este punto de vista, lo que hagamos o dejemos de hacer no supondrá ninguna diferencia para la Divinidad. ¿Por qué habríamos entonces de molestarnos en actuar de un modo mejor, a menos que alguien nos convenza de que lo hagamos para escapar del castigo o la condenación eterna? Por desgracia, la religión promovió esta relación punitiva con la Divinidad en lugar de la extática en la que deberíamos habernos centrado.

LA IMPERSONALIDAD DE LO DIVINO

El error en el concepto anterior de la Divinidad es que un gobernante humano tiene ego, mientras que la Divinidad no lo tiene. *El Bhagavata* Purana confirma este hecho al decir que el Ser Supremo carece de ego.[100] Esta afirmación implica que la Divinidad no tiene ego para juzgarnos (en cambio, nos juzga la ley mecánica *del karma*, que, al igual que la ley de la gravitación, no requiere un ejecutor humano para ser eficaz) y no tiene ego al que retener la gracia. Somos nosotros los que nos negamos la gracia a través de nuestras elecciones y comportamientos erróneos.

La falta de ego se hace evidente cuando observamos el *Bhagavata Purana*, donde la Divinidad, aquí bajo la forma del Señor Vishnu, afirma que no es libre, sino que está sometido

---

100 Bhagavata Purana III.12.37

a Sus devotos.[101] Por Su afición a Sus devotos, Su corazón está constantemente bajo el dominio de ellos, dice el pasaje. Vishnu continúa afirmando que ni siquiera se valora a Sí mismo ni a Su consorte Lakshmi, pues valora a *los bhaktas* que adoran a la Divinidad como meta suprema. A continuación, Vishnu afirma que los *bhaktas* consumados forman el centro mismo de Su ser, y que Él no es consciente de nada salvo de ellos (y ellos de Él).[102] ¿Qué declaración de amor más extraordinaria puede haber que ésta, hecha por la Divinidad a nosotros? No caigas en la idea de que no importamos a la Divinidad y no tenemos nada que aportar a Dios. Todos importamos, y es a través de los seres, los *jivas*, como Dios se hace a Sí mismo. Las religiones han descrito casi exclusivamente el aspecto ser de Dios, lo trascendente, el Padre. Sin embargo, se han explayado poco sobre el aspecto en devenir, el inmanente, la Madre.

El Bhagavad Gita corrobora que Dios no juzga y nos acepta vengamos como vengamos. En él, la Divinidad, en la forma de Krishna, afirma que por muy imperfecta que sea una persona y por cualquier camino que Le adore, Él la acepta y la bendice.[103] Añade que Él es consciente de que la gente sigue Su camino en todas partes. Esta afirmación aclara que la verdadera adoración de la Divinidad no se limita a una religión concreta, a una deidad particular o a un culto, ni a un país, cultura o grupo étnico, lo que también explicaron Sri Ramakrishna y Sri Aurobindo, que admitieron la misma verdad en todas las religiones.

Lo que importa, sin embargo, es nuestra comprensión de lo que es la Divinidad. Tenemos que reconocer que el Ser Supremo no es sólo una representación antropomórfica

---

101 Bhagavata Purana IX.5.63ss

102 Bhagavata Purana IX.5.68

103 Bhagavad Gita IV.11

de nuestra deidad favorita, sino que la adoración del Ser Supremo nos convierte en personas solidarias y respetuosas con todos los seres y formas de vida. Nuestro *bhakti* también tiene que llevarnos al punto en que no sigamos nuestros propios designios egoístas, sino que hagamos en su lugar la obra de Dios, de modo que estemos al servicio de la Inteligencia Cósmica.

Que la Divinidad está abierta a todos los caminos y formas de adoración, siempre que en última instancia conduzcan a una comprensión completa de todos los aspectos del Ser Supremo, queda claro en un importante pasaje del capítulo siete del *Gita*. Aquí, Krishna proclama que, sea cual sea el camino por el que deseemos acercarnos a Él, nos fortalecerá y apoyará en ese empeño.[104] Él nos da la bienvenida sea cual sea la vía, forma divina, deidad o religión por la que nos acerquemos a Él, y se reúne con nosotros de una manera y forma que podamos comprenderle.

En la siguiente estrofa, confirma que, sea cual sea la deidad a la que adoremos, obtendremos los beneficios que ésta pueda otorgar. Pero tales beneficios, según Él, no los concede la deidad, que es sólo una representación de lo Divino, sino el Ser Supremo Mismo, infinito y eterno en todos los aspectos.[105] Sólo la realización completa del Ser Supremo en todos Sus aspectos, que consisten en la conciencia infinita, la inteligencia cósmica, la Divinidad como cosmos material y como todos los seres y objetos, conduce a la libertad completa. En otras palabras, Él dice: "te hablo aquí como Krishna, pero no soy Krishna; soy todo y todo, la forma universal (*vishvarupa*)", que revela a Arjuna en el capítulo 11th. Es importante comprenderlo. Son los sectarios los que están obsesionados con la forma exterior que la Divinidad habla

---

[104] Bhagavad Gita VII.21
[105] Bhagavad Gita VII.23

a través de nosotros. Pero el Purushottama es una entidad sin nombre, infinita y eterna que habla a través de nosotros mediante mil voces y también sin voz. Por eso Lao-tzu tenía razón cuando decía que todo lo que pueda decirse sobre el Dao no es el Dao. Sólo cuando sumamos todas las voces de lo Divino y añadimos también lo no dicho, podemos hacernos poco a poco una idea de lo que es.

El Bhagavata Purana también confirma que la Divinidad nos responde del modo en que podemos comprenderla y, por tanto, adapta Su enfoque para satisfacer nuestras necesidades. Proclama que siempre que la mente se fija en la Divinidad, sea cual sea la motivación, Ella responde adecuadamente a esa situación concreta.[106] Por eso todos vemos a la Divinidad de tantas formas diferentes. Todos llegamos a ver tanto como podemos manejar e integrar, o un poco más para que podamos trascender gradualmente nuestros límites. Sería imprudente que la Divinidad se mostrara de un modo que no pudiéramos comprender, pues muy posiblemente nos chocaría y podríamos reaccionar con retardo. En otras palabras, lo que creemos y sabemos de la Divinidad dice más de nosotros y de nuestras limitaciones que de la Divinidad misma. Esto es casi textualmente lo que el Premio Nobel danés y físico nuclear Niels Bohr dijo en 1908 sobre la ciencia. En lo que se conoce como la Declaración de Copenhague, afirmó que nuestras leyes científicas no describen el mundo como tal, sino sólo nuestro conocimiento del mundo. Lo mismo debe decirse de la religión. Por tanto, nunca es buena idea ir a la guerra por la religión o la ciencia de uno.

Veamos más de cerca cómo adapta la Divinidad Su respuesta a nosotros. En el *Gita*, Krishna dice que los devotos acuden a Él por cuatro motivos principales: los que buscan protección frente a las dificultades, los que buscan bendiciones y formas

---

106 Swami Tapasyananda, Srimad Bhagavata, vol. 3, p. 13

de ganancia, los que solicitan conocimiento espiritual, y los que no piden nada, sino que acuden sólo para amar. Krishna dice que responde a todos ellos según sus necesidades, pero la última categoría comprende a Sus *bhaktas* más queridos, los que vienen sólo por amor, que vienen a dar en vez de a recibir. Que esto sea así deja claro que la Divinidad, aunque omnipotente, infinita, completa y eterna, está muy abierta a recibir de nosotros. Que la Divinidad es receptiva vuelve a quedar claro en el *Bhagavata Purana*, donde leemos que *el bhakti* intenso completo (llamado *priti bhakti*) evoca un tipo único de éxtasis en Dios.[107] Esto debe escucharse y comprenderse. Que podamos evocar un tipo único de éxtasis en Dios está muy lejos del concepto del impasible. En efecto, Dios se conmueve con todo lo que hacemos, y todos nuestros pensamientos, acciones y palabras repercuten en él.

Lo profundamente que tocamos a Dios queda patente en el siguiente pasaje del *Bhagavata Purana*. Durante la adolescencia de Krishna, las vaqueras (*gopis*) de Vrindavan se enamoraron tanto del *avatar* que se escapaban de sus maridos y familiares para dedicarse a tontear extáticamente con él por la noche. Sin embargo, este afecto nunca se consumó carnalmente ya que, según la enseñanza *del Bhagavata*, cualquier actitud o deseo que nos acerque a la Divinidad, ésta siempre se convertirá en devoción desinteresada. Después de que la comunidad local de Vrindavan censurara duramente el comportamiento de las *gopis*, el mensaje final de Krishna para ellas fue que, incluso sirviéndolas durante una eternidad, nunca podría recompensarlas adecuadamente por su glorioso acto de entrega y amor desinteresado, que las llevó a anular cualquier preocupación mundana.[108] Como nunca podría pagar la deuda que había contraído al recibir su devoción, Krishna

---

[107] Swami Tapasyananda, Srimad Bhagavata, vol. 3, p. 19
[108] Bhagavata Purana X.32.22

propuso que el acto generoso de las *gopis* fuera su propia recompensa.

Tal es el amor de la Divinidad por todos Sus hijos. La Divinidad es plenamente consciente de sus propios poderes y sabe que ser perfecta, amorosa, conocedora, entregada y bella no tiene nada de especial. Es de esperar. Pero si nosotros, los humanos, a pesar de nuestra fragilidad y limitación, conseguimos ser perfectos, amorosos, conocedores, entregados y bellos, la Divinidad lo considera un acto que Ella, en relación con sus capacidades, nunca podría realizar. De ahí que podamos crear en Dios un tipo único de éxtasis e intensidad que Dios por Sí Mismo no puede realizar.

Aquí se pinta una imagen de Dios muy distinta a la del hombre iracundo, celoso y barbudo sentado en una nube que nos lanza rayos, diluvios y plagas. Aquí hay una conciencia divina de que no es único que Dios pueda amarnos total y perfectamente, puesto que Dios es perfección, amor y totalidad. Lo que es extraordinario es que un humano imperfecto, defectuoso y conflictivo pueda amar a Dios totalmente. He aquí una Divinidad que comprende que no hay nada más especial en este vasto mundo que tal acto de amor y entrega, y si lo conseguimos, la Divinidad está en deuda con nosotros.

Que Krishna nunca se considera por encima del devoto queda claro en el siguiente episodio del *Bhagavata Purana*, que tiene lugar poco antes de la gran guerra *del Mahabharata*, escenario en el que se desarrolla la conversación del *Bhagavad Gita*.[109] En ese momento, Krishna reside en la ciudad de Dvaraka como rey del clan *Vrishni*. El sabio Narada, autor de *los Bhakti Sutras*, le visita para mostrarle su respeto. El Señor Krishna salta inmediatamente, se inclina, toca los pies de Narada y se los lava. Luego sienta a Narada en Su propio

---

109 Bhagavata Purana X.69.13-16

trono y le pregunta qué servicio puede prestarle. Krishna actúa así porque sabe que es mucho más difícil para un ser humano que para Dios ser como un sabio.

Krishna demuestra constantemente que, para Él, no hay nada más elevado en el mundo que el amante de Dios, ni siquiera Él mismo. En el *Bhagavata* Purana, lo afirma explícitamente, diciendo que ni siquiera Él es tan querido para Sí mismo como lo son Sus devotos.[110] También demuestra cómo debemos interactuar entre nosotros. Nuestras interacciones deben estar determinadas por el hecho de que podemos ver a Dios en los demás. Por tanto, nuestras interacciones deben guiarse siempre por el amor y el respeto mutuos. Esta actitud se asemeja a lo que enseñó Jesucristo, que dijo que podíamos reconocer a Sus discípulos por el amor que se tenían los unos a los otros.[111]

Si esto aún no está suficientemente claro, en el *Bhagavata Purana* encontramos la proclamación de Krishna de que ni su hermano Ananta (Balarama, el hermano de Krishna, era considerado una encarnación de la serpiente del infinito, llamado Ananta), ni Su esposa Lakshmi (Ella es la consorte de Vishnu, del que Krishna es un *avatar*), ni Su hijo Brahma (Brahma, el creador, surgió del ombligo de Vishnu), le son tan queridos como un devoto y *bhakta* consumado.[112] De nuevo, en el *Bhagavata Purana*, el Ser Supremo se declara devoto de sus propios devotos,[113] y devoto de los devotos a su servicio.[114] Después de muchas declaraciones explícitas de amor de la Divinidad por nosotros, la adopción del *bhakti*

---

110 Bhagavata Purana XI.14.15
111 Juan 13:35
112 Bhagavata Purana X.86.32
113 Bhagavata Purana X.87.59
114 Bhagavata Purana V.5.22-24

debería presentar ahora pocos obstáculos, o ninguno, para todos nosotros.

¿POR QUÉ ES TAN IMPORTANTE ESTA RELACIÓN PARA LO DIVINO?

El Bhagavata Purana declara que Dios es el Uno que desea ser los Muchos.[115] Es esencial que comprendamos esta revelación porque, en muchos sistemas de espiritualidad, a Dios sólo se le describe como el Uno con el que todos estamos desesperados por convertirnos en uno. Al mismo tiempo, nos preguntamos cómo podemos estar separados de Dios. Mientras tanto, ignoramos que Dios mismo desea ser los muchos, deseando ser nosotros.

Más adelante, oímos que quien se da cuenta de que la Divinidad se ha manifestado como los muchos por Su misterioso poder (*yogamaya*), ha comprendido el *Veda*,[116] Por qué puede ser esto, es una pregunta justificada, porque sin el Uno convertido en los muchos, gran parte del sufrimiento que nos rodea no se habría producido. Pero sólo convirtiéndose en nosotros puede el Uno llegar a ser consciente de sí mismo en todas sus características y partículas.[117] Sin convertirse en los muchos, el Uno sólo sería consciente de Sí mismo como universo en un sentido general. Esto sería un poco como si yo viera la Tierra desde el espacio. Sí, puedo comprender que existe un planeta, pero sólo de un modo general. Mi experiencia sería más completa y total si pudiera experimentar simultáneamente la Tierra a través de todos los órganos de los sentidos de todos los seres, es decir, si pudiera estar en determinados lugares y momentos. Eso es lo que

---

115 Bhagavata Purana II.10.13
116 Bhagavata Purana XI.12.23
117 Debashish Banerji, Seven Quartets of Becoming, p. 297

está haciendo Dios, lo que aclara que uno de los objetivos de Dios es la intensidad. Imagina la intensidad de ver, oír, tocar, saborear y oler el planeta Tierra a través del aparato sensorial de billones de seres (esto incluye animales, plantas, hongos y microbios).

El deseo de Dios de convertirse en los muchos también puede entenderse desde un ángulo físico cuántico. Como ya se ha dicho, sólo mediante la presencia de un observador consciente, una potencialidad (en física llamada función de onda) pasa al estado de partícula, y se convierte en lo que experimentamos como una realidad concreta. La realidad concreta (lo que es), que cristaliza a partir de la simple potencialidad (lo que podría ser) es la condición de la *lila*, el juego de la creatividad divina, el aspecto procesual de Dios, la Shakti. Sin que Dios se convierta en muchos, sólo existe la potencialidad de que el universo o, por ejemplo, nuestro planeta, se conviertan en una realidad concreta. Lo que llamamos realidad (*sat*) es, hasta entonces, sólo una probabilidad o verosimilitud. Los físicos cuánticos han señalado que incluso objetos complejos como la Tierra se mantienen en el estado de partícula y, por tanto, se evita que vuelvan a una función de onda de probabilidad sólo porque, en un momento dado, algunos observadores son siempre conscientes de ello y no están dormidos. Como colectivo, que incluye formas de vida no humanas, somos un eslabón esencial en el proceso del Dios inmanente que se convierte en Sí mismo cristalizando como universo material y multiplicándose como colectivo de testigos conscientes: nosotros.

En su monumental texto *Proceso y Realidad*, Alfred North Whitehead introdujo el término proceso para referirse a Dios. Aparte del término inteligencia cósmica o Shakti, no se me ocurre ningún término más adecuado para describir el

CAPÍTULO 3

aspecto inmanente de lo Divino. Este aspecto de lo Divino ha sido crónicamente infra explorado e infra descrito por todas las religiones. Es muy probable que sea así porque la mayoría de las autoridades religiosas eran varones, y la naturaleza masculina se siente más atraída por la espiritualidad en estado sólido, incluidos conceptos como la conciencia, el nirvana, el vacío y su encarnación humana, el impasible (que siempre es varón). Todos ellos tienen en común que son inmutables e imperturbables, y que no reaccionan de ningún modo ante su entorno.

El término proceso, por otra parte, describe el aspecto dinámico de Dios (Shakti), que está en constante flujo, evoluciona constantemente, y se mueve hacia un equilibrio dinámico que se recrea continuamente, sin volverse nunca estático. Para la mayoría de los místicos varones, estas ideas son difíciles de soportar, pues anhelan algo que nunca cambie, como el aspecto trascendente de lo Divino, la conciencia pura. Ambos aspectos de lo Divino son reales y vitales para experimentar, integrar y comprender. Sin embargo, nuestra espiritualidad y religión durante los últimos miles de años han sufrido por el hecho de que la espiritualidad procesual, el Shaktismo o la espiritualidad basada en la Tierra siempre fue perseguida o, al menos, relegada a los márgenes.

El objetivo inicial es la etiqueta que Alfred North Whitehead da a la parte de nosotros que Dios piensa para que exista. Se denomina objetivo inicial porque, aunque Dios pretende expresar un número infinito de permutaciones y cálculos de Sí mismo pensándolos a todos para que existan, lo que nosotros, como individuos, hacemos de ello puede estar muy lejos del objetivo inicial de Dios. Todos constituimos el núcleo del potencial divino, pero somos libres de fastidiarlo gloriosamente, por utilizar un término vulgar. Por esta razón, es correcto decir que cocreamos nuestro destino con la Divinidad. Dios nos envía en nuestro camino a través de Su objetivo inicial, Su idea de qué aspecto de Ella debe representar cada individuo. Pero como estamos hechos a imagen y semejanza de la Divinidad, somos libres, y la libertad incluye un nivel extremo de variación respecto al objetivo inicial. Podemos ir más allá del objetivo inicial, quedarnos cortos, o no alcanzarlo del todo. El término hebreo para no dar en el blanco se tradujo más tarde, a través del griego, en el término inglés "sin". Originalmente, pecado significaba que no alcanzábamos el objetivo de lo que la Divinidad intentaba conseguir a través de nosotros. Pero en lugar de pecar, somos libres de superar con creces las expectativas de Dios.

Todas estas vías están abiertas para nosotros porque los objetivos gemelos de la creatividad de Dios, según Whitehead, son la intensidad y la novedad. Ya he mostrado mediante varias citas que la Divinidad experimenta el mundo a través del colectivo de las almas (*jivas*), y éstas hacen posible la intensidad con la que la Divinidad experimenta el mundo. Veamos ahora la novedad. El estudio de la astrofísica y de la evolución biológica de la vida demuestra que ambos procesos son generadores de novedad. Cada vez que, por ejemplo, aparece un subproducto metabólico que ninguno de los organismos existentes en la Tierra puede metabolizar, evoluciona un nuevo organismo que sí puede. La evolución biológica, por tanto, crea constantemente nuevas variedades de organismos. Lo mismo ocurre en astrofísica, donde siempre nacen nuevas estrellas, planetas, galaxias y, muy probablemente, universos. Incluso se añaden continuamente nuevos elementos y compuestos químicos.

En la individuación tiene lugar un proceso similar. Puesto que la Divinidad es lo Cósmico, es decir, la suma total de todo, incluidos todos los individuos, no puede ser Ella misma un individuo. Para actuar a nivel del individuo, la Divinidad tiene que individuarse a través de nosotros. El proceso de individuación consiste en que la Divinidad nos piensa en la existencia proyectando hacia fuera un aspecto de Sí misma, un objetivo inicial. Cada vez que Dios piensa en la existencia de uno de nosotros proyectando un objetivo inicial, se crea algo o alguien nuevo, es decir, aumenta la novedad.

Sin embargo, el objetivo inicial no es un programa que sigamos sin pensar porque, al hacerlo, se crearía poca intensidad. El individuo produce la intensidad, interpreta el objetivo inicial, lo hace suyo, lo pone en acción y lo actualiza a su manera individual. La intensidad se produce por la forma en que cada uno de nosotros encarna nuestro objetivo inicial.

Por supuesto, podríamos decir que Dios está tramando algún asunto precario. Parafraseando el *Bhagavata Purana*, cada vez que superamos las expectativas de Dios, se crea en Él un tipo particular de éxtasis y emoción. Sin embargo, al mismo tiempo, la amplia libertad de la que gozamos y nuestra capacidad de cocrear nuestro destino también nos dan amplias oportunidades de abrumar a Dios por completo.

El término de Sri Whitehead "objetivo inicial" es afín al término yóguico *karana sharira*, el cuerpo causal. Según la enseñanza yóguica, el cuerpo causal es el más profundo de los tres cuerpos: el causal, el sutil y el grosero. Es el único que sobrevive a través de la suma total de todas las encarnaciones. El cuerpo causal contiene las ideas que Dios tiene de nosotros como individuos; de ahí que podamos llamarlo potencial divino inicial u objetivo inicial.

Hay otro término yóguico con el que está relacionado el objetivo inicial, y es el *Vijnanamaya Kosha*. El *Vijnanamaya Kosha* (la envoltura del conocimiento profundo) forma parte de las cinco envolturas de la doctrina *panchakosha* del *Taittiriya Upanishad*. Las tres envolturas superficiales, cuerpo, envoltura *pránica* y mente, contienen lo que llamaríamos el yo superficial. Las dos láminas internas nos conectan con lo Divino. La cuarta hoja, *Vijnanamaya Kosha*, incluye el objetivo inicial del Dios Inmanente. La quinta y más interna de las envolturas (*Anandamaya Kosha*, es decir, la envoltura del éxtasis) nos permite participar en el Dios Trascendente, es decir, en la conciencia pura. Al igual que el cuerpo causal, el *Vijnanamaya Kosha* contiene el aspecto del Dios Inmanente, de la inteligencia cósmica, que debemos encarnar; es decir, lo que el Dios Inmanente quiere llegar a ser como y a través de nosotros. El *Vijnanamaya Kosha* no es algo que se da y luego se olvida, sino que es el objetivo divino hacia el que trabajamos cuando vamos de encarnación en encarnación.

Las escrituras mencionan a menudo esta compleja relación entre la Divinidad y Sus hijos, los seres. Por ejemplo, el *Aitareya Upanishad* promulga que el cosmos se exterioriza para la auto experiencia del *saguna* Brahman, la Divinidad-con-forma.[118] La Divinidad con forma se denomina a menudo la Divinidad personal, término utilizado típicamente para yuxtaponer al Dios Inmanente con el Dios Trascendente, el Absoluto sin forma. El término Divinidad personal no implica antropomorfismo, sino que significa que este aspecto de la Divinidad es personal para cada uno de nosotros. El *Aitareya Upanishad* continúa declarando que los seres están hechos a imagen de la Divinidad-con-forma para que sus instrumentos de conocimiento externo, es decir, los sentidos, la mente y el intelecto, puedan dar testimonio de la propia realidad de la Divinidad. Esto significa que Dios se expresa a través de Sus seres, y el círculo se completa cuando los seres experimentan a Dios dentro de todo, incluidos ellos mismos.

Desde el punto de vista de la Divinidad, somos, por tanto, parte de la Divinidad, y ahora también se hace más evidente por qué la Divinidad no necesita ejercer ningún poder o

---

118 Aitareya Upanishad I.I.1-4

fuerza de juicio para someternos. Al contrario, la Divinidad hace todo lo posible para fomentar nuestra divinización, es decir, nuestra capacidad de descargar capacidades divinas como la comprensión completa del mundo y la capacidad de actuar en favor de la Divinidad y de todos los seres. Por ejemplo, en el *Bhagavata* Purana, encontramos que la Divinidad se subordina a Sus *bhaktas*, aunque es eternamente libre y es la dueña de todos los mundos.[119] Esto se lleva más lejos en un pasaje posterior del *Bhagavata Purana*, donde encontramos que a partir de cierto punto de desarrollo del devoto, la Divinidad se convierte en sierva del devoto.[120] Esto es así porque, llegados a este punto, los devotos se han comprometido a ser servidores de la Divinidad y ya no tienen ningún proyecto personal. La Divinidad apoya esta actitud sirviendo y dando poder al devoto.

Ya en el *Bhagavata* aprendemos que, para servir a la Divinidad, debemos servir a todos los seres con la actitud de que la Divinidad mora en ellos.[121] No tiene sentido servir a alguna imagen divina en privado y, al mismo tiempo, tratar a los seres de Dios con desprecio y animadversión. Hagamos lo que hagamos a todos los hijos de la Divinidad, humanos o no, a través de ellos, el Ser Supremo será siempre el destinatario directo. Al comprender conscientemente este hecho y consagrar a la Divinidad toda nuestra relación con otros seres, nos aseguramos de que lo que la Divinidad recibe a través de nuestras interacciones con los demás es digno de la Divinidad.

¡Éste es un punto importante! Cada vez que practicamos relaciones tóxicas y seguimos emociones venenosas, envenenaríamos de hecho a la Divinidad, si no fuera porque

---

119 Bhagavata Purana X.10.19
120 Bhagavata Purana X.14.35
121 Bhagavata Purana VII.7.32

la Divinidad es inmutable e inalterable. Sin embargo, envenenamos el mundo al sentir y representar emociones tóxicas. En este contexto, Sri Aurobindo señala que cuando vamos más allá de estar gobernados por las emociones y los deseos personales, y cuando nuestro yo superficial deja de determinar nuestras acciones, entonces la Divinidad puede manifestar a través de nosotros Su propósito en el mundo, que es, según Aurobindo la divinización de toda vida y materia.[122]

CÓMO VER Y ADORAR A LO DIVINO

Ahora estamos preparados para establecer directrices sobre cómo debe verse y adorarse a la Divinidad. Creemos que la Divinidad es remota y de difícil acceso, pero somos nosotros los que somos remotos y de difícil acceso. Por eso dice el *Bhagavata* Purana que no es difícil complacer a Dios.[123] Porque Ella es el espíritu más íntimo de todos los seres y cosas y, por tanto, se puede entrar en comunión con ella en cualquier lugar y en todo el mundo.

El Bhagavad Gita anuncia que veremos a todos los seres por completo en el yo y también en la Divinidad, declarando así la unidad del yo profundo y la Divinidad.[124] En el sexto capítulo del *Gita*, Krishna enseña que la realización debe preceder a la acción, al decir que, aquellos yoguis que le sirven, presentes en todos los seres, han realizado la unidad de toda existencia.[125] En el importantísimo capítulo 12th del *Gita*, el capítulo sobre *el bhakti*, Krishna afirma que quien es amistoso y compasivo con todos, libre de adversarios, celos y arrogancia, establecido en la meditación y el contento,

---

122 Sri Aurobindo, Essays on the Gita, p. 250
123 Bhagavata Purana VII.6.19
124 Bhagavad Gita IV.35
125 Bhagavad Gita VI.31

igual en la gloria y la vergüenza, con la mente y el intelecto establecidos en Él, es querido por Él.[126] También aquí queda claro que a la Divinidad no le interesa alguien que adora imágenes en los templos, pero es altivo y orgulloso con los demás seres. No, dice Krishna, tal como tratas a los demás, me tratas a mí. Por eso Jesucristo dijo: "en verdad os digo que todo lo que hagáis por el más pequeño de estos hermanos míos, también lo hacéis por mí",[127] y: "en verdad, todo lo que no hicisteis por uno de estos más pequeños, no quisisteis hacerlo por mí".[128]

Esta estrecha relación con lo Divino existe independientemente de nuestro modo de vida, es decir, no se limita a los poderosos o exultantes, sino que se aplica incluso en la posición más humilde de la vida. Y tampoco se limita a esta vida. En el capítulo VII del *Gita*, Krishna promete que todos los que estén establecidos en el hecho de que el Ser Supremo es el poder que sustenta toda la materia, las capacidades espirituales y las acciones voluntarias, permanecerán centrados en la Divinidad incluso a través del proceso de la muerte.[129]

La comprensión y el conocimiento, más que la creencia, constituyen el núcleo de la búsqueda de *los bhaktas* de la cercanía y la intimidad con lo Divino. Sri Aurobindo lo comprendió cuando nos pidió que nos pusiéramos pasivamente en manos de Dios.[130] Ponernos pasivamente en manos de Dios no se consigue haciendo algo; se consigue dándonos cuenta de que el Ser Supremo no está separado de nosotros, sino que es nuestro yo más íntimo y el de todos los seres. Al mismo tiempo, es la conciencia del mundo y la

---

126 Bhagavad Gita XII.13
127 Mateo 25:40
128 Mateo 25:45
129 Bhagavad Gita VII.30
130 Sri Aurobindo, Essays on the Gita, p. 559

inteligencia sensible que se ha cristalizado como el cosmos material.

Contemplar, comprender y ver esto en profundidad nos permite, en última instancia, dejar que esta realización irradie en nuestras acciones. Si no lo conseguimos, la realización carece de valor. El valor de una intuición mística no reside en sí misma, sino en la medida en que nos convierte en personas que han cambiado. Una persona que ha cambiado es más amable, más humilde, más solidaria y compasiva con los demás.

Veamos ahora cómo sería esto. En el *Bhagavata Purana*, la Divinidad enseña que, cuando nos sentimos ultrajados, debemos recordar a la Divinidad en el corazón de quienes nos ultrajan.[131] En lugar de tomar represalias, deberíamos dirigirles palabras de amor. Haciéndolo así, la Divinidad se sentirá atraída hacia nosotros, dice el *Purana*. El mandato *del Bhagavata* es casi idéntico al planteamiento de Jesucristo sobre la resolución de conflictos. Aunque es lo sensato, nos resulta difícil porque estamos sumergidos en una campaña milenaria de rivalidad. Esta rivalidad ha manchado y ensuciado nuestras mentes, que apenas pueden funcionar sin estar excitadas por la competición, la ambición y la búsqueda de ventajas sobre los demás. Por eso oímos decir al *Bhagavata* Purana que si, gracias a una mente purificada, vemos lo Divino en nuestro corazón, alcanzaremos la libertad espiritual.[132]

La esclavitud mental es el afloramiento de la mente darwiniana que ve un competidor en cada ser que conoce y, por tanto, elabora planes interminables para superarle. El único resultado a largo plazo de esta actitud es que todos moriremos juntos. Mejor que los darwinistas, el *Bhagavata* comprendió la evolución cuando dijo que es una ley divina

---

[131] Bhagavata Purana III.16.11

[132] Bhagavata Purana III.25.39

que todas las formas de vida florezcan por cooperación mutua y encuentren su perdición por antagonismo mutuo.

En lugar de antagonismo, ver el parentesco en todo lo que nos rodea, sea móvil o inmóvil, constituye darse cuenta y adorar a la Divinidad. Así dice el *Bhagavata Purana* que la auténtica adoración de la Divinidad consiste en ver todo, incluidos los árboles, las montañas, los bosques, los ríos, el océano y la atmósfera, como animados por el Ser Supremo.[133] Por tanto, el verdadero *bhakta* experimenta, con sinceridad, reverencia por toda la naturaleza y los seres en todo momento. Imagina por un momento cómo progresarían nuestras negociaciones de paz y nuestros intentos de evitar la extinción masiva de especies, el holocausto medioambiental y el ecocidio si pusiéramos en práctica este llamamiento. Como civilización global, seguimos en la senda destructiva porque nos negamos a seguir esta llamada, aunque visionarios espirituales de muchas culturas nos han aconsejado, a lo largo de los tiempos, que lo hagamos, pero ha sido en vano.

El respeto y el amor a Dios no son conceptos abstractos que uno declara en una iglesia, mezquita, sinagoga o templo, y luego no los aplica fuera. No, debemos practicarlos en la vida cotidiana. Así dice el Ser Supremo en el *Bhagavata Purana* que si quieres conquistarme como hace una esposa leal con un marido comprometido (o viceversa), entonces demuéstrame tu auténtico amor respetando mi presencia en todos los seres y en la naturaleza por igual.[134] Solemos mostrar ese amor por los amigos íntimos y los familiares, pero no por el resto de la humanidad. Podemos mostrárselo a nuestro gato o a nuestro perro, pero no al resto del reino animal. También podemos mostrárselo a nuestro césped delantero o a unos cuantos árboles y arbustos ornamentales de nuestro jardín, pero no al

---

133 Bhagavata Purana III.12.41

134 Bhagavata Purana IX.5.66

resto de la naturaleza. Esto se debe a que hemos trazado una línea imaginaria entre "nosotros" y "los demás". El *Bhakti Yoga* implica borrar esas líneas imaginarias y servir a Dios en todo, especialmente en los lugares más inesperados, como nuestros enemigos imaginarios. Creemos en la enemistad, el enfrentamiento y el antagonismo porque nuestros conflictos y rencores pasados están profundamente arraigados en nuestro subconsciente. Con entrenamiento, es posible limpiar estos programas de nuestra mente consciente, pero la mente subconsciente requiere una atención mucho más profunda. Por eso el *Bhagavata* Purana dice que necesitamos recordar siempre a la Divinidad, tener tanto nuestra mente consciente como nuestra mente subconsciente rendidas a Ella, y realizar todas nuestras acciones conscientemente como ofrendas al Ser Supremo.[135] Realizar nuestras acciones como ofrendas sólo puede tener lugar si reconocemos a la Divinidad como el espíritu que impregna todos los seres y objetos y, al mismo tiempo, los contiene como un recipiente.

CÓMO NO ADORAR A LO DIVINO

La discusión del capítulo anterior sobre cómo reconocer y adorar a la Divinidad sólo estaría completa si se ahondara en los posibles escollos, es decir, en cómo no adorarla. En este sentido, Sri Aurobindo dijo que quienes se niegan a reconocer la Divinidad personal pasan por alto algo profundo y esencial.[136] Cuando Aurobindo habla de la Divinidad personal, no invoca el antropomorfismo, es decir, crear una Divinidad a semejanza de lo humano. No obstante, reconoce que la Divinidad es sensible, que puede sentirnos y respondernos personalmente, en el sentido de que responderá a un devoto

---

135 Bhagavata Purana XI.29.9
136 Sri Aurobindo, The Integral Yoga, p.159

de forma diferente que a otro (en relación con la diferencia del objetivo inicial que dio origen a la persona, y también con lo que ésta haga de ello). En este sentido, se utiliza el término "Divinidad personal" en lugar de denotar a la Divinidad como individuo. La otra razón por la que muchos místicos indios utilizan el término "personal" es para yuxtaponerlo al Absoluto impersonal, al Dios trascendente. La Divinidad es, pues, un ser, pero no un ser humano, sino un Ser Cósmico. También podemos llamarlo Aseidad, pues no hay nada fuera de este ser infinito sensible.

Al comienzo del capítulo 12th del Gita, el capítulo sobre *el Bhakti* Yoga, Arjuna pregunta a Krishna si es mejor adorar a la Divinidad como algo personal o como el Absoluto impersonal. La respuesta de Krishna es directa: es preferible adorar a la Divinidad personal en un espíritu de amor y devoción,[137] porque los obstáculos a los que se enfrentan los que adoran al Absoluto sin forma son mucho más importantes.[138] Esto se debe a que, para los seres encarnados, es difícil seguir un ideal poco claro.

Puedes experimentarlo claramente si te encuentras en una situación conflictiva compleja y contemplas ahora qué consejo te dará el Absoluto sin forma por tus acciones. La respuesta será escasa o nula. En el mejor de los casos, obtendrás un consejo en la línea de estar en el momento presente. Pero estar en el momento presente no te llevará muy lejos cuando se trate de guerras, genocidios, víctimas de violaciones, etc. Estar en el momento presente es con demasiada frecuencia el privilegio de la clase media burguesa de las sociedades industriales blancas, bien dotada de recursos, bien conectada, y bien educada. El Absoluto sin forma no nos ayudará a decidir cuándo bajar de las nobles alturas de nuestra

---

137 Bhagavad Gita XII.2
138 Bhagavad Gita XII.5

almohada de meditación para utilizar nuestra mente en la determinación de lo que está bien o mal, y si hay que detener a los perpetradores y proteger a las víctimas. Es la Divinidad-con-forma, la Divinidad personal, el Dios inmanente, quien da estas instrucciones.

Te daré un ejemplo que ilustra el problema. Recuerdo que me quedé perplejo cuando uno de mis alumnos me dijo que no veía sentido a rechazar a Adolf Hitler, puesto que Dios también estaba en Hitler. La afirmación de que Dios también está en Hitler es, a primera vista, correcta. El Dios Trascendente, el océano de conciencia infinita, el Absoluto sin forma, está en Hitler y Hitler en él, y en esa medida, Hitler no difiere de ningún otro ser u objeto del universo. Pero la afirmación de que Dios está en Hitler carece de valor cuando se trata de una consideración ética. El término libre de valor es otra forma de decir "sin valor". El hecho de que Dios esté en todos los seres no exime a ninguno de ellos de comportarse según las normas *del dharma* (acciones correctas, rectitud, deber). Tampoco exime a ningún espectador de restablecer *el dharma,* si descubre que ha sido desobedecido. Sin embargo, a veces se utilizan conceptos metafísicos abstractos (como el Absoluto sin forma) para excusarse del deber, un proceso denominado elusión espiritual.

Por eso Krishna dice que para un ser encarnado es difícil comprender una idea poco clara.[139] La conciencia pura y sin contenido, *el nirvana* y el vacío son ideales poco claros. La ventaja de la Divinidad personal es que viene acompañada de ideales evidentes y normas éticas, como la protección de las víctimas, la justicia para todos, la corrección de los culpables y el mantenimiento del orden público. Así dice, por ejemplo, Arjuna a Krishna en el *Gita*: "veo que eres Dios y tienes todo el poder. Lo que no entiendo es que te preocupes tanto por

---

139 Bhagavad Gita XII.5

acatar un número aparentemente incontable de normas y mantener una conducta correcta". En aquella época, Krishna era el rey de una dinastía auxiliar, mientras que Arjuna era el tercero en la línea de sucesión al trono imperial de la India. Krishna recuerda a Arjuna que la gente corriente busca en personajes destacados, como ambos, inspiración para una conducta correcta. Aunque Él, Krishna, y Arjuna, podrían saltarse las normas y salirse con la suya durante algún tiempo, si lo hicieran, la población en general lo tomaría como una invitación a hacerlo también. Por tanto, los sabios, así Krishna, siempre darán un ejemplo impecable y se comportarán según las especificaciones más elevadas.

En un capítulo posterior sobre la ética (capítulo 8), explicaré detalladamente su importancia para *el bhakti*. Aquí sólo daré una breve introducción al tema. En el *Bhagavata Purana*, la Divinidad dice que los sabios y los santos, las vacas, los pobres y las víctimas son más queridos por Dios que cualquier otra persona y que quienes los persiguen se encontrarán con su Hacedor en circunstancias desafortunadas.[140] Esta afirmación es idéntica en espíritu a la de Jesús: "bienaventurados los mansos, porque ellos heredarán la tierra".[141] El mensaje aquí es claro: la Divinidad tiene una predilección especial por los débiles, y si queremos impresionar a la Divinidad, debemos tratarlos con el mismo respeto y apoyo con que trataríamos a un rey.

Pero, en primer lugar, ¿por qué hay tanto conflicto entre las personas y por qué debemos seguir un complejo conjunto de normas y éticas? *El Bhagavata Purana* explica que hubo una época (llamada *Satya Yuga* o Edad de Oro), en la que la gente cooperaba y era pacífica porque comprendía la Divinidad en el corazón de todos los seres, y era capaz de adorarla

---

140 Bhagavata Purana III.16.10
141 Mateo 5:5

allí.[142] Sin embargo, los tiempos cambiaron, y la gente se volvió mutuamente irrespetuosa y antagónica porque sólo se centraba en los defectos de los demás. Mmm, "mutuamente irrespetuosos y antagónicos entre sí porque sólo se centraban en los defectos de los demás". ¿Te recuerda esto a algo? ¿Has visto las noticias últimamente o has escuchado alguna sesión del parlamento de tu país, suponiendo que no vivas en una dictadura, donde el caso sería aún peor?

Esta actitud de falta de respeto y antagonismo mutuos también hizo que la gente fuera incapaz de ver a la Divinidad en el corazón de los demás. Según el *Bhagavata*, para que la Divinidad no se perdiera del todo, en el *Treta Yuga* (la edad del mundo que siguió a la Edad de Oro) se introdujo el culto a la Divinidad en imágenes, santuarios, estatuas, etc. Debemos comprender que esta forma de adoración se introdujo porque ya no podíamos reconocer a la Divinidad en todas partes, en todo y en todos. *El Bhagavata* afirma que la adoración de imágenes es un gran atajo, pero también dice que la adoración de imágenes no es beneficiosa mientras uno se niegue a reconocer la Divinidad en los demás y permanezca antagónico y como un adversario hacia ellos.

En un pasaje anterior, el *Bhagavata* Purana dice que el Ser Supremo se queja de que la gente ignora Su presencia como el ser más íntimo de todos y luego hace un gran espectáculo público de adorarlo mediante imágenes.[143] Eso se parece mucho a gran parte de la religión que se practica hoy en día. *El Bhagavata* continúa con la advertencia de la Divinidad de que ignorar Su presencia en todo como el yo y, en cambio, ofrecer tontamente adoración a las imágenes, le disgustará mucho. Por lo tanto, cualquier persona que victimice a los demás está victimizando a la Divinidad que reside en ellos.

---

142 Bhagavata Purana VII.14.38-39

143 Bhagavata Purana III.29.21ss

Ellos y los que son orgullosos y altaneros se están separando de Dios y nunca alcanzarán la paz, así el *Bhagavata*. Según el Ser Supremo, el enfoque correcto es la adoración de imágenes [como atajos] junto con el servicio amoroso a la Divinidad a través de todos Sus seres.

Combinar ambas cosas no es posible sin amar auténticamente a todos los seres. De hecho, en este pasaje, el Ser Supremo pide que se ponga fin a la "otredad", es decir, que dejemos de centrarnos en nosotros mismos y de distinguir entre el yo y el otro u otros. Al reconocer la unidad de todos los seres y de todo en la Divinidad, debemos superar la separación y el distanciamiento del egocentrismo, y en este espíritu, podemos servir a todos los seres mediante el honor y el amor, un servicio que entonces es reconocido y aceptado por la Divinidad como servicio a Ella. Tal servicio es el camino hacia la libertad espiritual.

Observa cómo esta filosofía de amor y servicio divinos es la antítesis completa de la enseñanza de nuestra sociedad moderna, que se centra en recibir, tomar y obtener. En todas las fuentes que estamos tratando aquí, la Divinidad afirma que la libertad del individuo y una sociedad ideal y divinizada se crean centrándose en dar a todos y amar a todos por la vía de ver lo Divino en ellos. Dado que nuestra civilización rinde culto al recibir, al tomar y al obtener, estamos en constante lucha antagónica y adversaria con todos los "demás", ya sean otros individuos, grupos de interés, ideologías, religiones, naciones o especies. En el fondo, es nuestra propia filosofía del "otro" la que está en la base de la explotación medioambiental y la destrucción de las culturas. La alteridad no puede tener cabida en el camino *del bhakti*, pues debemos intentar sinceramente ver a Dios en todos aquellos a los que antes hemos alterado.

Capítulo 4
BHAKTI, QUÉ ES

El *bhakti* no es una emoción que podamos conjurar espontáneamente, sino una práctica que se va perfeccionando gradualmente a lo largo de mucho tiempo. Al principio de este libro, invoqué al gran místico sufí Hafiz, que a los 20 años estaba en la indigencia porque no podía conseguir a la mujer hermosa que deseaba. En ese momento, Hafiz conoció a un maestro sufí que le dijo que convirtiera su amor humano en amor divino, amor a Alá. En particular, Hafiz tardó otros 40 años en alcanzar este estado, y sus luchas están recogidas en muchos de sus bellos poemas.

La razón por la que Hafiz necesitaba una solución para su amor insatisfecho es porque le hacía desgraciado. Como no podía conseguir a su amada, adelgazó, no pudo dormir y sufrió hasta que su salud mental se deterioró. Este sufrimiento ilustra que la forma en que amamos ordinariamente es para conseguir algo. El amor humano ordinario se centra en recibir, ya sea una emoción, excitación, felicidad, realización, posesión, estimulación, placer, seguridad, escape de la soledad, estatus, afirmación, compañía, etc. Este tipo de amor podría denominarse una emoción, ya que se basa en una carencia pasada, en una necesidad percibida y en la necesidad. Salimos y amamos porque falta algo en nosotros, y esperamos obtenerlo a través de nuestro amado.

Lo que esperamos obtener a través del amor, lo proyectamos en la persona amada, y mientras ésta satisfaga esa necesidad, la relación funcionará. A este proceso lo llamamos enamoramiento. Cuando la persona amada deja de suplir esta necesidad, nos desenamoramos. A menudo, nuestras parejas dejan de satisfacer nuestras necesidades porque inconscientemente se dan cuenta de que nos relacionamos con ellas a partir de una necesidad proyectada, una carencia en nuestro interior, en lugar de a partir de lo que realmente son. En última instancia, esto sólo es satisfactorio si nuestra pareja entró en la relación con motivos similares. En muchos casos, el subidón hormonal acaba remitiendo, y se alejan de nosotros o nosotros de ellos.

A diferencia de este tipo humano de amor, *el bhakti* es una disciplina mental/espiritual centrada en nosotros mismos. Cambiamos gradualmente nuestro amor de querer recibir a la actitud de dar. No hacemos constantemente súplicas a la Divinidad para que satisfaga nuestras necesidades, sino que nos preguntamos cómo podemos amar más a la Divinidad y servirla más. Este crecimiento está a absolutamente a nuestro alcance porque el amor es en sí mismo una cualidad de la Divinidad. Puesto que compartimos nuestro ser más íntimo con la Divinidad, ese amor divino también es posible para nosotros. Sin embargo, para que esto sea posible, debemos emprender un proceso para convertir nuestra forma de amar de lo humano a lo divino. Estas formas se exploran en este capítulo.

Aquí definiré *el bhakti*, examinaré sus requisitos previos y las cualidades necesarias, enumeraré diversos tipos de *bhakti*, analizaré su proceso, detallaré sus efectos y terminaré con sus resultados y su esencia. Pero, en primer lugar, debemos establecer que *el bhakti* no se practica idealmente de forma aislada, sino integrado en el complejo mayor de un yoga completo que consta de *Bhakti, Jnana* y *Karma* Yoga. Así dice Krishna en el *Bhagavata Purana* que Él ha promulgado tres vías de unificación con Dios, y que no hay otras: son *jnana, bhakti* y *karma*.[144] Aunque Krishna limita aquí el número de

---

[144] Bhagavata Purana XI.20.6

yogas a tres, también dice en otra parte que, cuando seamos incapaces de absorber la mente en Él, debemos intentar llegar a Él mediante la práctica sistemática de la concentración, es decir, *el Raja* Yoga.[145] La descripción del *Raja* Yoga ocupa la mayor parte del sexto capítulo *del Gita*.

En el *Bhakti Sutra* de Narada, leemos que, al alcanzar la madurez, *el Karma*, el *Bhakti* y el *Jnana* Yoga se fundirán en un camino unificado.[146] En este camino trino, el *jnana* purifica el intelecto, *el bhakti* purifica las emociones y el *Karma* Yoga purifica la voluntad. El término camino trino, que significa tres en uno, fue acuñado por Sri Aurobindo en sus *Ensayos sobre el Gita* y, más tarde, embellecido en una de sus principales obras, *La Síntesis del Yoga*. Ambos textos están dedicados a la importancia de practicar, en última instancia, *el* Karma-Yoga, el Jñana-Yoga y *el* Bhakti-Yoga uno al lado del otro, aunque, al principio, elijamos el que mejor se adapte a nuestra naturaleza aún bruta y sin refinar.

Aurobindo escribe que el *Gita* enseña tres pasos, de los cuales *el Karma* Yoga puede considerarse el primero.[147] Aquí, realizamos acciones no para nosotros mismos, sino al servicio de la Divinidad. No nos fijamos en el resultado, sino en el proceso de trabajar para la Divinidad, independientemente de si tenemos éxito en nuestros esfuerzos. El éxito y el fracaso se afrontan con perfecta ecuanimidad y se ofrecen a la Divinidad. A menudo tengo que desarrollar esta actitud de ecuanimidad y servicio cuando me enfrento a la desesperación de mis alumnos ante los crecientes problemas medioambientales, sociales y políticos. Me preguntan: "¿cómo mantienes la esperanza? ¿Cómo te motivas para seguir trabajando por un futuro mejor, viendo que todo parece tan desesperanzador?".

---

145 Bhagavad Gita XII.9
146 Swami Tyagisananda, Narada Bhakti Sutras, p. 35
147 Sri Aurobindo, Essays on the Gita, p. 38

La cuestión es que, si pedimos esperanza y motivación, en última instancia estamos orientados a los resultados. Si existe la posibilidad de que tengamos éxito, iremos a salvar el planeta. Pero si las probabilidades están en nuestra contra, será mejor que evitemos involucrarnos. El problema de esta actitud es que, de nuevo, se basa en recibir y obtener. Estamos en ello porque nos entusiasma salvar el medio ambiente. Si parece factible, estaremos encantados de contribuir. En otras palabras, se trata de una ecuación de riesgo/recompensa. ¿Qué probabilidades tenemos de conseguirlo? ¿Cuánto esfuerzo tenemos que hacer? ¿Y cuánta recompensa en términos de autosatisfacción obtenemos? En el caso de la prevención del deterioro medioambiental, el éxito es muy incierto, y parece que se necesita mucho esfuerzo para salvar la naturaleza. Aunque podríamos obtener mucha autosatisfacción con ello, la recompensa parece demasiado lejana; de ahí que la actitud de abatimiento parezca más económica. Es mejor que nos abstengamos de invertir nuestras energías en una causa perdida.

La actitud del *Karma* Yogui es diferente. El *Karma* Yogui no pedirá una recompensa, sino que simplemente hará algo porque es lo correcto, por servicio a Dios. Éste es el planeta de Dios. No tenemos derecho a destruirlo. La naturaleza es impresionantemente bella. Podemos ver la belleza de Dios en ella allá donde miremos. Por tanto, no se trata de si tenemos éxito o no. Es simplemente lo que hay que hacer. Aunque el *Karma* Yogui muera fracasando en lo que intenta conseguir, no importaría. Lo que importa es que murieron haciendo lo correcto.

Con esta actitud y este proceso en marcha, acabamos practicando *el jnana*, el yoga del conocimiento del yo, la conciencia. Su objetivo no es volvernos inactivos, sino darnos cuenta de que el hacedor no somos nosotros, sino la *prakriti*, la fuerza creadora divina, es decir, reconocer que la Divinidad nos mueve. Este tipo de yoga tiene como objetivo conocer, experimentar y ver cada vez más aspectos de lo Divino. Cuanto más veamos y apreciemos realmente la Divinidad en su totalidad, más crecerá el amor genuino hacia Ella. Sin interrumpir nuestro *Karma* y *Jñana* Yoga, finalmente vemos, amamos y adoramos al Ser Supremo en todo lo que conocemos, vemos y hacemos, en un acto de entrega total a la Divinidad, que es el *Bhakti* Yoga.

En este volumen, he colocado *el bhakti* en primer lugar, pero apoyo la opinión de Sri Narada y Sri Aurobindo de que es mejor no practicar *el bhakti* de forma aislada. Por esta razón, tras el capítulo sobre *el bhakti*, he incluido extensos capítulos sobre *el Karma*, el *Jñana* y el *Raja* Yoga, explicando cómo su práctica apoya y aumenta *el bhakti*.

DEFINICIÓN DE BHAKTI

Bhakti significa adoración, amor y entrega a lo Divino. El término procede de la raíz verbal sánscrita *bhaj*: dividir. También se utiliza en el término *baksheesh*, que se emplea al pedir limosna; en este contexto, significa "divide lo que tienes y compártelo conmigo". En *el bhakti*, nuestro objetivo no es unificarnos con la Divinidad, sino estar en comunión con Ella. Vemos que tenemos un núcleo divino, que ya es uno con Dios, el yo o la conciencia. Pero también vemos que nuestro yo superficial, es decir, nuestro cuerpo-mente egoico, es muy inferior en poder al yo superficial de Dios, el universo material como cuerpo cristalizado de Dios que lleva en su interior una infinidad de seres que son todos computaciones y emanaciones de Dios.

Por esta razón, no nos hacemos ilusiones de que una verdadera unión con lo Divino sea posible. Lo que sí es posible es dedicar nuestro yo superficial y nuestro yo profundo a un eterno y amoroso servicio y adoración de la

Divinidad. Sri Ramakrishna expresó la diferencia diciendo: "no quiero ser azúcar, pero quiero saborear el azúcar". Han pasado ciento cuarenta años desde este dicho y, hoy en día, nuestro entusiasmo por el azúcar ha disminuido por motivos de salud. Sin embargo, quería decir que ya no podrías saborear el azúcar si te convirtieras en azúcar. Lo mismo ocurre con la Divinidad. Si pudieras convertirte en la Divinidad, ya no podrías contemplarla y adorarla. Este contemplar y adorar a la Divinidad constituye la vía del *bhakti*.

El teólogo hindú del siglo XI Shri Ramanujacharya (Ramanuja para abreviar) enseñó elocuentemente, mediante su doctrina de la identificación en la diferencia (*beda-abeda*), que la identidad con la Divinidad (mediante la identidad de nuestro yo profundo con el aspecto trascendental de la Divinidad), y la diferencia con la Divinidad (consistente en la diferencia entre nuestro yo superficial y el aspecto inmanente de la Divinidad), deben verse simultáneamente una al lado de la otra. *El Bhagavata Purana* también define *el bhakti* como el compromiso en el servicio permanente a la Divinidad, en lugar de aspirar a la *moksha* (liberación), la liberación del ciclo del renacimiento.[148] El *Bhagavata Purana* denomina *bhakti* al quinto *purushartha* (objetivo humano). Los cuatro objetivos humanos ortodoxos son:

- *Artha*, adquisición de riqueza,
- *Kama*, placer y satisfacción sexual.
- *Dharma*, acción correcta/rectitud, que siempre se aplica, especialmente cuando se trata de la adquisición de *artha* y *kama*.
- *Moksha*, liberación espiritual y liberación del ciclo de renacimiento.

---

148 Swami Tapasyananda, Srimad Bhagavata, vol. 1, xxxiv

CAPÍTULO 4

El Bhagavata Purana añade *el bhakti* como quinto objetivo humano, diciendo que el servicio amoroso y devoto al Supremo es el más importante de los cinco, y el destino más elevado del espíritu individual (*jiva*).

El *Bhagavata Purana* explica además que *el bhakti* implica la concentración de toda la psique, normalmente ocupada en conocer objetos sensoriales, en el Ser Supremo, sin pedir recompensa.[149] El tema de no pedir recompensas se trata con más detalle más adelante. En el *Bhagavad Gita*, se denomina entregar los frutos (es decir, la recompensa) de las propias acciones a la Divinidad. La concentración de toda la psique en el Ser Supremo es algo que sólo los *bhaktas* más avanzados pueden hacer sin más entrenamiento. Aurobindo confirma la importancia de esta capacidad al decir que *manana* y *darshana*, el pensar constantemente en lo Divino en todas las cosas y verlo siempre y en todas partes, es esencial en el camino de la devoción.[150] La mayoría de nosotros aún no habrá alcanzado un estado tan exultante. El capítulo 6 de *la Bhagavad Gita*, el capítulo sobre *el Raja* Yoga, tratará sobre el uso de métodos de yoga para concentrar la mente. *El Bhakti Sutra de Narada* define *el bhakti* como la consagración de todas las actividades a la Divinidad, utilizando la entrega.[151] Por tanto, es coherente con los otros dos textos, el *Bhagavad Gita* y el *Bhagavata Purana*.

CUALIDADES Y ACTITUDES FAVORABLES AL BHAKTI

Oficialmente, no existen requisitos previos para el *bhakti*. El *Bhagavad Gita* afirma que incluso un pecador empedernido alcanza el *bhakti* si llega a sentir un amor inquebrantable por la

---

149 *Bhagavata Purana* III.25.32-33
150 Sri Aurobindo, The Synthesis of Yoga, p. 601
151 Swami Tyagisananda, Narada Bhakti Sutras, p. 19

Divinidad.[152] En la siguiente estrofa, Krishna explica además que este amor inquebrantable por Él (a través del contacto divino) transformará a cualquier desdichado en una persona justa.[153] Esa es la teoría. En la práctica, muchas cualidades y actitudes nos hacen avanzar en el *bhakti*; sin ellas, no vamos a ninguna parte a toda prisa, y menos en el camino del *bhakti*. Estas cualidades se enumeran en el capítulo 12th del *Gita*, el capítulo sobre el *Bhakti* Yoga. Veámoslas ahora.

Krishna afirma que los superiores en yoga que, con sus mentes intensamente concentradas en Él con una corriente constante de amor, Le adoran con *shraddha* completo.[154] El término *shraddha* es complejo, y a menudo se trunca como el término inglés "faith" (fe). Pero "fe" no transmite la sublimidad del término sánscrito. Me atrevería a decir que, en cuanto se acepta la traducción de *shraddha* en fe, el poder transformador de *shraddha* deja de sernos accesible. Trataré aquí el *shraddha*, pero he escrito una sección adicional sobre él en el capítulo 10. Aurobindo ha señalado que *shraddha* tiene un aspecto pasado, que él llama el recuerdo de haber emanado de la Divinidad, y un componente futuro, la intuición de que volveremos a la Divinidad cuando nuestro trabajo aquí haya terminado. Por tanto, la mejor traducción de *shraddha* es intuición-recuerdo. Prefiero utilizar el *shraddha* original, pero siempre existe el peligro de sobrecargar este texto con sánscrito y, por tanto, de alienarte a ti, apreciado lector.

Unas estrofas más adelante, Krishna nos exhorta a concentrar nuestra mente sólo en Él y a dejar que nuestro intelecto penetre en Él, lo que combinado nos conducirá a la permanencia constante en Él.[155] He utilizado aquí el término

---

152 Bhagavad Gita IX.30
153 Bhagavad Gita IX.31
154 Bhagavad Gita XII.2
155 Bhagavad Gita XII.8

CAPÍTULO 4

inglés intelecto para traducir el sánscrito *buddhi*. Otras opciones serían inteligencia o razón. Ciertamente, Krishna fomenta aquí el pensamiento crítico, pues debemos utilizar nuestra inteligencia crítica para comprender al Ser Supremo en la medida de lo posible. Que no se trata de un malentendido queda claro al final del *Gita*, en una de las últimas estrofas. Krishna concluye que ahora nos ha transmitido la más secreta de todas las enseñanzas secretas (es decir, la enseñanza del *Gita*). Nos sugiere que reflexionemos críticamente sobre ella y que luego hagamos lo que consideremos oportuno.[156] Considerar adecuado significa tomarlo o dejarlo, pero actúa siguiendo tu propio entendimiento y no sólo porque yo lo diga.

Debido a este énfasis de Krishna en nuestra inteligencia crítica, la lectura de *shraddha* como fe no tiene sentido. El término fe, por ejemplo, se utiliza en el contexto de la fe ciega. Aquí significa adhesión ciega al dogma, aunque deberíamos saberlo mejor. Otro contexto se presenta en el término buena fe. Solemos decir que hemos actuado de buena fe si nuestras acciones no resultaron adecuadas, pero la razón de que no lo fueran no la conocíamos en ese momento. Por tanto, significa que hubiéramos tenido que hacer un esfuerzo irrazonable para averiguar lo que ocurrió; de ahí que se suponga que actuar de buena fe nos redime del demérito acumulado por no haber hecho ese esfuerzo irrazonable.

Pero es precisamente este esfuerzo irrazonable el que Krishna quiere que hagamos cuando dice: "dejad que vuestro intelecto penetre en Mí", y "reflexionad sobre toda esta enseñanza secreta y luego haced lo que consideréis oportuno". Pero ¿por qué deberíamos molestarnos en hacer un esfuerzo irrazonable con nuestra inteligencia para comprenderle? Swami Tapasyananda, traductor tanto

---

156 Bhagavad Gita XVIII.63

del Bhagavad Gita como del *Bhagavata Purana*, responde a su pregunta diciendo que, a menos que sepamos cuál es nuestra conexión con el Ser Supremo, el amor hacia Él no puede llegar a ser firme y constante.[157] No se podría haber dicho mejor. Nuestro amor por el Ser Supremo vacila, y luchamos con *el bhakti* precisamente porque no conocemos ni comprendemos nuestra conexión con el Ser Supremo. Y si la conocemos, al menos tendemos a olvidarla con frecuencia.

Continuemos nuestra indagación sobre las cualidades y actitudes del *bhakta* enumeradas en el capítulo 12 del *Gita*. Krishna dice que los que Le son queridos no causan miedo a nadie, y nadie puede asustarlos. Están libres de emociones intensas como la euforia, la ira y la excitación.[158] Nuestra necesidad de dominar a los demás, y así intimidarlos y asustarlos procede del miedo profundamente arraigado que les profesamos. Nos adelantamos a sus ataques atacando primero. De ahí que quien atemoriza a los demás sea quien se atemoriza a sí mismo. La segunda parte de la estrofa muestra que Krishna comprende lo que hoy llamaríamos trastorno límite de la personalidad o trastorno de regulación emocional. Al padecer este trastorno, somos adictos a experimentar emociones intensas, pues de otro modo no podemos sentirnos a nosotros mismos. No podemos sentir que somos importantes, y pensamos que no ocurre lo suficiente en nuestras vidas para sentirnos verdaderamente vivos. Como Krishna comprende este estado, quiere que tomemos distancia de nuestro yo superficial, lo que implica que podamos observar nuestros pensamientos y emociones como si fueran animales que se pasean arriba y abajo en un recinto.

---

157 Swami Tapasyananda, Srimad Bhagavad Gita, p. 256
158 Bhagavad Gita XII.15

Krishna añade las siguientes cualidades:[159]

- ausencia de deseo (tomar las cosas como vengan y no preocuparse por las cosas que actualmente no tenemos);
- pureza (abstenerse de pensamientos y emociones tóxicos);
- ingenio (confiar en que cuando sea necesario, Él nos enviará las habilidades necesarias);
- desapego (la capacidad de desprendernos de lo que estamos a punto de perder);
- libertad de preocupaciones (lo peor que puede pasar es que muramos, pero si morimos, volvemos a Su abrazo);
- abandonar el egocentrismo (aunque pensemos que estamos aquí por nosotros mismos, sólo somos una de las infinitas permutaciones de Él, a través de las cuales experimenta el cosmos. De ahí que la mejor estrategia sea darnos poca importancia a nosotros mismos).

En la estrofa XII.17, Krishna nos pide que abandonemos nuestra tendencia a perseguir lo agradable y evitar lo desagradable. Este dejar ir es algo que podemos hacer fácilmente. Cualquier madre limpiará siempre los excrementos de su bebé, dará de comer al niño que llora, fregará los platos, irá de compras, etc., aunque ninguna de estas cosas sea agradable en sí misma. De hecho, en su acumulación, podríamos calificarlas de monotonía sin sentido. En lugar de eso, tal vez prefiramos sentarnos en las Bermudas, contemplar la puesta de sol y sorber Martinis. Pero esto no es lo que piensa una madre. Sin rencor, hará lo que haga falta simplemente porque la tarea está delante de ella, ella está presente y la tarea debe hacerse. Ésta es la

---

159 Bhagavad Gita XII.16

actitud que Krishna quiere que mostremos. Curiosamente, parte de las actitudes de *bhakti* que Sri Narada enumera en su *Bhakti Sutra* es la de un padre hacia la Divinidad. Aunque esto pueda resultar inalcanzable al principio, la abnegación de una madre es lo que mejor refleja la actitud que el *bhakta* debe tener hacia el mundo entero.

Krishna amplía luego esta actitud al concepto de *samah*, igualdad o ecuanimidad.[160] Quiere que respondamos con ecuanimidad ante amigos y enemigos, ecuanimidad en el honor y el insulto, iguales en el calor y el frío, iguales en la alabanza y la culpa. Normalmente, separamos estos pares en dos categorías: una que nos resulta agradable y otra que nos es adversa. Krishna dice aquí que ambas categorías están en constante cambio, y que la mezcla que obtenemos está fuera de nuestro control. Podemos esforzarnos al máximo, pero, una vez hecho esto, debemos afrontar con ecuanimidad las victorias y derrotas que nos depara la vida y, en última instancia, verlas y aceptarlas como causadas por nuestras acciones anteriores y por el juego de la Divinidad. En cualquier caso, después de esforzarnos al máximo, debemos aceptarlas como ordenadas, dejar de lamentarnos por ellas y seguir adelante con nuestras vidas y deberes.

Krishna nos pide que realicemos nuestras obras como servicio a Él, que Le consideremos nuestro destino y nuestra meta, y que renunciemos al apego y al antagonismo hacia cualquiera de Sus criaturas.[161] Podemos apegarnos a otros seres o enemistarnos con ellos por diversos motivos. Krishna nos pide que los veamos a todos sólo como permutaciones de Él mismo. Si se acercan a nosotros, los trataremos amistosamente; si nos evitan, lo aceptaremos; si buscan el conflicto con nosotros, no les corresponderemos. En lugar de

---

160 Bhagavad Gita XII.18-19
161 Bhagavad Gita XI.55

CAPÍTULO 4

eso, intentaremos desactivar la confrontación averiguando por qué se sienten amenazados por nosotros y, sobre todo, nunca iniciaremos ningún conflicto por nuestra parte.

Un aspecto esencial *del bhakti* es nuestra capacidad de entrega. Así lo dice el *Bhakti Sutra* de Narada: los verdaderos *bhaktas* no son hacedores de sus propias acciones, ni actúan para obtener ningún beneficio.[162] En cambio, se abandonan como hojas movidas por el viento de la Divinidad. Sri Aurobindo lo confirma diciendo que el yogui debe apartarse y dejar que la Divinidad asuma el yoga a través de él.[163] Aunque llamamos rendición a esta actitud, Aurobindo enseña que no se trata de un dejarse ir pasivo, sino que tiene lugar al alinear nuestro ser y nuestra voluntad. Cuando Aurobindo utiliza el término voluntad, no habla de algo que utilizamos para nuestro egoísmo, que podemos llamar elección, sino de una fuerza superior alineada naturalmente con Dios. Aurobindo cree que sólo existe una voluntad: la voluntad de Dios. Por tanto, si activamos esta voluntad que nos alinea con lo Divino, nos abrimos a la gracia.

El Bhakti Sutra de Narada confirma que la gracia de Dios está siempre presente, sólo el ego nos impide recibirla.[164] Esta es una realización fundamental. Como nuestros conceptos de lo Divino siguen empañados por el antropomorfismo, imaginamos a Dios como un humano gigante con ego que puede negar caprichosamente la gracia a alguien cuya cara no le gusta. Pero Dios ni es humano ni tiene un ego al que negar la gracia. Dios es puro amor, aceptación y afirmación de la vida; por tanto, la gracia se irradia a todos los seres en todo lugar y en todo momento. Es nuestro propio ego individual

---

162 Swami Tyagisananda, Narada Bhakti Sutras, p. 81

163 Sri Aurobindo, The Synthesis of Yoga, p. 629

164 Swami Tyagisananda, Narada Bhakti Sutras, Sri Ramakrishna Math, Chennai, 2001, p. 124

el que intercepta la recepción de la gracia. Todo *bhakti* es la práctica de apartar nuestro ego para que podamos recibir la gracia que irradia la Divinidad en todo momento. El objetivo aquí es que la Divinidad realice el yoga a través de nosotros en lugar de que nuestro ego realice el yoga. El ego dificulta el yoga porque intenta acumular beneficios y ventajas para nosotros, mancillando así el espíritu del yoga.

Completaré esta sección enumerando las cualidades necesarias para *el bhakti*, enunciadas por Shri Ramanujacharya, el teólogo hindú del siglo 11th. Ramanuja las enumera como:

- discriminación (capacidad de diferenciar lo real de lo irreal, y lo esencial de lo no esencial);
- ausencia de deseos (los deseos se interpondrán en el camino de la entrega, porque tenerlos implica que continuamos siguiendo nuestros propios proyectos);
- la práctica (*el bhakti* tiene un componente activo y no consiste sólo en dejarse llevar y entregarse);
- el servicio a los demás (ser servidor de la Divinidad significa ser servidor de todos los seres, nos ayuda a superar nuestro egocentrismo);
- pureza (la no participación en toxinas mentales, emocionales, espirituales y físicas);
- ausencia de necesidad de entretenimiento (cuando se está en comunión con lo Divino, no se necesita entretenimiento; insistir en ser entretenido implica resistencia a la comunión con lo Divino).

Por supuesto, Ramanuja pone aquí el listón muy alto, y esta lista refleja el alto nivel de las antiguas autoridades *del bhakti*. Presentar una lista así a los lectores modernos puede desanimarles, porque tal vez perciban tal nivel como inalcanzable. No obstante, he presentado la lista por dos razones. Una puede llamarse arqueológica, lo que significa que quiero presentar con precisión las raíces históricas *del bhakti* y mostrar cómo era. La segunda razón puede denominarse enfoque graduado. Aunque uno podría sentirse inadecuado ante esas exigencias y quejarse, tomada con un espíritu de autoaceptación y autoanálisis, la lista es, no obstante, útil. La leo de vez en cuando y siempre encuentro un área u otra en la que podría mejorar sin menospreciarme. Me tomo la lista de Ramanuja no como un requisito previo que hay que cumplir antes de comenzar *el bhakti*, sino como una lista dinámica que puedo utilizar para evaluar mis progresos a medida que voy madurando gradualmente.

TIPOS Y FORMAS DE BHAKTI

Esta sección trata de las formas tradicionales de *Bhakti* Yoga, es decir, de cómo se enseñaba *el bhakti* en el pasado. Existe una variación significativa en los enfoques y, según el *Bhagavata Purana*, ello se debe a que las actitudes y tendencias de los *bhaktas* individuales difieren según el predominio de *gunas* particulares en su interior (cualidades, es decir, la mezcla de inteligencia, energía y masa en una persona u objeto).[165] Para simplificar esta afirmación diremos que diferentes personalidades necesitan diferentes tipos de práctica *del bhakti*. La lista que define las formas de *bhakti* son los llamados nueve miembros del *bhakti del Bhagavata Purana*.[166] Consisten en:

- *Shravana* - Escuchar las hazañas de la Divinidad, normalmente en forma de *avatares*. Esta rama se denomina audición, porque los relatos se transmitían oralmente en la antigüedad. En el mundo actual,

---

165 Bhagavata Purana III.29.7
166 Bhagavata Purana III.25.25

asignaríamos a esta rama la lectura de textos sagrados. La lectura constituyó mi exposición inicial al *bhakti*. Es crucial cuando queremos elegir nuestro *ishtadevata*, la forma apropiada para nosotros de la Divinidad a efectos de adoración. Patanjali dice en el *Yoga Sutra* que averiguamos qué forma divina nos conviene leyendo textos sagrados (de diversas *ishtadevatas*).

- *Kirtana:* consiste en cantar *mantras*, himnos, etc., asociados a una forma apropiada de la Divinidad. A menudo se realiza en grupo, por lo que resulta especialmente útil para las personas extrovertidas, a las que les resulta difícil meditar en solitario sobre la Divinidad.
- *Smarana:* el recuerdo de lo Divino. Este importante aspecto debe practicarse a lo largo del día y siempre que sea posible. Es la intervención ideal en caso de crisis. Siempre que te encuentres en una situación crítica, recuérdate a ti mismo que hagas lo que hagas, lo haces por Dios y no por ti mismo. Me he entrenado para recordar a la Divinidad antes de dormirme, cuando me despierto y siempre que debo despertarme por la noche. Esta práctica me ha resultado extremadamente útil. Aunque el recuerdo suele hacerse empleando un icono, es decir, una imagen simplificada, es una buena práctica recordar al menos una vez al día al Ser Supremo en su totalidad, es decir, los diversos aspectos de la Divinidad, como el Dios trascendente como conciencia infinita, el Dios inmanente como inteligencia cósmica, el universo como cuerpo cristalizado de la Divinidad, todos los seres y todos los objetos como expresiones del ilimitado potencial creativo de la Divinidad. Una forma tradicional de práctica consiste en realizar el

recuerdo pronunciando los nombres de la Divinidad mediante *el mantra japa*.
- *Padasevana*: servicio a los pies de la Divinidad, pero también ver el mundo entero como una parte (*pada*) de la Divinidad, y servir a la Divinidad a través de todos los seres. Puesto que todos desempeñamos papeles diferentes en el mundo, nuestro *padasevana* puede diferir enormemente. Implica experimentar nuestro *svabhava* (ley de nuestro propio ser) y *svadharma* (ley de nuestro propio devenir) en la meditación, y consagrar todas nuestras acciones a la Divinidad. El próximo capítulo, el del *Karma* Yoga, explorará a fondo estos conceptos. Lo ideal es que nuestra ocupación profesional se realice con el espíritu de una ofrenda a la Divinidad.
- *Archana*: adoración ritualista. *Archana* implica una ofrenda ritualista a la Divinidad, normalmente delante de una imagen visual de la Divinidad. Yo lo practico realizando mi práctica de yoga, incluyendo *asana*, *pranayama*, meditación, etc., siempre delante de una representación visual de la Divinidad, con el espíritu de una ofrenda. Esto hace que la práctica del yoga no sea para uno mismo, sino un regalo a la Divinidad. Un símbolo puede ser apropiado para quienes no pueden representar visualmente a la Divinidad. La clave es realizar cualquier versión de *archana* con un sentimiento auténtico de amor por la Divinidad. Si se convierte en ritualismo vacío, entonces está muerto. La diferencia se hace evidente cuando ya no podemos ver a Dios en aquellos con los que tenemos relaciones complicadas, sobre todo en los enemigos o en las personas a las que consideramos adversarios. Es en ellos donde necesitamos ver a Dios con más urgencia.

- *Vandana:* saludo. Siempre que saludemos a otro ser con las manos cruzadas, debemos saludar conscientemente a lo Divino que hay en él. Ése es el poder de decir *namaste*: significa que saludo a Dios dentro de ti porque puedo ver a Dios dentro de ti. Además, si no puedo ver a Dios dentro de ti, seguiré recordándomelo hasta que pueda. También significa que debemos ver a Dios en el sol, la luna, el cielo estrellado, las nubes, el océano, los ríos y lagos, las cordilleras, los bosques, los árboles y los animales. En el mejor de los casos, nos asombramos y extasiamos diariamente ante toda la naturaleza como el cuerpo cristalizado de Dios, con todos sus seres en su interior. Ése es el mejor enfoque para *Vandana*.
- *Dasyam:* servidumbre, esclavitud. Aquí comienzan las capas más avanzadas del *bhakti*. Estamos cultivando la actitud de ser un siervo, o más radicalmente, un esclavo, de la Divinidad. Es una práctica esencial para reducir el control que el ego ejerce sobre nosotros. El *bhakta* acepta con gratitud cualquier forma de humillación o vergüenza. En estas situaciones, es saludable ver cómo nuestro ego se encoge y se retuerce como un gusano en el barro y practicar el distanciamiento y la desidentificación del ego. Krishna dice que aquel que es igual en la gloria y en la vergüenza, es un yogui. No estamos aquí para gobernar y dominar, sino para servir.
- *Sakhyam:* compañerismo con la Divinidad, pero también todas las demás formas de relación que podríamos tener con la Divinidad, incluido ser compañero de juegos, amante o incluso padre de la Divinidad. Esto requiere niveles avanzados de exultación por parte del devoto y es mejor dejarlo para más adelante.

CAPÍTULO 4

- *Atmanivedana:* la entrega total a la Divinidad. El pináculo *del bhakti*, descrito en las estrofas finales del capítulo 18th *del Bhagavad Gita*. Lo trataré más adelante, en la meta del *bhakti*.

La lista anterior del *Bhagavata Purana* suele denominarse los nueve miembros del *bhakti*. También recibe un segundo nombre, *saguna bhakti*, que es *bhakti* con forma.[167] Con forma aquí quiere decir que los nueve miembros implican que nos involucramos en una práctica formal de yoga. *El saguna bhakti* se yuxtapone entonces al *nirguna* (sin forma) *bhakti*, también conocido por un segundo nombre, *prema bhakti*, es decir, devoción amorosa. *El prema bhakti* se considera apropiado para las almas más avanzadas. Es la práctica de la devoción espontánea y amorosa a la Divinidad, que no requiere el apoyo de los miembros anteriores. Que esto es así también lo reconoce el *Bhakti Sutra* de Narada, que afirma que *el bhakti*, es decir, la devoción, es sólo un medio que debe distinguirse del amor supremo (*prema*).[168] Esto significa que Narada considera el *bhakti* como la práctica y *el prema, el* amor, como la meta.

La lista anterior de los nueve miembros *del bhakti* aparece varias veces en el *Bhagavata Purana*. También se menciona cuando el emperador demonio Hiranyakashipu pregunta a su hijo cuáles fueron las mejores lecciones que aprendió durante la educación que le proporcionaron.[169] Sin embargo, el *Bhagavata Purana* también ofrece una disciplina devocional truncada de seis miembros, que incluye el saludo, la alabanza, la dedicación de toda acción, el servicio y la audición.[170] Esta

---

167 Bhagavata Purana III.32.37
168 Swami Tyagisananda, Narada Bhakti Sutras, p. 132
169 Bhagavata Purana VII.5.23-24
170 Bhagavata Purana VII.9.50

lista introductoria omite principalmente los tres últimos aspectos más avanzados de la lista de nueve miembros.

El *Bhakti Sutra de* Narada elige un método de clasificación diferente y llega a 11 tipos de *bhakti*.[171] Estos once tipos son:

- glorificar a la Divinidad.
- reconocer la belleza de lo Divino.
- adoración.
- recuerdo.
- servicio.
- ser amigo de la Divinidad.
- asumir el papel de hijo de la Divinidad.
- asumir el papel de esposa o amante de la Divinidad.
- entrega total.
- absorción complete.
- sentir el dolor de la separación de lo Divino.

De éstas, glorificar a la Divinidad, la adoración, el recuerdo, el servicio y la entrega total figuran en la lista *del Bhagavata Purana*. Ser amigo, hijo o amante de la Divinidad puede ser algo que haga un determinado devoto porque se ajusta a su naturaleza. Arjuna, en el *Mahabharata*, era amigo de Krishna. Las *gopis* de Vrindavan mantuvieron una relación erótica con Krishna, que, sin embargo, nunca se consumó carnalmente. Sri Ramakrishna proclamó que aceptar el papel de hijo de la Divinidad era adecuado para todos, aunque tuvo fases en las que también asumió otros papeles. No hay ninguna restricción para permanecer en cualquiera de las actitudes anteriores. Lo esencial es que uno logre la cercanía con la Divinidad.

Algunos comentaristas limitan la frase del *Bhagavata Purana* "reconocer la belleza de la Divinidad" a reconocer la belleza hechizante de Krishna. Al mismo tiempo, sin embargo,

---

171 Sutra Bhakti de Narada, estrofa 82

CAPÍTULO 4

se afirma a cada paso que todo el universo debe verse como el cuerpo de la Divinidad. En otras palabras, debemos reconocer la belleza de lo Divino en toda la naturaleza. Hoy en día, muchos de nosotros percibimos la belleza de la naturaleza, pero a menudo no nos damos cuenta de que esta belleza de la naturaleza es una proyección exterior de la belleza interior del Creador divino y de la Fuerza Creativa (Shakti). Nosotros, los humanos, no seríamos capaces de reconocer esta belleza y perfección si la Divinidad no nos hubiera inculcado Su sentido de la belleza. Por lo tanto, no basta con ver algo como bello; también debemos ver que eso representa la belleza esencial de Dios.

La absorción completa en la Divinidad puede ser alcanzada por quienes practican el *samadhi* formal en la Divinidad. Ramanuja recomienda esta vía, y también Patanjali dice en el *Yoga Sutra* que el poder de la absorción (*samadhi*) procede de la entrega a la Divinidad.[172] Es un método avanzado para quienes practican el yoga de concentración formal (*Raja Yoga*). Mientras que Patanjali es más liberal con los posibles objetos de meditación o concentración, Ramanuja sólo acepta la Divinidad como objeto de meditación.

Tal absorción es una técnica que conviene a los adeptos a los ejercicios formales de concentración y meditación, es decir, a los inclinados *al Raja* Yoga. Sentir el dolor de la separación de la Divinidad es para los de temperamento predominantemente emocional, es decir, los *bhaktas*. Recordemos, sin embargo, que, para un éxito rápido, todas estas técnicas se combinan e integran también con *el Jñana* y el *Karma* Yoga. No debemos dejar que tales etiquetas nos impidan practicar un *Maha Yoga* completo e integrado (el gran yoga universal que abarca todas las disciplinas yóguicas).

---

172 Yoga Sutra II.43

En el *Bhagavata Purana,* nos encontramos con personajes como Vidhura o Udhava, cuyos rostros están inundados de lágrimas cada vez que se encuentran con Krishna, o se despiden de él. Del mismo modo, el éxtasis o la concentración extremos pueden transportarnos a un estado exultante, al igual que la pena extrema y las punzadas de separación. Otro exponente de la escuela emocional *del bhakti* fue el místico bengalí del siglo XV Chaitanya Mahaprabhu, que enseñó *el prema priti bhakti,* el amor abnegado y el servicio gozoso.[173] También enseñó que la forma más elevada de *priti bhakti* tiene el carácter del amor ilícito porque, como las *gopis,* lo arriesgas todo, incluida la censura de la sociedad, debido a tu locura divina. Además, el *priti bhakti* se presenta en 8 etapas.[174]

Por otra parte, Sri Aurobindo enseña que *el bhakti* combinado con el *jnana,* es decir, el conocimiento de lo Divino, es el *bhakti* más elevado.[175] Este punto de vista lo apoyan muchos teólogos indios, entre ellos Madhusudana Sarasvati, que enseñó que el *bhakti* debe apoyarse en el conocimiento de la Divinidad y sus atributos.[176] Sin embargo, todas las escuelas de *bhakti* tienen algo en común: en su desarrollo más elevado, ya sea combinado con *jñana* o con una emotividad extrema, el *bhakta* no pide recompensa, como la liberación, sino que sólo desea prestar servicio a la Divinidad.

CONSAGRACIÓN

La iniciación en el santuario interior *del bhakti* comienza cuando consagramos nuestra vida a la Divinidad. Consagración significa aquí que nuestras acciones se realizan con Dios en

---

173 Swami Tapasyananda, Srimad Bhagavata, vol.3, p. 16
174 Swami Tapasyananda, Srimad Bhagavata, vol.3, p. 20
175 Sri Aurobindo, Essays on the Gita, p. 284
176 Swami Tapasyananda, Srimad Bhagavata, vol. 3, p. 16

mente y como una ofrenda a Dios. No significa necesariamente que hagamos cosas diferentes, sino que gradualmente, con cada cosa que hagamos, nos preguntemos cada vez más: ¿lo que estoy haciendo complace realmente a Dios? Krishna dice que aceptará de buen grado cualquier cosa que le ofrezcamos con sinceridad, aunque sólo sea agua o una hoja. No es que un acto tenga que ser extravagante, extremo o estrafalario; lo que cuenta es la sinceridad y la actitud con que lo realizamos. Así dice el *Bhakti Sutra* de Narada, que renunciar al modo de vida anterior significa consagrar a Dios todas las actividades, incluidas las seculares (mundanas).[177]

El *Bhagavata Purana* coincide al afirmar que consagrar todas las acciones a Dios significa presentarlas como una ofrenda.[178] Lo importante al hacer de nuestras acciones una ofrenda es que veamos y reconozcamos a todos los seres como hijos de la Divinidad. Sobre esto, Jesucristo dice: "si colocas una ofrenda en el altar y tienes rencor contra tu hermano en tu corazón, entonces tu ofrenda no es bienvenida, pues profanaría el altar. Ve primero a hacer las paces con tu hermano y entonces tu ofrenda será bienvenida".[179] Recuerda que Krishna dijo en el capítulo duodécimo *del Bhagavad Gita* que los que Le son queridos tratan por igual a amigos y enemigos, y no temen a nadie, pero tampoco asustan a nadie. Lo que se requiere como fundamento de la consagración es que veamos a todo y a todos como Dios. Entonces, la consagración es fácil.

En el *Bhagavata Purana*, la Divinidad enseña que debemos convertir todos nuestros esfuerzos mundanos en tener como meta la satisfacción de Dios, en lugar de perseguir nuestros propios proyectos.[180] A esto se le llama entregar los frutos de

---

177 Narada Bhakti Sutras, estrofa 8
178 Bhagavata Purana III.25.25
179 Mateo 5:23-25
180 Swami Tapasyananda, Srimad Bhagavad Gita, Vol. IV, p. 66

las propias acciones, *tyaga-karma-phalah*. En el momento en que esto se convierte en nuestro centro de atención, nos liberamos del miedo al fracaso. El resultado de la acción se entrega a la Divinidad. Hacemos lo que podemos y aceptamos el fracaso, el triunfo, la gloria o la humillación, venga como venga.

Pero existe un nivel de consagración aún más elevado. El *Bhagavata* Purana considera este siguiente nivel al proclamar que todo lo que hagamos con el cuerpo, la palabra y el pensamiento, debemos ofrecerlo a la Divinidad, tanto en términos de resultado (fruto) como de acción.[181] Esto significa darse cuenta de que es, en verdad, la fuerza creadora divina (Shakti o *prakriti*) la que lo hace todo a través de nosotros, y de que no somos nosotros quienes lo hacemos. Krishna lo afirma en el *Bhagavad Gita* cuando dice: "todas las acciones las realiza mi *prakriti*, sólo un necio cree ser el hacedor".[182] Esta estrofa, y muchas otras, declaran que la agencia está en la Divinidad y no en nosotros. Piénsalo brevemente: cuando comes, ¿estás metabolizando la comida ingerida? No, lo hace el cuerpo, aunque estés dormido. ¿Haces que respiren tus pulmones? No, el cuerpo también lo hace, aunque estés inconsciente. ¿Late tu corazón? Aparentemente late solo, la mayor parte del tiempo sin que nos demos cuenta. ¿Estás pensando tus pensamientos? Hasta hace poco, la mayoría de nosotros habríamos dicho que sí, pero ahora los neurólogos nos dicen que cuando nos hacen preguntas mientras nuestro cerebro está conectado, pueden ver cómo se disparan las neuronas segundos antes de que seamos conscientes de un pensamiento o elección; es decir, que los pensamientos se generan sin que seamos conscientes de ello. En conjunto, todo esto significa que no somos los hacedores, y renunciar al sentido del albedrío es una actitud saludable. Renunciar

---

181 Bhagavata Purana XI.2.36
182 Bhagavad Gita III.27

al sentido del albedrío es la capa final de la consagración, el momento en que aceptamos que somos actuados por Dios, que es el hacedor a través de nosotros. Cuando esto se acepta plena y conscientemente, podemos convertirnos en vasos conscientes y conductos de lo Divino.

LAS REALIZACIONES DE DIOS Y EL AMOR INTELECTUAL A DIOS

Sri Aurobindo dice en *Ensayos sobre el Gita* que quien ama a Dios en todo, vive y actúa en Dios.[183] ¿Pero cómo amamos a Dios en todo? No podemos, a menos que conozcamos y reconozcamos lo Divino en todo y en todos. De lo contrario, amar a Dios en todo se convierte en un dogmatismo sectario que no cambiará nuestra personalidad y comportamiento superficiales. Krishna responde a la pregunta de cómo podemos amar a Dios en todo, respuesta que constituye el clímax del sexto capítulo del *Bhagavad Gita*. Éste es el capítulo sobre *el Raja* Yoga y la meditación en lo Divino, pero también constituye la conclusión de la totalidad de los seis primeros capítulos del *Gita*. Krishna afirma que los yoguis son los más establecidos en comunión con Él, quienes, con su yo, entran en Su Ser impulsados por el amor y el *shraddha* (intuición-recuerdo).[184] Nos exhorta a poner nuestro propio *atman* (el yo) en comunión con el Ser Divino mediante el amor y el *shraddha*. Para repasar el término *shraddha* (que a menudo se traduce mal como fe), Aurobindo ha explicado que significa recordar que antes de embarcarnos en nuestra secuencia casi infinita de encarnaciones, que abarca varias eras del mundo, éramos uno con lo Divino. En el otro extremo de la escala temporal, podemos intuir que, una vez que hemos

---

183 Sri Aurobindo, Essays on the Gita, p. 246
184 Bhagavad Gita VI.47

completado miles de millones de encarnaciones, volveremos al abrazo de la Divinidad. La combinación del recuerdo y la intuición se denomina *shraddha* (intuición, recuerdo). Sirve como brújula interior para atravesar el océano de la encarnación condicionada.

Este *shraddha*, combinado con el amor, lleva a nuestro *atman*, nuestro ser interior, a la comunión (más que a la unión) con el Ser Divino. Es crucial diferenciar aquí unión y comunión. La unión con la Divinidad es nuestro estado antes y después de embarcarnos en la secuencia de encarnaciones que abarca toda la edad del mundo. Entre medias, podemos tener atisbos más o menos breves de unión, pero sólo durante los estados místicos, cuando el ego y la mente se suspenden temporalmente. Puesto que necesitamos el ego y la mente para sobrevivir y cumplir el propósito divino de nuestras encarnaciones, lo máximo a lo que podemos aspirar (mientras atravesamos nuestro ciclo de encarnaciones) es a la comunión. Comunión significa que nuestro yo más profundo se encuentra en un estado permanente de adoración dichosa de la Divinidad, mientras que nuestro yo superficial sigue funcionando y sirviendo a la Divinidad en el mundo. con el Ser Divino dista mucho de la fe y la creencia. Como la fe y la creencia son estados estáticos, no abiertos a la falsificación (es decir, a saber cuándo nos equivocamos), a menudo conducen a conceptos erróneos (como creer que, para complacer a Dios, debemos matar a los infieles). Por ello, pueden ser responsables de las muchas atrocidades que se han cometido en nombre de la religión a lo largo de los corredores de la historia. Si confiamos en la fe y las creencias, ¿cómo seremos conscientes de que están equivocadas? La prevalencia de guerras santas, cruzadas, quemas de brujas, santas inquisiciones, asesinatos y torturas de herejes e infieles debería mostrarnos que la mera fe y la creencia no bastan. Estos errores históricos tampoco pueden evitarse sólo con *el bhakti,* porque nuestras propias emociones pueden indicarnos que, si amamos a Dios, debemos mostrar nuestro amor matando infieles. Pero estas aberraciones pueden prevenirse incrustando *el bhakti* en el *jnana* (conocimiento) y el *buddhi* (inteligencia).

El *Bhagavad Gita* enumera tres tipos de aplicaciones compuestas de *bhakti* y *jñana.* Podríamos llamarlas realizaciones de Dios o revelaciones de lo Divino.[185] Se denominan *ekatva-unidad, prthaktva-diferencia* y *bahudha-multiplicidad.* Al principio deben realizarse secuencialmente, pero después deben aplicarse simultáneamente para que nuestro *bhakti* permanezca libre de la mancha egoica. La mancha egoica significa aquí que utilizamos nuestra supuesta devoción a lo Divino para ganar poder, fama y riqueza manipulando a la gente, en conflicto con los demás, alegando motivos religiosos y espirituales.

Ekatva significa ver la unidad del yo profundo e incorpóreo, el *atman,* con el aspecto trascendental de lo Divino. *Prthaktva* significa saber que diferimos de la fuerza creadora divina, la Shakti o inteligencia cósmica. La diferencia de potencia de fuego entre la Shakti y nuestra propia inteligencia, limitada al chip que tenemos entre las orejas, es enorme. Del mismo modo, es evidente la diferencia de tamaño entre nuestro cuerpo y el cosmos como cuerpo cristalizado de Dios. Existe una clara separación entre lo que nuestro ser material e inteligente puede hacer y lo que el ser material e inteligente de Dios, la Shakti, es capaz de hacer. La tercera realización de Dios es *bahudha* - multiplicidad. Significa ver cómo el Dios inmanente se ha convertido en la multiplicidad de todos los seres y objetos, reside en todos ellos, los vivifica y les da sus características. Nuestro *bhakti* no puede ser completo a menos que podamos ver permanentemente estas tres realizaciones

---

185 Bhagavad Gita IX.15

o, al menos, recordarnos su validez antes de tomar decisiones cruciales.

Al concluir el capítulo 18th *del Gita*, Krishna vuelve a presentar los mismos hechos con palabras diferentes.[186] Aquí, Krishna nos dice que le entreguemos mentalmente los resultados y el albedrío de todas las acciones, que practiquemos una intensa devoción y comunión de amor intelectual hacia Él, y que tengamos nuestra mente siempre centrada en Él. He aceptado con gratitud la traducción de Swami Tapasyananda de *buddhi* yoga como "amor intelectual a Dios". thEl Swami adoptó este hermoso término del filósofo holandés Spinoza, del siglo XVII. El término implica que vamos más allá del desvanecimiento emocional del amor para incluir el deseo de conocer, comprender y entender a Dios tanto como podamos (independientemente del resultado). Por eso Krishna dice en otra parte: "deja que tu mente descanse en Mí y que tu intelecto (*buddhi*) penetre en Mí".

El Bhagavata Purana apoya este enfoque y ejemplifica la versión *bahudha* (multiplicidad) del *bhakti* antes mencionada, al sugerir que debemos reconocer toda la naturaleza, incluidos el cielo, el aire, el fuego, el agua, la tierra, las estrellas, los seres vivos, los árboles, los ríos y los océanos, como el cuerpo de Dios, y saludarlos con postraciones de intenso amor y devoción como emanaciones de la Divinidad.[187] Es esta actitud la que los pueblos indígenas practicaron durante mucho tiempo y por la que la humanidad industrial moderna los ridiculizó como salvajes. Incluso cuando estudié Religión Comparada en los años 80, el animismo seguía considerándose la religión de los primitivos. Primitivos porque consideramos nuestra imagen supra cósmica y antropomórfica de un Dios, creado a nuestra propia imagen, tan superior a la suya. Sólo ahora

---

186 Bhagavad Gita XVIII.57
187 Bhagavata Purana XI.2.41

empezamos a comprender gradualmente que es precisamente este temor y reverencia con que los antiguos primitivos contemplan la naturaleza lo que nos impide abusar de ella, coaccionarla y controlarla. Y es este abuso, coacción y control de la naturaleza lo que, en última instancia, nos acerca al abismo del holocausto medioambiental y el ecocidio.

Por supuesto, vivir en armonía con la naturaleza y con toda la creación es posible, y se fomenta mediante la devoción amorosa al espíritu que crea, sostiene y existe en todo y en todos. Esta devoción amorosa, *bhakti*, es posible mediante la entrega a este espíritu. Así dice Sri Aurobindo que, como en nuestra esencia secreta somos uno con lo Divino, podemos crecer y evolucionar a su semejanza, es decir, emularlo.[188] En tal proceso de evolución, nuestro yo superficial se informa de las diversas realizaciones de Dios que experimentamos, irradiando hacia la superficie e informando a nuestro yo superficial para que se vuelva amoroso, solidario, indulgente y compasivo con todos. Al principio, cuando practicamos *el bhakti*, podemos pensar principalmente en obtener y recibir experiencias.

Durante gran parte de mi vida, podría haber sido descrito profanamente como un adicto a las experiencias místicas. Gradualmente, esto se transforma en un interés por cambiar nuestra naturaleza inferior, centrada en la supervivencia, el éxito, la adquisición, la ambición, la competición, el antagonismo y la rivalidad, por el deseo de contribuir a lo Divino. A esto, Aurobindo dice que nuestra salvación (de nuestro yo superficial condicionado y robótico) no puede llegar sin nuestra evolución hacia la naturaleza divina.[189] El amor a la Divinidad es eficaz porque nos permite evolucionar

---

188 Sri Aurobindo, Essays on the Gita, p. 424
189 Sri Aurobindo, Essays on the Gita, p. 423

hacia la semejanza del objeto de nuestra adoración e invocar el amor divino.

La llamada del amor divino suele denominarse gracia. Recordemos la afirmación *del Bhakti Sutra* de Narada, que dice que la realización espiritual se debe principalmente a la gracia de la Divinidad, puesta a nuestra disposición por nuestro propio esfuerzo, nuestra *sadhana* (práctica).[190] Aunque esto parezca una dicotomía al principio, nos damos cuenta de que, en última instancia, la realización espontánea y la gracia, y el trabajo previo que la posibilita, siempre van de la mano. Quiero hacer hincapié en esta afirmación, ya que es demasiado fácil pasarla por alto. La gracia es esencial para nuestra evolución, pero se invoca a través de nuestra práctica de las técnicas espirituales, nuestra *sadhana*. Es *la sadhana* lo que nos transforma, no mucho más.

PURO AMOR Y ÉXTASIS

Si conseguimos ver a Dios en cada criatura que encontramos, esto afectará profundamente a nuestras interacciones sociales. Convertirá nuestras interacciones sociales en ofrendas de amor puro a Dios sin esperar nada a cambio, como afirma *el Bhakti Sutra* de Narada.[191] Cabe destacar que este ver a Dios en todas partes no está motivado por la recompensa, sino que amamos porque no podemos evitar amar a Dios. Este amor nos llena tanto que se desborda y debe encontrar una salida. Un amor así no puede conjurarse por mera decisión. Se produce estudiando, comprendiendo y aceptando la filosofía *del bhakti*, y mediante la realización producida por *la sadhana* (la suma total de tus prácticas de yoga). Hablaremos más sobre esto en los siguientes capítulos.

---

190 Swami Tyagisananda, Narada Bhakti Sutras, p. 170
191 Swami Tyagisananda, Narada Bhakti Sutras, p. 216

CAPÍTULO 4

Sri Aurobindo *define el prema*, el amor divino, como la retención o el mantenimiento del éxtasis de ver lo Divino. Este sostenimiento implica un acto de recuerdo constante o repetido a lo largo del día. Para ello, debemos centrarnos en el aspecto trascendental de lo Divino, la conciencia infinita, que se manifiesta en un número infinito de seres a través del Dios inmanente como proceso. Este proceso se desarrolla constantemente sin permanecer nunca igual. Aunque aparezca fragmentado en una multiplicidad de formas, el Dios trascendente permanece siempre inmutable. Así lo dice Krishna. Debemos mantener una actitud de amor hacia estas miríadas de formas, tras las cuales siempre reconocemos al único Divino. Este reconocimiento es el éxtasis del amor.[192] Sri Aurobindo también da una versión truncada de esta extensa fórmula. En *Registros del Yoga*, afirma que debemos permanecer siempre conscientes del amor universal por el Uno, en todas partes y en todo.[193] Es útil utilizar la fórmula truncada a lo largo del día, pero al menos una o dos veces al día, debemos recordar lo Divino en su totalidad y en todos sus aspectos.

Aurobindo sugiere que nuestra atención y recuerdo de lo Divino consiste en una intrincada relación entre el amor a lo Divino, *prema*, y el éxtasis de realizar lo Divino, *ananda*. *Prema* es el componente activo de esta relación, y *ananda* es el pasivo. Para mantener *el prema*, nuestro amor por lo Divino, debemos esforzarnos por conseguir un deleite igual en todas las cosas. Esta igualdad se denomina *samata* en el *Gita*. Krishna, una y otra vez, nos pide que seamos iguales ante la dualidad del amigo y el enemigo, la gloria y la vergüenza, la victoria y la derrota, el calor y el frío, dándonos cuenta de que todos

---

192 Debashish Banerji, Seven Quartets of Becoming, p. 334
193 Sri Aurobindo, Record of Yoga, Vol. 2, Sri Aurobindo Ashram, Pondicherry, 2001, p. 1470

ellos son rostros a través de los cuales Él nos habla, y que nos invitan a verle a Él, la unidad tras todas las apariencias. Mantener esto es el estado de éxtasis (*ananda*), y ésa es la fuente del amor (*prema*).

EFECTOS DEL BHAKTI

No debemos temer que *el bhakti* pueda ser austero y agotador. También puede ser suntuoso y gozoso. *El Bhakti Sutra* de Narada afirma que *el bhakti* es una experiencia supremamente extática, un estado incorruptible y sin paliativos de absoluto arrobamiento, felicidad y beatitud.[194] El *Bhagavata* Purana apoya esta afirmación diciendo que alcanzamos la dicha suprema mediante un flujo ininterrumpido de amor hacia Dios.[195] Aurobindo afirma que la absorción en la Divinidad no sólo trae paz, sino también dicha y arrobamiento.[196]

La intensidad del éxtasis y el arrobamiento es causada por la atracción de nuestro *bhakti* hacia lo Divino. Por eso dice Krishna que nada Le atrae tanto como el intenso *bhakti*.[197] Elabora que, puesto que siente un cariño excepcional por los devotos de mente exultante, Su corazón está bajo su control.[198] Esto implica que Él se siente atraído por el amor y el arrobamiento del devoto absorto en Él. Esto, a su vez, causa arrobamiento en Él, lo que aumenta de nuevo el éxtasis del devoto. Ahora podemos comprender por qué el místico bengalí del siglo 14th Chaitanya Mahaprabhu dijo que el *bhakti* más elevado tiene el carácter del amor ilícito, que puede inspirar la censura de la sociedad. Esto se debe a que amar a la

---

194 Swami Tyagisananda, Narada Bhakti Sutras, p. 56
195 Bhagavata Purana III.33.24
196 Sri Aurobindo, The Integral Yoga, p. 214
197 Bhagavata Purana XI.14.20
198 Bhagavata Purana IX.4.63

Divinidad con tal intensidad se siente tan bien que, de algún modo, uno espera que esté prohibido o sea ilegal. Además, puede hacer que uno se sienta casi ebrio de éxtasis, lo cual, cuando se persigue, puede conducir a un comportamiento errático. Chaitanya Mahaprabhu nos dice que ésta es la vía correcta y que no debemos temer lo que diga la gente. En la poesía mística del anteriormente invocado vidente sufí Hafiz, el término "gemir" se refiere al elixir del amor divino. El término "embriaguez", tal como lo utiliza Hafiz, se aplica al estado en que se embebe este elixir, y la "taberna" es el código de la comunidad de devotos extáticos.

Al acercarnos a este tipo de absorción en la Divinidad, no debemos estar motivados por ninguna forma de ganancia, como la liberación espiritual, la iluminación, etc. Debemos amar a la Divinidad por sí misma y no por los resultados, pues el amor sin motivos al Ser Supremo es superior a la liberación, dice el *Bhagavata Purana*.[199] En todo caso, la atención debe centrarse en el éxtasis que provocamos en la Divinidad al contemplar nuestro amor por Ella.

El objetivo último y el resultado *del bhakti* es la realización del Ser Supremo. Que esto es realmente posible se afirma en diversos pasajes. Así dice el *Bhagavad* Gita que el Ser Supremo se alcanza mediante el *bhakti* constante y exclusivo.[200] Para esa devoción se requiere una comprensión de quién y qué es el Ser Supremo en Su totalidad. De lo contrario, Krishna no habría utilizado aquí el término Ser Supremo, Purushottama. Podría habernos aconsejado que simplemente lo visualizáramos a Él, al *avatar* Krishna. Pero no dijo eso. Utilizó el término Ser Supremo. Este término incluye el Absoluto sin forma, un Ser Cósmico vivo y sintiente, encarnado como inteligencia cósmica y todo el universo material, que da características a

---

199 Bhagavata Purana III.25.33
200 Bhagavad Gita VIII.22

todos los seres y objetos, aspectos todos ellos que el término Ser Supremo posee y excede simultáneamente.

Al comienzo del séptimo capítulo del *Bhagavad Gita*, Krishna anuncia que explicará cómo, empleando el yoga, una persona rendida a Él y absorta en el amor hacia Él alcanza el conocimiento pleno de Él.[201] Tras este anuncio, yuxtapone el conocimiento esencial, es decir, *jnana* (autorrealización), que es insuficiente para el propósito de Krishna, y el conocimiento integral, *vijnana* (realización de Dios). Este *vijnana*, así Krishna, consiste en darse cuenta de que tiene una fuerza creadora inferior y otra superior (*prakriti*), de las cuales la inferior es la que enseñan *el Samkhya* y el Yoga de Patanjali. La *prakriti* superior es aquella a través de la cual el Ser Supremo se expresa como una infinidad de seres, que son todos fracciones, emanaciones y permutaciones de ese mismo Ser Supremo.

Krishna continúa diciendo que necesitamos experimentar y comprender la Divinidad como el sabor en el agua,[202] el brillo en el fuego, la vida en los seres encarnados,[203] la inteligencia en el astuto, el heroísmo en el galante.[204] Además, dice que Él es la fuerza incorrupta por el deseo, y el deseo alineado con la acción correcta.[205] A continuación, dice que la Divinidad potencia y manifiesta todas las cualidades de la naturaleza (siempre que se alineen con los ideales y la ley divinos).[206] Podemos ver y servir a la Divinidad en todas partes estudiando y comprendiendo estas cualidades. Para ello, necesitamos comprender que todas las cualidades anteriores (y muchas

---

201 Bhagavad Gita VII.1
202 Bhagavad Gita VII.8
203 Bhagavad Gita VII.9
204 Bhagavad Gita VII.10
205 Bhagavad Gita VII.11
206 Bhagavad Gita VII.12

CAPÍTULO 4

más que el *Gita* enumera en varios pasajes) están en el Ser Supremo. Esto significa que son cualidades que la Divinidad presta a los objetos y a los seres para que sean lo que son. Pero Krishna matiza esto diciendo que, aunque todos los objetos y seres están en Él, Él (en su totalidad) no está en ellos.[207] Esto significa que debemos reconocer que todo lo que existe tiene su apoyo y origen en el Ser Supremo, pero en sí mismo sólo representa un aspecto minúsculo del Ser Supremo. De ahí que lo Divino no se limite a estas características.

Recordemos que el capítulo comenzó con el anuncio de Krishna de que mostraría cómo una persona rendida a Él y absorbida por amor a Él alcanza el pleno conocimiento de Él. La clave aquí no es limitarse a tomar a Dios como un *avatar*, un profeta, un gobernante antropomórfico supra cósmico, que trona en una nube de espaldas a nosotros, sino darse cuenta de que vivimos dentro de Dios. Todo lo que oímos, vemos, olemos, tocamos y sentimos es Dios (siempre que se ajuste a la ley y la ética divinas), y debe reconocerse como tal. Hacerlo con una actitud de entrega y amor a la Divinidad nos lleva a la comunión con Ella. Esta actitud de entrega y amor es, sin duda, una práctica desafiante. De hecho, es un yoga muy sofisticado y exigente. Pero si lo conseguimos, Krishna nos promete que nos verá como a Él mismo.[208]

En los pasajes anteriores, Krishna exige que todas las experiencias sensoriales se conviertan en experimentar todo el cosmos y todos los objetos como Dios. Sin embargo, esta conversión debe producirse sin reducir la Divinidad al cosmos, porque algunos aspectos de la Divinidad, como el Dios trascendente, no están contenidos en el cosmos. En un pasaje relacionado, el *Bhagavata* Purana pide que se haga lo mismo con el culto a la deidad. El *Bhagavata* Purana nos pide

---

207 Bhagavad Gita VII.12
208 Bhagavad Gita VII.18

que adoremos únicamente al Ser Supremo a través de todas las deidades, en lugar de caer en la trampa de confundir a cualquiera de las deidades con el Ser Supremo.[209] El Ser Supremo debe ser reconocido como el destino y la meta de todo esfuerzo y práctica espirituales. Curiosamente, el *Bhagavata* Purana no habla de una deidad concreta ni de nuestro *ishtadevata* particular (la forma de la Divinidad adecuada para adorar de cada individuo específico). En cambio, habla de todas las deidades, es decir, de la adoración a múltiples deidades y del politeísmo. El *Bhagavata Purana* nos exhorta aquí a ir de deidad en deidad y reconocer que el Ser Supremo, la Divinidad, el Uno, se oculta tras todas las imágenes divinas.

Curiosamente, esto es precisamente lo que practicaba Sri Ramakrishna y aconsejaba Sri Aurobindo. Cuando nos tomemos esto a pecho, Dios nos mirará a través de mil rostros e imágenes creados por milenios de culturas y civilizaciones humanas en todos los continentes. De forma similar al pasaje anterior del Gita, que pedía reconocer al Uno en todos los objetos y percepciones sensoriales, el *Bhagavata Purana* también nos exhorta aquí a ver a Dios en las imágenes divinas de todas las culturas y religiones. Aurobindo puntualizó esto diciendo que el yogui debe, en última instancia, reconocer a Dios en todas las imágenes y representaciones creadas. No sería injusto decir que un yogui que no puede reconocer a Dios en una imagen particular (*sáttvica*) tiene un bloqueo inconsciente, y ese bloqueo inconsciente le impedirá alcanzar *el vijnana*, que es la realización completa de Dios.

El Bhagavad Gita resume muchos de los puntos anteriores en una bella estrofa, que dice que, al establecerse en la comunión (yoga) mediante la práctica (*abhyasa*), se alcanza al Ser Supremo, si no se pierde la concentración y se piensa

---

209 Bhagavata Purana II.4.10

incesantemente en la Divinidad.[210] Aquí se exponen muchos puntos importantes. En primer lugar, el pasaje nos dice que no temamos utilizar la mente. La mente es una herramienta importante y poderosa que puede elevarnos a alturas increíbles si se utiliza adecuadamente. Los movimientos espirituales modernos ("neo-espirituales") suelen actuar como si la mente fuera el enemigo, algo contra lo que hay que luchar y vencer. Por el contrario, el *Gita* cree que la mente puede ayudarnos a convertirnos hacia una dirección divina o hacia una dirección opuesta (que el *Gita* suele llamar demoníaca).

Por esta razón, hay que hacer que la mente piense en lo Divino tan a menudo como sea posible y, en última instancia, ver lo Divino en todo. Ver lo Divino en todo no es totalmente inalcanzable. Lo que ocurre es que hoy en día no se presta mucha atención a ello.

El consejo de pensar incesantemente en lo Divino puede sonar hoy extravagante. Esto se debe a que hemos creado una civilización que se enorgullece de repartir cualquier concentración mental entre tantos objetos como sea posible. Piensa sólo en el hecho de que los tonos de llamada de los dispositivos portátiles te alertan de muchos mensajes recibidos en diversas aplicaciones, ninguno de los cuales es probablemente relevante. Pero debes atenderlos, no sea que pierdas crédito social porque tu tiempo de respuesta se alargue demasiado. Cientos de sensaciones inmediatas y simultáneas compiten por nuestra atención diaria, ¿cómo no perderla?

Krishna responde a esta pregunta afirmando que necesitamos establecernos (*yuktena*) mediante la práctica (*abhyasa*) en comunión (yoga). Este establecimiento no es algo que ocurra espontáneamente. El término *abhyasa* -práctica-

---

210 Bhagavad Gita VIII.8

también aparece en el *Yoga Sutra* y aquí se yuxtapone con el término desidentificación (dejarse llevar).[211] El *Yoga Sutra* crea así un par de opuestos, en el que la práctica (*abhyasa*) es un proceso voluntario, controlado y esforzado de aplicación a largo plazo. Asimismo, en la práctica *del bhakti*, no debemos esperar resultados espectaculares a corto plazo. En un momento dado, Arjuna dice: "Me parece estupendo lo que prometes, pero la mente me parece demasiado voluble para poder controlarla". Krishna responde: "Sí, es cierto que es voluble, pero mediante el esfuerzo y la práctica, se puede controlar".

Lo que Krishna quiere decir con controlar la mente no es sujetar la mente para impedir que piense. Tal esfuerzo estaría condenado al fracaso. Se refiere a dirigir todo pensamiento hacia Dios, es decir, a ver lo Divino en todo. Eso es posible por todos los medios, y también hará que la mente se calle, porque ahora se da cuenta de que no tiene que resolver el mundo. Alguien más, un poder mayor, ya ha ordenado el mundo; de hecho, "es" el mundo. Mediante esta práctica, el giro de todo pensamiento hacia Dios, acabamos por darnos cuenta de que vivimos dentro de lo Divino, como un pez en el océano. Entonces alcanzaremos la comunión (yoga) con la Divinidad, lo que significa establecerse en el servicio a la Divinidad.

LA ESENCIA DEL BHAKTI

La esencia del *bhakti* se describe en algunas de las estrofas finales del capítulo 18th del Gita, el capítulo cumbre que resume todas las enseñanzas *del Gita* y ofrece sus ideas más avanzadas. El pasaje comienza proclamando que la Divinidad (aquí llamada *Ishvara*, el mismo término que utiliza el *Yoga Sutra*) reside en el corazón de todos los seres, mientras los

---

211 Yoga Sutra I.12

hace girar con su misterioso poder, como si estuviera montada en una rueda.[212] El término sánscrito para poder misterioso es *maya*. El significado de este término sólo fue redefinido posteriormente por Shankara como ilusión, y lo hizo para explicar la realidad del mundo. Como han señalado muchos filósofos y eruditos, entre ellos Sri Aurobindo, es evidente a simple vista que esta lectura del *Gita* no es coherente con sus enseñanzas, y se necesita una reinterpretación torpe y engorrosa de muchos de los términos críticos del *Gita* para argumentar que enseña el carácter ilusorio del mundo.

En el contexto del *Gita*, *maya* es poder divino, poder de creación y manifestación, similar a los términos *prakriti* o Shakti. El término *maya* se elige sobre los demás cuando se subraya su carácter misterioso. Al limitado intelecto humano le resulta difícil comprender completamente por qué y cómo la Divinidad puede hacer una cosa determinada. El término *maya* también suele combinarse con yoga para formar *yoga maya*. Este compuesto ilustra que cuando la Divinidad se expresa como el mundo y todos los seres a través de su fuerza creadora, Shakti, se trata de un acto de yoga. Aurobindo se centraba a menudo en este hecho en sus escritos, al afirmar que toda vida es yoga, y que toda la evolución de dos mil millones de años de vida en la Tierra fue un acto de yoga de la fuerza creadora divina, para elevar toda la materia al estado de conciencia divina. Aurobindo creía que el estadio más elevado del yoga se alcanzaba cuando nos apartábamos y dejábamos que la Divinidad practicara Su yoga a través de nosotros.

El misterio de la fuerza creativa divina (*prakriti*, Shakti, *maya*) incluye el hecho de que asumimos la propiedad de nuestro cuerpo y mente utilizando nuestro ego. *El Gita* afirma que se trata de una suposición errónea de nuestra mente y

---

212 Bhagavad Gita XVIII.61

nuestro ego, pero que, en cambio, la fuerza creadora divina nos mueve y nos lleva a través de nuestros movimientos físicos, mentales y de otro tipo. Tenemos que darnos cuenta de este hecho y abandonar la falsa noción del sentido de la agencia y de poseer los resultados de nuestras acciones. Ese abandono del sentido de agencia (es decir, la creencia de que realizamos nuestras acciones, de que somos dueños de ellas), y la entrega de los resultados o frutos a la Divinidad constituyen la más elevada entrega y devoción a la Divinidad.

Se nos dice entonces que el problema planteado en la estrofa 61, a saber, que somos movidos por Dios como montados en una rueda, puede resolverse buscando refugio en Dios mediante la entrega total con todo nuestro ser.[213] Por la gracia de la Divinidad, alcanzaremos entonces Su morada eterna y la paz suprema. Según Krishna, nuestro problema es que, como una máquina inconsciente, somos movidos por la fuerza creadora divina. Sin embargo, creemos que somos el agente, el hacedor, e intentamos actuar en nuestro propio beneficio y provecho. Este desajuste es la causa de todos nuestros problemas, porque el hecho de que al final tengamos éxito en todos nuestros pequeños esfuerzos, que nos parecen tan importantes, está fuera del alcance de nuestros esfuerzos. El problema debe resolverse con una entrega total, es decir, dándonos cuenta de que la Divinidad se está actuando a través de nosotros y realizando conscientemente todos los actos para la Divinidad.

Esta actuación consciente incluye la rendición del cuerpo, es decir, seguir con nuestro cuerpo el mandato divino en lugar de los caprichos de nuestro ego. Rendición del corazón significa amar a la Divinidad en todas Sus expresiones. Rendición del pensamiento significa dejar que la Divinidad piense a través de nosotros y alinearnos con el proyecto de la

---

213 Bhagavad Gita XVIII.62

Divinidad, es decir, pensar de forma afirmativa para la vida y dar apoyo a todos los seres, en lugar de hacerlo de forma destructiva. En términos freudianos, esto significaría dejarse guiar por Eros (deseo de crear, crear belleza y fomentar más vida), en lugar de por Tánatos. Tánatos representa el deseo de destruir, de destruir la vida y de crear fealdad. Muchas ciudades y creaciones humanas son excesivamente feas. Dejando a nuestro paso la destrucción de hábitats naturales de otras especies, muchos de nuestros diseños son obra de Tánatos.

Pensar afirmativamente sobre la vida no significa limitarnos a proteger a nuestra propia descendencia, sino considerar a todos los hijos de la Divinidad también como hijos nuestros. Esto incluye a todas las personas, animales, plantas, microbios, etc. Rendirse a la Divinidad con la palabra es decir la verdad y lo que está en consonancia con la ley divina. Rendirse con la inteligencia significa conocer a la Divinidad en todos sus aspectos, es decir, al Dios trascendente, al Dios inmanente como inteligencia cósmica, al universo como cuerpo cristalizado de Dios, a la Divinidad en el corazón de todos los seres y a la Divinidad como dadora de características a todos los objetos y fenómenos.

El Gita nos pide que dejemos que nuestra mente se absorba en la Divinidad, que adoremos a la Divinidad, que seamos devotos de la Divinidad y que le ofrezcamos pleitesía.[214] A cambio, el Ser Supremo nos promete que llegaremos a Él. Dejar que nuestra mente se absorba en la Divinidad significa reconocer la Divinidad en todos los fenómenos y no tomarla por una deidad o un dios antropomórfico. Adorar a la Divinidad significa rendirle culto renunciando a nuestro sentido del albedrío y a los resultados de nuestras acciones. Ser devoto de la Divinidad significa sentir intensas sensaciones de amor

---

214 Bhagavad Gita XVIII.65

y anhelo hacia Dios y apoyar su proyecto divino. Ofrecer pleitesía significa adoración formal, que incluye inclinarse ante las imágenes divinas, pronunciar los nombres divinos y saludar a la Divinidad con las manos juntas. Tales actos no pueden ser mera rutina; debemos sentirnos congruentes con nuestras acciones.

Todas las acciones anteriores pueden realizarse, pues son cosas que podemos hacer. Lo que no podemos hacer es sentir sensaciones intensas de amor y anhelo hacia lo Divino. Algunos ya pueden sentir esto porque ya tienen las tendencias *kármicas* adecuadas. Para otros, esto puede resultar más difícil. ¿Cómo podemos alcanzar un amor tan intenso si no existe ya de forma natural? A esto, *el Bhakti Sutra* de Narada dice que el amor divino supremo, llamado *para-bhakti*, surge como resultado del *Karma*, el *Jnana* y el *Raja* Yoga.[215] No puedo insistir lo suficiente en esto. Nunca me imaginé a mí mismo como un *bhakta* resplandeciente, pero largos periodos de práctica en estas tres disciplinas me llevaron hasta allí sin proponérmelo nunca. Los tres capítulos siguientes analizan cómo contribuye cada uno de estos tres yogas al amor divino supremo.

---

215 Sutra Bhakti de Narada, estrofa 25

Capítulo 5

EL KARMA YOGA Y SU IMPORTANCIA PARA EL BHAKTI

En este capítulo analizaré una de las tres patas sobre las que se asienta *el bhakti, el* Karma Yoga. Primero hablaré de la ley del *karma*, del uso del término *karma* como obras que hay que realizar, de qué es el Karma Yoga y de por qué se hace. Entrando en más detalles, a continuación, nos ocuparemos de la autocontemplación (*svabhava*) y del propio deber (*svadharma*), que son los dos términos que hay que comprender para averiguar nuestro deber personal y divino. El capítulo concluye con un debate sobre el sacrificio como ofrenda y donación.

LA LEY DEL KARMA

Karma significa acción, hacer u obras y procede de la raíz verbal *kr* - hacer. Se utiliza en el *Bhagavad Gita* y en el *Bhagavata Purana* en los siguientes contextos vitales, que es esencial comprender y diferenciar:

- El término *karma* puede utilizarse en la ley del *karma*, que significa ley de causa y efecto.
- Puede utilizarse en el contexto de acciones realizadas en alineación con la Divinidad y al servicio de ésta, y entonces se yuxtapone a la acción o inacción egoica.

- Por último, el término se combina con yoga para formar *Karma* Yoga, y aquí la acción se convierte en una disciplina espiritual para desarrollar y evolucionar nuestra psique.

La mecánica de la ley del *karma* es tan fundamental para la filosofía india que el *Bhagavad Gita* y el *Bhagavata Purana* la dan por supuesta y no la han explicado. Citaré y explicaré brevemente tres estrofas del *Yoga Sutra* para hablar de los fundamentos. *El Yoga Sutra* II.12 dice que la raíz del sufrimiento es el almacén *kármico*, que produce resultados visibles e invisibles. Los resultados visibles son los que experimentamos en esta vida, mientras que los invisibles son los que se reservan para futuras encarnaciones. En ambos casos, el principal problema es que la causa está tan alejada temporalmente del efecto/resultado que no nos damos cuenta de la conexión que hay entre una y otra. La mayor parte del sufrimiento que experimentamos está causado por elecciones subóptimas que hicimos en un pasado remoto. Estas elecciones subóptimas han dado lugar a semillas *kármicas* que esperan su turno para brotar en el llamado almacén *kármico*. El almacén *kármico* está debajo de nuestro subconsciente y es de difícil acceso. Si pudiéramos ver y comprender cómo nuestras malas elecciones crean más semillas *kármicas* y cómo las semillas kármicas crean lo que ahora vemos como nuestra suerte o destino, cambiaríamos radicalmente nuestro comportamiento y no acumularíamos más *karma* negativo.

El Yoga Sutra II.13 afirma que, mientras haya semillas kármicas en el almacén, somos lanzados al mundo en forma de encarnaciones que nos proporcionan el cóctel adecuado de placer y dolor para despertar espiritualmente. Este cóctel se adapta a nuestras necesidades *kármicas* y consiste en tipos de encarnaciones, duración de la vida y tipos de experiencias. Esto significa que toda nuestra vida es una cinta transportadora de

CAPÍTULO 5

lecciones y pruebas en las que debemos aprender y realizar tareas que antes no comprendíamos, como la compasión, el apoyo, la apreciación de toda vida, la actitud inofensiva, el fomento de todos los seres, la veracidad, etc.

El Yoga Sutra II.14 afirma que todo lo que consideramos buena suerte, privilegio, placer, alegría, etc., está causado por méritos *kármicos*, normalmente realizados en vidas pasadas. El problema es que, como no vemos la conexión, desarrollamos un sentimiento de derecho, y no utilizamos nuestra posición privilegiada actual para hacer el bien a todos los seres. Por tanto, nuestro buen *karma* acaba agotándose y volvemos a caer en el demérito. Respectivamente, todo el dolor, el sufrimiento, la mala suerte, los malos augurios, etc., que experimentamos ahora no son aleatorios, sino que nos hemos colocado en estas situaciones a través de deméritos previamente adquiridos, normalmente en vidas pasadas. Si viéramos y comprendiéramos estas conexiones, no nos preocuparía tanto si ahora experimentamos placer o sufrimiento. En lugar de ello, nos centraríamos en realizar únicamente acciones nobles, éticas y justas, ignorando si actualmente son convenientes o inconvenientes. Si fueran convenientes, sabríamos que sientan las bases de las buenas fortunas futuras. Si fueran inconvenientes, las veríamos como una expiación de las malas acciones anteriores. Así, actuaríamos más en consonancia con personajes como Yudhishthira en el *Mahabharata* o Rama en el *Ramayana*, a quienes sólo les preocupaba hacer lo correcto.

La cuarta estrofa del último capítulo del *Yoga Sutra* trata del *karma*. La estrofa IV.7 afirma que, en la mayoría de las personas *el karma* es negativo, positivo o mixto (siendo realistas, en la mayoría de las personas es mixto, ya que no nos centramos lo suficiente en *el karma*); en los yoguis consumados, sin embargo, no es ni lo uno ni lo otro. A veces se pasa por alto que esta última estrofa sobre *el karma* describe un nivel extremo de maestría, en el que un yogui muy consumado se entrega a la Divinidad hasta tal punto que no actúa desde el ego, sino que sólo la Divinidad actúa a través de él. Entonces, no se acumula *karma* alguno. Hasta que se alcance tal sofisticación, el buen *karma* debe buscarse mediante acciones rectas.

La forma anterior de actuar en el mundo sin dejarse tocar por el *karma* también está detrás del término chino *wu-wei*, el hacer sin hacer. Aquí no hay hacedor ni ego que se interponga en el camino de una acción óptima. Los elementos mueven al practicante para devolver un estado de desequilibrio a una expresión del Dao. Del mismo modo, el hecho de que Jesucristo atravesara las aguas sin mojarse los pies es una representación metafórica de que no había ningún ego, ningún *karma*, ningún hacedor presente que pudiera hacer que el agua, que aquí representa al inconsciente, le mojara los pies e impidiera su viaje, sumergiéndole.

El *Gita* repite la lección del *Yoga Sutra* IV.7.[216] Afirma que, mientras actuemos por motivos de beneficio y ventaja personales, nuestros resultados *kármicos* se clasificarán en tres categorías: el estado desagradable (a menudo identificado con quienes tienen intenciones dañinas o sádicas o con quienes se dejan llevar por deseos o dolores extremos), el estado agradable (por ejemplo, quienes nacen en la riqueza o el poder extremos), y el estado mixto (todos los demás). Además, el *Gita* proclama que quienes renuncian tanto al fruto como a la agencia de sus acciones en favor de la Divinidad no cosechan ninguno de estos *karmas*.

Esta línea de pensamiento se desarrolla en varias estrofas del *Gita*. En una de ellas, el *Gita* define a una persona de intelecto refinado (*buda*) como aquella que realiza acciones

---

216 Bhagavad Gita XVIII.12

CAPÍTULO 5

(*karma*) no motivadas por deseos egoístas, sino purificadas por el fuego del conocimiento.[217] Esto significa no actuar desde la estrecha visión del ego personal, sino desde la posición ventajosa de lo Divino. Es lo que Jesucristo expresó cuando dijo: "No se haga mi voluntad, sino la tuya".[218] El *Gita* dice aquí y en muchos otros pasajes que la acción en sí no es el problema (argumenta contra una tradición india que propugna la renuncia a la acción y a la vida en sociedad), sino que la acción egoica es el problema. La siguiente estrofa lo deja claro.[219] Sin buscar el beneficio personal a través de nuestras acciones, estando contentos con lo que tenemos, en lugar de ser astutos y conspiradores, estamos internamente inactivos, aunque exteriormente ocupados en la acción. De nuevo, esto expresa maravillosamente el principio taoísta *del wu- wei*, el hacer-sin-hacer, que *el Bhagavad* Gita consigue haciéndonos actuar al servicio de una inteligencia superior.

En el *Bhagavata* Purana aprendemos que no existe un Dios separado de la ley del karma.[220] Dios sólo puede conceder resultados o beneficios kármicos a una persona en relación con el grado de mérito *kármico* que haya alcanzado. Dios no puede otorgar beneficios kármicos donde no ha habido ninguna acción para conseguirlos. Esto significa que no tiene sentido buscar la exención de la ley del *karma* aplacando y suplicando a Dios. Al igual que ocurre con las leyes de la gravitación y todas las leyes físicas, también ocurre con la ley del karma: Dios es la ejemplificación y el cumplimiento de todas las leyes, no su excepción. Dios es la ley del *karma* y las leyes de la física, y son válidas porque el poder de la Divinidad está detrás de ellas.

---

217 Bhagavad Gita IV.19
218 Lucas 22:42
219 Bhagavad Gita IV.20
220 Bhagavata Purana X.24.13-14

Por supuesto, la Divinidad es mucho más que leyes; todas las leyes físicas, incluida la ley de causa y efecto y el *karma*, son un aspecto de la Divinidad. De ahí que no tenga sentido hacer el mal, dañar a otros seres y desearles el mal, y luego intentar aplacar a Dios mediante oraciones suplicantes. La misma enseñanza se expresa en el Antiguo Testamento de la Biblia, la Torá, que dice: "Mía es la venganza, Yo pagaré. A su debido tiempo su pie resbalará; porque su día de desastre está cerca, y su perdición si llegan pronto".[221] El Nuevo Testamento lo repite casi textualmente: "no os venguéis, amados; dejadlo, en cambio, a la ira de Dios, pues está escrito: Mía es la venganza, dice el Señor, yo pagaré".[222] El mensaje de este dicho, en principio opaco, es que no tiene mucho sentido tratar de otorgar deméritos a los demás pensando en ellos de forma perjudicial. Se ganarán su futuro según sus acciones meritorias o desmerecidas, impuestas por una ley mecánica que se mantiene en vigor por autorización divina.

No pienses que la ley del *karma* la ejecuta un ejecutor o castigador antropomórfico. Tal pensamiento sería tan insensato como pensar que un Dios enfurecido te tirará al suelo cuando te asomes demasiado a la ventana. Caerás por la ventana porque no has respetado la ley de la gravitación. Esta ley se aplica mecánicamente a todos los seres y objetos en todo momento, dependiendo de su ubicación en la superficie de grandes objetos gravitatorios (como el planeta Tierra) o de la distancia a otros objetos gravitatorios mayores (como, por ejemplo, el sol o el agujero negro supermasivo del centro de nuestra galaxia). Del mismo modo, la ley del karma no requiere un ejecutor humano, sino que actúa por sí misma sin excepción, como la ley de la gravitación.

---

221 Deuteronomio 32:35

222 Romanos 12:19

CAPÍTULO 5

En lugar de intentar pedir a la Divinidad que nos libere de las consecuencias después de haber cometido transgresiones contra otros, el *Gita* afirma que quien realiza acciones rendido a la Divinidad, y abandona el apegoególatra a los resultados no puede mancharse por el pecado, siendo en calidad semejante a una hoja de loto de la que se desprende el agua.[223] Las próximas secciones sobre la autocontemplación (*svabhava*) y el propio deber (*svadharma*) tratarán en detalle cómo asegurarnos de que nuestras acciones están rendidas a la Divinidad y superan el apegoególatra.

Un caso particular de *karma* se trata hacia el final del sexto capítulo del *Bhagavad Gita*, el capítulo sobre *el Raja Yoga*. Aunque un próximo capítulo trata de esta vía del yoga, este pasaje se explica aquí, ya que trata del *karma* del yogui. Después de que Krishna hable *del Karma* y del *Jñana Yoga* en los capítulos iniciales, el sexto capítulo trata de cómo experimentar lo Divino mediante la práctica formal de la meditación, es decir, el *Raja* Yoga. Dicha práctica de meditación debe combinarse con el cumplimiento del propio deber en el mundo y no como un abandono. Según el *Gita*, no está permitido eludir el propio deber por el mero hecho de no haber realizado aun plenamente la Divinidad.

En este punto, a Arjuna le preocupa el hecho de tener que dividir su atención entre realizar acciones en la sociedad (según su mejor pero aún limitado conocimiento), por un lado, y, al mismo tiempo, dedicarse a la práctica formal de la meditación para alcanzar la realización de Dios, por otro. En la estrofa IV.38, Arjuna manifiesta su preocupación de que, al tener que dividir su energía y sus esfuerzos entre dos tareas enormemente diferentes, pueda fracasar en la consecución de ambos objetivos y, por tanto, fracasar tanto en este mundo como en el otro. A esto, Krishna dice que el hacedor del

---

223 Bhagavad Gita V.10

bien nunca se arruina y no se arruinará ni en este mundo ni en el otro.[224] Si un yogui así no alcanza su objetivo en una encarnación, renacerá en una familia noble y próspera, disponiendo de los medios para proseguir de nuevo su búsqueda espiritual, o renacerá directamente en una familia de yoguis.[225] En ambos casos, el yogui perseguirá su objetivo de alcanzar la Divinidad con renovado vigor.

Hay que señalar que las estrofas anteriores no deben utilizarse para una actitud como "lo que no consiga hacer en esta vida, lo haré en la próxima". Tal actitud se interpondría en el camino para alcanzar lo Divino en esta vida. La Divinidad pide nuestra totalidad e intensidad. El camino *del bhakti*, apoyado por *el Karma*, el *Jnana* y el *Raja* Yoga, es tan eficaz porque comprende todos los aspectos de la psique humana para alcanzar a Dios. Como dice Patanjali en *el Yoga Sutra*, cuanto más intensamente persigamos la meta, más cerca estaremos de ella.[226]

EL KARMA COMO NUESTRAS OBRAS

Esta sección trata del uso del término *karma*, incluyendo el significado de acción, actividad como obras que hay que realizar, y los pasajes que apoyan este uso. Lo hacemos como paso previo a la siguiente sección, que examina el significado del compuesto Karma Yoga como yoga de la acción o yoga activo. En un pasaje importantísimo *del Gita*, Krishna afirma que todas las acciones (*karmani*) las realiza Su *prakriti* (naturaleza, fuerza creadora divina), pero engañados por el egoísmo, creemos que las realizamos nosotros.[227] El

---

224 Bhagavad Gita IV.40
225 Bhagavad Gita IV.41
226 Yoga Sutra I.21
227 Bhagavad Gita III.27

CAPÍTULO 5

punto de vista del *Bhagavad Gita* respecto a este asunto en particular está muy en consonancia con los descubrimientos de la neurociencia moderna, que descubre que las neuronas relacionadas con determinadas decisiones se disparan un tiempo considerable antes de que pensemos que hemos tomado una decisión.[228] Esto significa que el aparato electroquímico del cerebro toma una decisión y, después, interpretamos que ha llegado a una conclusión basada en la volición. Del mismo modo, Krishna enseña que son las fuerzas de la naturaleza, las *gunas* de *prakriti*, las que nos hacen hacer cosas, y después del hecho, sólo el sentido-de-yo, el ego, se apropia de ellas. Este engaño debe ser superado, según Krishna, y por supuesto, las repercusiones aquí son totalmente diferentes a las de la neurociencia. La naturaleza (*prakriti*) en la filosofía de los textos *bhakti* es un aspecto de la Divinidad; a través de ella, la Divinidad nos mueve.

Sri Aurobindo escribe en *Ensayos sobre el Gita* que la realización de acciones debe considerarse en sí misma como una disciplina espiritual que emprendemos para encontrarnos a nosotros mismos y autorrealizarnos.[229] En su opinión, no hay discrepancia entre las acciones mundanas y las espirituales, pues toda la vida y la naturaleza son una manifestación continua del espíritu. Por ello, todas las acciones deben orientarse hacia Dios, es decir, deben realizarse para la Divinidad. Por supuesto, no todas las acciones pueden orientarse hacia Dios, y esto significa que ciertos tipos de acciones, es decir, las que son meramente autocomplacientes y no tienen un propósito más elevado, se retiran cada vez más a un segundo plano. Sobre este proceso, Aurobindo dice que el conocimiento de qué obras hay que realiza4r y

---

228 Robert, M. Sapolsky, Behave: The Biology of Humans at Our Best and Worst, Penguin Press, 2017.
229 Sri Aurobindo, Essays on the Gita, p. 572

cuáles evitar tiene que venir enteramente de dentro. No puede aprenderse de los libros; debe aprenderse mediante la autocontemplación.

El *Bhagavata* Purana tiene una receta más o menos preparada para conseguirlo.[230] Aquí, Krishna dice que ganaremos devoción hacia Él realizando todos nuestros esfuerzos mundanos pensando en Su satisfacción. ¡Una enseñanza importante! Las teologías ortodoxas suelen presentar a Dios como eternamente completo, impasible y sin nada que ganar. Pero esto sólo es cierto para el Dios trascendente, la conciencia infinita, el *nirguna* Brahman. En cambio, el Dios inmanente, la inteligencia cósmica, la Divinidad como proceso, la Shakti, se expresa como el universo y todos los seres. Nuestras acciones pueden ser útiles para la agenda o proyecto divinos (que, en palabras de Aurobindo, es la elevación de toda la vida y la materia a través del proceso de evolución de mil millones de años hasta el nivel de la consciencia divina), o pueden ser obstaculizadoras y desaceleradoras. Podemos determinar si nuestras acciones aceleran los esfuerzos de Dios o los ralentizan, simplemente preguntándonos si son satisfactorias para Dios. Un descargo de responsabilidad: si nuestra mente está demasiado contaminada por deseos subconscientes, traumas del pasado, etc., la respuesta que obtengamos puede, por supuesto, ser errónea. Ahí es donde *el Raja* Yoga y el proceso de supresión de condicionamientos y purificación del subconsciente son de extrema importancia.

Al igual que Aurobindo, Swami Tapasyananda enseña que la superación personal y el avance espiritual son los objetivos de la acción sin deseos.[231] Por eso el *Bhagavad Gita* y el *Bhagavata Purana* enseñan que, nuestra motivación para actuar, debe ser, en todo momento, el servicio y el amor a la

---

230 Bhagavata Purana XI.11.23-24

231 Swami Tapasyananda, Srimad Bhagavad Gita, p. 143

Divinidad. Aunque para los recién llegados a la filosofía *bhakti* todo esto pueda sonar como algo lejano, un rápido vistazo a nuestra historia de los últimos miles de años demuestra que este cambio de actitud es precisamente lo que se necesita. En el pasado, estábamos motivados principalmente por la competición, la ambición, la ventaja y el antagonismo, todo ello alimentado por mirar la vida a través de la lente del ego individual y la ventaja personal. Es esta actitud la que condujo a guerras interminables, atrocidades, extinción de especies, destrucción de culturas y de la naturaleza, y a nosotros como civilización y especie al borde del abismo del holocausto medioambiental y el ecocidio. Considerando la satisfacción de la Divinidad y no la nuestra, un cambio de rumbo podría mejorar realmente nuestra situación.

Al principio, un cambio así puede parecer que carece de recompensas inmediatas y nos exige que aceptemos demasiadas acciones inconvenientes. Sin embargo, el *Gita* dice que quien ha renunciado a realizar actos motivados por la recompensa y, en cambio, los realiza ahora por un sentido del deber divino, continuará haciéndolos, sean agradables o desagradables.[232]

¿QUÉ ES EL KARMA YOGA?

Una vez establecidos los diversos significados de *karma*, podemos examinar ahora el Karma Yoga. En primer lugar, las fronteras entre el *Karma* y el *Bhakti* Yoga son difusas. Así se etiqueta, por ejemplo, en el *Bhagavata Purana*, la entrega de los frutos de todas las acciones a la Divinidad, como *nish-karma bhakti,* aunque esta frase es la principal definición de *Karma* Yoga en el *Gita*. El término *nish-karma* significa no hacer, y combinado con el *karma*, se convertiría en el hacer sin hacer, del que ya he hablado. Combinado con *el término bhakti,*

---

232 Bhagavad Gita XVIII.10

se convierte en entrega sin hacer o devoción sin hacer. Esto significa que dedicamos nuestras acciones a la Divinidad, que la Divinidad nos inspira a actuar y que le entregamos nuestro sentido de la agencia. El Bhakti-yoga y el Karma-yoga son ciencias hermanas (el término ciencia se utiliza aquí vagamente como sistema de conocimiento), que se apoyan mutuamente y se benefician de su aplicación simultánea o secuencial.

En *Ensayos sobre el Gita*, Aurobindo afirma que es esencial abandonar la idea de que la elección individual determina qué acciones realizar y cuál es nuestro deber.[233] Cuando el Ser Supremo nos pensó a cada uno de nosotros para que existiéramos, las acciones que debía realizar cada individuo formaban parte esencial de este mismo proceso. En otras palabras, la Divinidad sabe mejor que nadie lo que tenemos que hacer, pero nosotros no solemos saberlo. La Divinidad nos piensa a cada uno de nosotros como existencia utilizando una fracción de Sí misma, llamada *amsha*, para formar la *jiva*, el espíritu del individuo. Este *amsha* contiene información sobre las obras que debe realizar este individuo. Si seguimos esta información, estamos realizando *Karma* Yoga, que es la parte activa de la práctica. La forma pasiva de la práctica *es el bhakti*, mediante el cual nos entregamos a la Divinidad y hacemos que nuestro servicio sea amoroso. Ésta es, en pocas palabras, la filosofía del *Gita*.

Aurobindo afirma además que nuestro renacimiento espiritual y divino se produce al realizar el mismo trabajo para el que vinimos a esta vida.[234] Utiliza aquí el término renacimiento porque, en nuestra vida ordinaria, vivimos y actuamos desde el ego y el engaño de la ventaja personal. Abandonar este punto de vista es como dejar morir al ego.

---

233 Sri Aurobindo, Essays on the Gita, p. 36
234 Sri Aurobindo, Essays on the Gita, p. 251

Esto se convierte en el punto de partida para renacer en un nacimiento espiritual, divino, más significativo. Aquí, el objetivo es obrar para el proyecto y el programa de la Divinidad (como la divinización de la sociedad humana), y como instrumento de y para la Divinidad.

EL SIGNIFICADO PROFUNDO DEL YAJNA

Para que esto sea efectivo, nuestro yoga debe convertir todas las acciones en sacrificios a la Divinidad.[235] El término sacrificio tiene una connotación negativa para muchos lectores modernos, pues implica dar algo a cambio de una recompensa, que es, como mínimo, muy incierta o puede no llegar en absoluto. Podríamos evitarlo utilizando el término "ofrenda" en lugar de sacrificio, y lo utilizaré con frecuencia. Pero aquí hay algo más profundo que explorar. El término que el *Gita* utiliza para sacrificio u ofrenda es *yajna*, que aparece a menudo en este libro. Un *yajna* es un ritual védico en el que se hace una ofrenda a los dioses o espíritus, normalmente con un resultado concreto en mente. En la sociedad *védica*, *los yajnas* se realizaban, por ejemplo, para tener una buena cosecha o para obtener descendencia. La idea subyacente es no limitarse a esperar un buen resultado, sino ser proactivo e iniciar el ciclo situándose en la posición del dador. Esto vincula *a los Vedas* con la cultura indígena, que siempre observó un delicado equilibrio entre tomar de la naturaleza y devolver.

La razón por la que nuestra civilización moderna, muy individualista, es tan tóxica y destructiva es que, en su núcleo, está la preocupación por nuestro propio bienestar y ventaja, y poco más. Parte de esta cultura consiste en considerar el mundo entero como insensible, formado por materia muda y muerta, poblado por plantas y animales que

---

[235] Sri Aurobindo, Essays on the Gita, p. 282

son poco más que autómatas inconscientes, y otras personas que son competidores, en el mejor de los casos. La cultura indígena y los *Vedas*, por el contrario, atribuyen sensibilidad a casi todo, dando lugar a una filosofía llamada animismo. El animismo describe un mundo en el que todos los objetos son una cristalización del espíritu y tienen alguna forma de inteligencia. Fíjate en lo parecido que es esto a la filosofía del *Gita*, que nos insta constantemente a reconocer a Dios en todos los objetos.

Como todo en el mundo es espíritu y obtenemos tantos beneficios del mundo, la vida en la cultura indígena y en los *Vedas* consiste en el arte de devolver lo suficiente a los espíritus. Intentamos devolver al menos tanto como obtenemos de ellos; idealmente, más. Todavía hoy puedes ver estas maravillas en Bali, donde gran parte de la vida cotidiana de las mujeres se dedica a colocar ofrendas para una multitud de espíritus en muchos lugares. Estas ofrendas no implican la superstición de los pueblos primitivos, sino una práctica fundamental para mantener en equilibrio la tendencia de los humanos a tomar exclusivamente de la naturaleza, es un modo de demostrar nuestra capacidad de devolver.

En los *Vedas*, el dios de la *yajna* es Vishnu; de hecho, *yajna* es otro nombre de Vishnu, como se afirma en el *Gita*. Krishna, un *avatar* de Vishnu, pide que toda nuestra vida sea un acto de entrega, una ofrenda o sacrificio a la Divinidad. Por supuesto, esto no queda como un concepto abstracto en el *Bhagavad Gita*, sino que debe expresarse amando y sirviendo a la Divinidad a través de todos Sus hijos. Éste es el propósito de la exhortación de Krishna: que nuestro yoga convierta todas las acciones en sacrificios a la Divinidad. En todo lo que hagamos, debemos preguntarnos si lo que hacemos es lo bastante bueno como para ofrecérselo a la Divinidad. Si la respuesta es afirmativa, podemos seguir adelante. Esta respuesta sólo puede hallarse mediante la autocontemplación y no examinando una lista de acciones que puedan encontrar la aprobación de Dios. La razón de ello es que la Divinidad se expresa a través de todos los seres de forma diferente.

En lugar de seguir algún código de conducta externo que explique cómo se expresaría Dios a través del mínimo común denominador de las personas o de la media o promedio, necesitamos hacer de nuestras obras una autoexpresión de nuestra naturaleza. y convertirlas en un medio de crecimiento espiritual, acercándonos al ideal divino.[236] Para ello, necesitamos volvernos hacia nuestro interior, conectar con nuestro núcleo divino y descubrir nuestro papel al servicio del espíritu manifestado en el universo.

Mientras que algunos movimientos espirituales exigen que entremos en un estado de completa inactividad, el *Gita* sugiere adorar a la Divinidad a través de nuestras obras.[237] Esto es significativo, porque el *Gita* enseña que: el mundo, el universo, toda la naturaleza y toda la humanidad son la obra significativa de la Divinidad, expresándose a Sí misma. El mundo no es un accidente sin propósito; no es un valle de dolor ni una ilusión. Todo tiene un propósito; sólo que la humanidad ha creado situaciones en las que nuestras vidas pueden parecer carentes de sentido. El *Gita* no considera que la acción carezca de sentido, de esperanza o de significado, sino todo lo contrario. La pregunta es: ¿qué tipo de acción y a través de qué acciones estamos sirviendo a la Divinidad?

Según *el Gita*, Krishna considera que *el Karma* Yoga incluye la acción, el conocimiento y la devoción; es decir, *el Karma*, el *Jñana* y *el Bhakti* Yoga deben aplicarse al unísono.[238] Esto es importante porque *el Bhakti* Yoga por sí solo puede

---

236 Sri Aurobindo, Essays on the Gita, p. 517
237 Sri Aurobindo, Essays on the Gita, p. 524
238 Swami Tapasyananda, Srimad Bhagavad Gita, p. 109

degradarse rápidamente en sectarismo, es decir, mi dios es mejor que el tuyo. El *Karma* Yoga puede desviarnos hacia el mero activismo sin saber qué, por qué y para quién lo hacemos. El *Jnana* Yoga, por sí solo, puede conducir fácilmente a una postura distante y desinteresada en la cima de una montaña metafórica, mirando a las masas trabajadoras. El *Gita* sugiere combinar nuestras obras con la práctica de la meditación, lo que nos enseña que el trabajo debe realizarse por (mediante la renuncia al sentido de la agencia) y para (mediante la entrega de los frutos de las acciones) la Divinidad, y así se convierte en *Karma* Yoga.[239]

Krishna dice en el *Gita*: "sé tú un instrumento".[240] Esto significa escuchar lo que la Divinidad quiere llegar a ser y promulgarlo a través de nosotros y como nosotros. Nos debe mover el sentido del deber, sea cual sea la recompensa. En algunas actividades, como proteger a los maltratados, a los animales y a la naturaleza, y contribuir a salvar la atmósfera y la biosfera, el éxito puede ser difícil de conseguir o incluso puede parecer fuera de nuestro alcance. Pero Krishna dice: hazlo de todos modos porque es lo correcto, y no porque el éxito pueda estar al alcance de la mano. Hacerlo con la vista puesta en el éxito significa operar desde la posición ventajosa del ego. El ego se regodeará tanto en la conquista del mundo como en la salvación del medio ambiente, por noble que ésta sea. La cuestión es realizar nuestras obras para Dios, y no para nosotros mismos, no para el engrandecimiento de nuestro ego.

En muchos sentidos, podemos verlo como si funcionáramos como una célula en el cuerpo de Dios. Si una célula individual de nuestro cuerpo deja de servir al proyecto o programa del organismo anfitrión, se vuelve cancerosa. Si puede convencer

---

[239] Swami Tapasyananda, Srimad Bhagavad Gita, p. 166
[240] Bhagavad Gita XI.33

o reprogramar a suficientes células para que se rebelen contra el organismo anfitrión, provocará la muerte del cuerpo anfitrión. Del mismo modo, la decisión histórica de la humanidad de abandonar el estado indígena de la sociedad, descrito *en los Vedas* y en el Antiguo Testamento de la Biblia (en este último como el Jardín del Edén), para seguir su propio proyecto, esclavizando, coaccionando y manipulando la naturaleza, puede compararse a un crecimiento canceroso en la biosfera. En ese momento, decidimos satisfacer únicamente nuestros propios intereses humanos y dejamos de servir al organismo anfitrión, la biosfera. Si toda la humanidad sigue este camino, el resultado será probablemente la muerte de la biosfera. Pero si nos reconocemos no como algo separado, no como la corona de la creación, sino como un organismo dentro de la naturaleza que debe devolver a otros organismos y a la biosfera al menos tanto como toma, si podemos vernos de nuevo como pequeñas células en el cuerpo de Dios, entonces este curso puede invertirse, y podemos encontrar nuestro camino de vuelta para servir a la Divinidad, a toda la vida y a la naturaleza, en lugar de intentar ser su dios y rey.

El Bhagavad Gita nos exhorta a realizar todo tipo de acciones en todo momento con un espíritu de devoción y entrega a la Divinidad.[241] Por la gracia de la Divinidad, alcanzaremos entonces el codiciado estado de *moksha*, la liberación espiritual. Recordemos brevemente lo que significa aquí el espíritu de devoción y entrega. Significa saber qué es la Divinidad (es decir, no sólo la imagen visual de una deidad o de un avatar histórico), tener un amor intenso por la Divinidad, escucharla y hacer lo que Ella quiere que hagamos. Significa darse cuenta de que la Divinidad es la única hacedora del mundo y que nos mueve como si estuviéramos montados en una rueda. Significa hacer lo que es correcto y no porque nos apetezca su

---

241 Bhagavad Gita XVIII.56

recompensa. Todos estos puntos en conjunto constituyen *el Karma* Yoga, que es el aspecto activo *del Bhakti* Yoga.

¿POR QUÉ ES IMPORTANTE EL KARMA YOGA?

El Bhagavata Purana afirma que el Ser Supremo ha enseñado tres vías para practicar la comunión con Él, y que no existen otras.[242] Estas tres vías son: la comunión del conocimiento (*jnana*), el amor (*bhakti*) y la acción (*karma*). Esto no significa que debamos limitarnos a una de ellas y rehuir las demás, aunque al principio podamos hacerlo en función de las limitaciones personales. Todas deben practicarse eventualmente para que sean eficaces, y cuanto antes podamos hacerlo, antes alcanzaremos la comunión. Combinar las tres es el camino del éxito en el yoga, y la vida de Aurobindo se dedicó a demostrar este punto.

El Raja Yoga, el yoga de los *Yoga Sutra*, no forma parte de la lista anterior porque no es principalmente un yoga que conduzca a la comunión con lo Divino, es decir, a la realización de Dios. Es más bien un yoga diseñado para la autorrealización, que en última instancia debe complementarse con *el Jñana*, el *Bhakti* y el *Karma* Yoga para conducir a la realización de Dios.

En el duodécimo capítulo del *Bhagavad Gita*, el capítulo sobre *el bhakti*, Krishna afirma que si no somos capaces de realizar la práctica sistémica de la concentración (es decir, *el Raja* Yoga), debemos dedicarnos de todo corazón a realizar actos de servicio a Él.[243] Trabajar para la Divinidad nos abre a la evolución espiritual. A diferencia del pasaje anterior del *Bhagavata Purana*, donde *el Karma* Yoga se integra en *el Jnana* y el *Bhakti* Yoga, en el presente pasaje del *Gita*, *el Karma* Yoga se yuxtapone al *Raja* Yoga. Para algunos, el *Raja* Yoga, con

---

242 Bhagavata Purana XI.20.6
243 Bhagavad Gita XII.10

CAPÍTULO 5

su énfasis en la técnica, la práctica y la *sadhana* (disciplina espiritual), puede resultar difícil. Para ellos, realizar actos de servicio a la Divinidad puede ser más accesible. Para otros, sin embargo, la situación puede ser la contraria. ¿Cómo sabemos realmente qué actos son agradables a la Divinidad? Mediante la práctica de técnicas yóguicas, *el Raja* Yoga disminuirá gradualmente nuestro condicionamiento y torpeza mental, haciendo que responder a todas estas preguntas sea mucho más sencillo. Una vez respondidas estas preguntas, la disciplina del Karma Yoga, actuar al servicio de la Divinidad, debe iniciarse inmediatamente. Esto significa que el *Karma* Yoga puede o no ir precedido de la práctica del *Raja* Yoga (descrito en el sexto capítulo del *Gita*, en el *Yoga Sutra* y en el capítulo 7th de este libro), dependiendo de las necesidades del individuo.

Dos estrofas más adelante, en el capítulo duodécimo *del Gita*, aprendemos que el conocimiento intelectual explícito de la enseñanza (*jnana*) es mejor que la práctica formal de las técnicas (*abhyasa*).[244] Esto requiere una explicación. La práctica formal significa aquí limitarse a hacer las cosas sin comprender claramente por qué y cómo se hacen. El mero hecho de hacer las cosas se yuxtapone entonces al conocimiento intelectual. En el lenguaje moderno, el término conocimiento intelectual suele implicar que dicho conocimiento está vacío de experiencia, es decir, que es mera teoría. Éste no es el punto de vista de la filosofía india. Aquí, el intelecto es algo muy elevado, superior a la mente. De ahí que el término *buddhi* yoga se traduzca a veces como amor intelectual a Dios. Puesto que el *buddhi* (intelecto) está alineado con lo Divino, cuando se alcanza tal conocimiento, debe tener consecuencias en lugar de quedar secuestrado en la mente, lo que podría entonces apoyar acciones hipócritas.

---

244 Bhagavad Gita XII.12

Así pues, el conocimiento intelectual explícito de la enseñanza (*jnana*) suele ser el resultado de la práctica formal de técnicas (*abhyasa*), combinada con el estudio de las escrituras (*shastras*) y, por tanto, debe constituir un estado más avanzado que la mera ejecución de técnicas (vacías de comprensión) en sí mismas, que aún deben fructificar en conocimiento.

La estrofa 12 continúa diciendo que la meditación (*dhyana*) es incluso mejor que la práctica (*abhyasa*) y el conocimiento intelectual (*jnana*). De nuevo es necesario aclarar esto. La práctica en esta estrofa significa la mera ejecución de técnicas, sin haber alcanzado aún su culminación. En el contexto de esta estrofa, *jnana*, conocimiento, significa aislar el yo y trabajar hacia la autorrealización. *Dhyana*, meditación, significa aquí meditar en lo Divino habiendo alcanzado cierto grado de comunión con lo Divino. Podríamos identificar este estado con el *bhakti* o evolución hacia la realización de Dios. Pero la estrofa 12 va más allá para introducir uno de los conceptos más esenciales del *Gita*. Aún mejor que eso, dice, es *karma* (acción)-*phala* (fruto)-*tyagah* (abandono), es decir, entregar los resultados de las propias acciones a la Divinidad. En esta estrofa, pues, se da la vuelta al yoga. Lo que en la décima estrofa se describe como una técnica introductoria, es decir, *el Karma Yoga*, ahora se afirma que es la corona del yoga.

El lector debe tenerlo claro porque, por supuesto, *el* Karma Yoga es ambas cosas. *El Karma* Yoga puede ser el comienzo de nuestro camino, pero también lo será, sin duda, su final, y lo que sea exactamente para nosotros depende por completo de nuestro grado de entrega y devoción a la Divinidad. Si dicha entrega y devoción son completas, podemos convertirnos en un instrumento en la obra de la orquesta divina, como sugiere el *Bhagavata Purana*.[245]

---

[245] Swami Tapasyananda, Srimad Bhagavata, p. xxxv

Sri Aurobindo confirma que el *Karma* Yoga no es sólo la disciplina introductoria que a veces se presenta como tal. Él enseñó que nuestra alma evoluciona a través de las acciones realizadas con una actitud de servicio.[246] Esto hace que *el Karma* Yoga no sea un fin en sí mismo, sino un medio para la autorrealización.

Esto se confirma en una estrofa posterior del sexto capítulo del *Bhagavad Gita*, el capítulo sobre el *Raja* Yoga. Aquí, Krishna afirma que quien está establecido en la unidad de todo lo que existe (es decir, ha alcanzado los resultados del *Raja* Yoga) y, por tanto, Le sirve como presente en todos los seres (es decir, practica el auténtico *Karma* Yoga), en verdad permanece en Él, sea cual sea la situación (también ha alcanzado los objetivos del *jñana* y el *bhakti*).[247] Por tanto, es justo decir que, aunque Krishna sitúa *el bhakti* en el centro de la relación de su devoto con Él, y aunque diserta ampliamente sobre el conocimiento (*jnana*) y el camino de la concentración (*raja*), es *el* Karma Yoga lo que constituye el núcleo mismo de Su mensaje en el *Gita*. Krishna enseña que el conocimiento, la concentración y el amor deben converger finalmente en una vida activa en el mundo, que Le sirva. Esto se entrecruza e y entremezcla maravillosamente con el mensaje de Krishna de que el mundo es Su cuerpo y los seres Sus hijos, Su juego creativo y Sus órganos sensoriales.

Piénsalo por un momento: Si existiera un Ser Supremo, que por razones que para nuestro limitado intelecto a veces siguen siendo algo nebulosas, se encarnara a Sí mismo como el mundo y todos los seres, ¿no sería la corona de su enseñanza la acción iluminada y amorosa que vemos que Krishna enseña a cada paso? ¿Una acción destinada a promover el mundo? Por tanto, es internamente totalmente

---

246 Sri Aurobindo, Essays on the Gita, p. 251
247 Bhagavad Gita VI.31

coherente que el Krishna del *Gita* vuelva siempre al Karma Yoga. El *Karma* Yoga es el poderoso río del Gita del que todos los demás yogas son afluentes. Lo que hacemos en el mundo de Krishna le importa a Él, porque el mundo es Su cuerpo.

AUTOCONTEMPLACIÓN (SVABHAVA), O LEY DEL SER

Pasemos al estudio en profundidad, frecuentemente anunciado, de cómo podemos saber lo que Dios quiere que hagamos, cómo se codifica esta información en el núcleo mismo de cada uno de nosotros y cómo descodificamos esa información. Hay dos conceptos clave que debemos analizar en este contexto. Son la autocontemplación (*svabhava*), la ley del ser, y el deber propio (*svadharma*), la ley del devenir.

El término autocontemplación (*svabhava*) tiene dos significados y funciones diferentes.[248] En primer lugar, el aspecto inmanente del Ser Supremo se contempla a Sí mismo y, por este medio, piensa en la existencia de un número infinito de seres. Los seres son todos aspectos, emanaciones y cómputos de Él. En *Cómo encontrar el propósito divino de tu* vida, comparé la autocontemplación del Dios inmanente con el llamado generador de Montecarlo. El generador de Montecarlo es un programa informático creado inicialmente para determinar cuántas combinaciones pueden producirse si hacemos girar varias veces una ruleta. A medida que se fue desarrollando el software, se aplicó a los modelos de aleatoriedad de los mercados financieros. Esto es significativo porque cada ser es un curso potencial que podría tomar la Divinidad. La Divinidad es infinito potencial creativo y juego (*lila*).

Podemos preguntarnos: "¿por qué estoy aquí, arrojado a esta situación concreta? Porque la Divinidad no tiene un

---

248 Sri Aurobindo, Essays on the Gita, p. 524

ego al que ocultar Su propio proceso creativo. Lo que pueda ser, ¡será! Como la Divinidad compone infinitas variedades o emanaciones de Sí misma (caminos de lo que podría ser), cada individuo es único y nunca ocurre dos veces. Todo lo que este individuo tenga que expresar o aportar al concierto Divino debe ser expresado y aportado. Éste es el primer significado del término *svabhava*: autocontemplación. Es el proceso mediante el cual la Divinidad hace surgir infinitas permutaciones de Sí misma, los *jivas* (espíritus individuales).

El segundo significado del término es que cada individuo concreto tiene que practicar la autocontemplación para averiguar lo que el Ser Supremo quiere expresar a través de él. La contemplación de lo Divino nos dio origen, y ahora necesitamos contemplar nuestro espíritu individual para averiguar el resultado de esa contemplación divina. En este contexto, debemos comprender que, dado que lo Divino es lo Cósmico, sólo puede manifestarse a nivel individual convirtiéndose en nosotros. El Ser Supremo no puede aplastarse a Sí mismo en un individuo. Pero al individuarse a través de un número infinito de nosotros, puede actuar a nivel individual. Es muy importante comprender esto porque, al entenderlo así, podemos perder la reticencia a convertirnos en conductos de la Divinidad. La Divinidad no puede actuar a este nivel sin hacerlo a través de nosotros. Por lo tanto, nuestra cooperación con la Divinidad, llamada co- creación consciente, es extremadamente importante para la Divinidad.

Además, como la Divinidad no tiene ego (ego limitador en el espacio y en el tiempo), no puede por Sí misma convertirse en un individuo. Sólo puede funcionar como un software cósmico similar a un generador de Monte Carlo y dividirse en un número infinito de programas hijos, los *jivas*. Como los espíritus individuales son libres en la medida en que pueden liberarse de su propia programación robótica, lo que hagan con la información mediante la cual la Divinidad los formó depende principalmente de ellos. Es decir, *las jivas* pueden seguir el juego de la Divinidad, y pueden hacerlo o no hasta cierto punto. No quiero seguir repitiendo esto hasta la saciedad, pero hay que decir que durante los últimos miles de años, más o menos, la humanidad no ha seguido el juego de la Divinidad. Hay una larga lista de excepciones, pero Sri Aurobindo afirmó que, en general, la humanidad no ha evolucionado espiritualmente en los últimos miles de años.

Por ejemplo, la reticencia a cambiar la economía mundial hacia las energías renovables (para evitar la catástrofe climática) se ha relacionado con unos costes estimados de 2 billones de dólares (debido a la complejidad, es muy difícil dar cualquier tipo de estimación precisa). Mientras escribo esto, el Instituto Internacional de Estocolmo para la Investigación de la Paz (SIPRI) acaba de publicar un informe según el cual el presupuesto militar mundial acaba de saltar a la alucinante cifra de 2,44 billones de dólares anuales, tras el aumento más significativo del gasto público anual en más de una década. En otras palabras, tenemos dinero para arreglar el colapso climático, pero preferimos gastarlo en matarnos unos a otros. Esto se debe a la falta de evolución espiritual de la humanidad. Si hubiéramos evolucionado espiritualmente, nos daríamos cuenta con el *Bhagavata Purana* de que los seres florecen gracias a la cooperación mutua (gastando 2 billones en arreglar el cambio climático), y encuentran su perdición enemistándose entre sí (gastando ese dinero en gastos militares).

Para que un *jiva*, espíritu individual, realice todo su potencial, necesita descubrir en qué quiere convertirse la Divinidad a través de este *jiva* y como *jiva*. Cada *jiva* tiene

CAPÍTULO 5

un papel en este drama cósmico, un aspecto de la Divinidad que expresar. He descrito esta práctica en *Cómo Encontrar el Propósito Divino de tu Vida,* y una descripción detallada queda fuera del alcance de este texto. Nos preparamos mediante una breve práctica espiritual, preferiblemente temprano por la mañana e idealmente en algún lugar de la naturaleza o, al menos, a solas. A continuación, formulamos una secuencia de preguntas sobre cómo puedo servirte a Ti, la Divinidad. ¿Cómo quieres encarnar como Yo y mi vida? ¿En qué quieres convertirte como Yo? ¿Qué quieres expresar a través de mí?

Tras formular estas preguntas, escuchamos atentamente. Si no oímos nada, no es porque la Divinidad esté en silencio. Debemos comprender que la Divinidad no tiene ego al que ocultar la respuesta. Además, la Divinidad ya ha comunicado esta información al crear nuestra individualidad mediante la autocontemplación (*svabhava*), a partir del océano de la conciencia infinita. En otras palabras, si no oímos la respuesta, el problema es nuestra incapacidad para oír y nuestra falta de receptividad y apertura. Esta incapacidad para escuchar y las diversas carencias se deben al grosor de nuestro condicionamiento robótico, que aceptamos durante el largo proceso (eones) de evolucionar de microbios a vertebrados y, más tarde, a humanoides. Por eso, dice Swami Tapasyananda, la autocontemplación, *svabhava*, es el potencial que traemos de todas nuestras vidas pasadas.[249] Sri Aurobindo dice que cada individuo es, en su autoexpresión, una porción del Ser Supremo; cada ser es una manifestación de una idea de lo Divino.[250] Esta idea describe que los seres evolucionan hacia la madurez espiritual. Lo que es precisamente esta idea, esta información, se nos revela a través del proceso de *svabhava*,

---

[249] Swami Tapasyananda, Srimad Bhagavad Gita, p. 425
[250] Sri Aurobindo, Essays on the Gita, p. 519

autocontemplación, que Aurobindo denomina la ley del autorrealizarse.[251]

En la filosofía de Alfred North Whitehead, la autocontemplación de lo Divino se denomina objetivo inicial. Se llama objetivo inicial porque la Divinidad tiene un objetivo inicial para nosotros. Esta idea inicial, o conjunto de ideas, aparece a través de la autocontemplación en nuestra mente como la visión de lo que podríamos llegar a ser. Esta visión se modificará, reducirá o mejorará a medida que evolucionemos a través de nuestras elecciones *kármicas*. Cuando aquí digo elecciones *kármicas*, me refiero al hecho de que determinamos quiénes seremos en el futuro con cada pensamiento, palabra y acto. La Divinidad reacciona entonces a nuestros intentos de encarnar el objetivo inicial. Dios responde a nuestros intentos de encarnar el objetivo inicial mejorando y especificando el objetivo inicial, un proceso llamado co-creación.

Debemos comprender que nuestras vidas no son accidentes sin propósito, como nuestra sociedad, ciencia y economía dominantes nos quieren hacer creer. Por supuesto, si consigues que la gente crea esto, es mucho más fácil moldearla después en el proceso de producción industrial. Este proceso no requiere individuos empoderados y autorrealizados que vivan el propósito divino de su vida, sino autómatas de consumo industrial que han renunciado a su destino espiritual. Somos almas aplastadas, a menudo apuntaladas por antidepresivos y ansiolíticos, y estamos encantados de comprar cualquier tontería con la esperanza de que nos haga sentir un poco mejor. No estoy diciendo que debas dejar la medicación sin el consejo de tu psiquiatra. Lo que digo es que el modelo bioquímico de salud mental, que afirma que simplemente hay algo que no funciona en la composición bioquímica de tu cerebro (que puede arreglarse

---

251 Sri Aurobindo, Essays on the Gita, p. 372

tomando pastillas), está ignorando convenientemente el tema más amplio de que nuestra sociedad y civilización nos está enfermando (y lleva haciéndolo desde hace mucho tiempo), al dejarnos competir entre nosotros como 8.000 millones de pequeños hámsteres que corren en sus ruedecitas de hámster dentro de sus jaulitas cada vez más deprisa. Estas ruedecitas están todas unidas a una gigantesca máquina de aumentar el PIB, que convierte gradualmente toda la naturaleza y las relaciones humanas en dinero. No hay nada malo en nosotros si esa configuración nos provoca malestar mental. Por otra parte, si ese montaje no nos provocara malestar, entonces, algo nos pasaría.

Estamos aquí no sólo para consumir productos absurdos que no necesitamos. Estamos aquí porque la Divinidad quiere expresarse a través de nosotros. Al fin y al cabo, importamos a Dios. Cada individuo le importa a Dios. Una vez que contemples lo que la Divinidad quiere hacer a través de ti, y permitas que este destino divino ocurra a través de ti, experimentarás la ausencia de diálogo interno, la paz, el silencio, la voz del corazón y el estar enfocados. También experimentarás la ausencia de ambición, competencia, rivalidad y antagonismo. Verás que lo Divino mueve a todos los seres. Por tanto, no tiene sentido enemistarse con ellos (a menos que actúen *de forma adhármica*, injusta, es decir, contraria a la ley divina).

Contemplar lo que la Divinidad quiere expresar a través de nosotros es un viaje de autodescubrimiento, autoexpresión y encuentro con uno mismo.[252] Por supuesto, esto se hace en parte mediante la meditación y la introspección, pero una vez que hemos encontrado lo que la Divinidad quiere hacer a través de nosotros, debemos volvernos activos y expresarlo. Lo que debemos hacer entonces es nuestro *svadharma* (deber propio).

---

252 Sri Aurobindo, Essays on the Gita, p. 521

Aurobindo describe la conexión entre la autocontemplación (*svabhava*) y el deber propio (*svadharma*) como la relación de la vida exterior de una persona con su ser interior, la evolución de sus acciones a partir de su alma y su naturaleza interiores.[253] En *Seven Quartets of Becoming, A Transformative Yoga Psychology Based on the Diaries of Shri Aurobindo*, Debashish Banerji llama al *svabhava* de una persona su ley personal del ser, que contiene las cualidades que posee.[254] En relación con esto, su término para *svadharma* es la ley personal del devenir. Tenemos que averiguar qué cualidades poseemos a los ojos de Dios antes de poder desarrollar nuestras actividades en esa dirección. El profesor Banerji añade el término crítico "personal" porque *svabhava* y *svadharma* difieren para cada persona. Más adelante hablaremos de ello.

Aurobindo dice que la acción del individuo debe estar dirigida por su *svabhava*, la ley esencial de su naturaleza.[255] Según él, es la cualidad pura del espíritu de una persona y el poder inherente a su voluntad consciente. La voluntad consciente no tiene nada que ver con los caprichos del ego, sino que es la voluntad intencionada de la Divinidad en nosotros, que busca el deleite, la alegría y el éxtasis divinos del juego y la actividad divinos. Aunque este pasaje de Aurobindo pueda sonar descabellado a los recién introducidos en este tema, no hay mayor alegría y satisfacción que entregarse por completo a la Divinidad, y sentir cómo cada movimiento, pensamiento y acción no los hace uno mismo, sino la Divinidad.

Para ello, cada individuo debe descubrir y seguir su *svadharma* innato.[256] Nuestro *svabhava* (autocontemplación o ley interior del ser) determina nuestro *svadharma*, nuestra

---

253 Sri Aurobindo, Essays on the Gita, p. 515
254 Debashish Banerji, Seven Quartets of Becoming, p. 391
255 Sri Aurobindo, Essays on the Gita, p. 274
256 Sri Aurobindo, Essays on the Gita, p. 513-14

ley personal de acción, que son nuestra autoformación, funcionamiento, y obras.[257] Es una enseñanza errónea que el *svadharma*, la ley interior del ser, sea una actitud colectiva. Por el contrario, cada ser tiene un *svadharma* personal, una ley de su ser interior, que debe observar.[258] No basta con pensar en lo que es bueno, ético o correcto. Debemos averiguar qué es lo correcto para nosotros. Nuestro deber es algo personal entre nosotros y Dios. Nadie más puede intervenir y decirnos lo que tenemos que hacer, ningún adivino, astrólogo, terapeuta o maestro espiritual. La información sólo se transmite de la Divinidad al individuo.

AUTODEBER (SVADHARMA) O LEY DEL DEVENIR

Debemos cumplir nuestro propio deber (*svadharma*) para llegar a ser lo que ya somos internamente. No basta con ser, sino que también debemos llegar a ser. En esto reflejamos la composición de la Divinidad, que tiene un aspecto de ser, el Dios trascendente, y un aspecto de llegar a ser, el proceso dinámico del Dios inmanente, que implica el despliegue del universo y la evolución de la vida. Nuestra ley del devenir (*svadharma*) debe surgir naturalmente de nuestra ley del ser (*svabhava*). Por supuesto, esto no sólo lo reconocieron el *Bhagavad Gita*, el *Bhagavata Purana* y místicos como Aurobindo, sino también los psicólogos modernos. Carl Jung, por ejemplo, decía que cada persona lleva dentro una tensión que debe expresar convirtiéndose en lo que debe llegar a ser. Si esta tensión no se expresa de forma creativa, puede volverse destructiva. Por ejemplo, una persona puede recurrir a las drogas para aliviarse de esa tensión, anestesiarse

---

257 Sri Aurobindo, Essays on the Gita, p. 519
258 Sri Aurobindo, Essays on the Gita, p. 592

y experimentar cierto alivio y tranquilidad temporales. El fundador de la psicología humanista, Abraham Maslow, dijo que un músico debe hacer música, un pintor debe pintar y un escritor debe escribir. En última instancia, para estar en paz consigo misma, una persona debe ser lo que puede ser.

El *Gita*, escrito varios milenios antes que Jung y Maslow, afirma que conduce a un mayor crecimiento espiritual cumplir el propio deber (*svadharma*), aunque sea inferior en la escala de valores materiales, que obtener muchas ventajas materiales cumpliendo el deber de otro (llamado *paradharma*).[259] No se comete ningún error, según el *Gita*, cuando nuestras obras van en consonancia con la propia naturaleza (*svabhava*). La formulación del Gita en otro pasaje es aún más radical. Aquí aprendemos que, aunque las obras alineadas con el propio deber (*svadharma*) no estén de moda, siguen siendo superiores a la acción ajena al propio crecimiento (*para dharma*), por muy bien que la realicemos.[260] Pues incluso la muerte en la realización conforme a la propia ley del devenir (*svadharma*), así el *Gita*, conducirá a la propia evolución, mientras que el deber ajeno al propio crecimiento conducirá al retraso.

Es posible que algunos de nosotros ya hayamos experimentado el fenómeno de que, tras haber sido convencidos para seguir un largo y arduo curso académico (que supuestamente iba a darnos libertad económica e independencia), descubrir, cuando por fin desarrollamos nuestra profesión, que la odiamos y tenemos que abandonarla. Dar marcha atrás tan tarde puede ser difícil, pero es mejor que pasarse toda la vida trabajando en una profesión con la que no tenemos afinidad ni vocación. Por eso es esencial tener claro nuestro *svabhava*, la ley de nuestro ser, lo antes posible.

---

259 Bhagavad Gita XVIII.47
260 Bhagavad Gita III.35

Utilizando la autocontemplación, debemos averiguar cuál es nuestro propósito en la vida.

El *Bhagavata* Purana está de acuerdo con la postura *del Gita* de que la búsqueda del propio *svadharma* es el mejor curso de acción, porque la ley del devenir no puede conducir a la esclavitud, mientras siga la propia disposición natural (*svabhava*).[261] Lo que se quiere decir aquí es que seguir el *svadharma* de otra persona puede conducir a la esclavitud (es decir, a la esclavitud mental), si uno no sigue su propia disposición natural, sino la de otra persona. Debemos preguntarnos si vivimos nuestra propia vida o la de otra persona.

Hoy en día, existe un enorme ímpetu por empujarnos hacia determinadas profesiones glamurosas, económicamente gratificantes, o supuestamente seguras, a través de los medios sociales, la televisión, la presión de los compañeros, las presiones financieras, etc. Estas profesiones pueden ser inadecuadas para nosotros. Por tanto, no debemos plantearnos nuestra elección de profesión teniendo en cuenta si otros pueden admirar una profesión, ya sean padres, cónyuges, amigos, etc. Si admiran una profesión concreta, que la ejerzan. Si quieren enriquecerse o tener seguridad económica, que lo hagan. Lo crucial es si Dios nos ha dado los dones y la vocación para desempeñarnos bien en una profesión concreta. Si es así, la profesión nos saldrá de forma natural, y nunca tendremos que pensar si la profesión es la correcta. Nos liberaremos del diálogo interno y estaremos en la zona mientras ejercemos la profesión. Esto es así porque la Divinidad actuará a través de nosotros; la Divinidad hará el trabajo. Por tanto, el hacer no será un hacer desde el esfuerzo, un hacer desde el ego, sino desde la entrega a la voluntad

---

261 Bhagavata Purana VII.12.31-32

divina. Seremos movidos por la voluntad divina; por tanto, será un hacer sin esfuerzo o sin hacer.

En las declaraciones finales *del Gita*, Krishna anuncia que explicará cómo se alcanza la competencia espiritual, ejecutando devotamente el deber natural de cada uno.[262] Krishna anuncia que hará una afirmación concreta para llamar la atención y subrayar la afirmación siguiente. Sólo lo hace si desea expresar la extrema importancia de la siguiente estrofa. En la siguiente estrofa, Krishna dice que alcanzaremos la potenciación espiritual (*siddhi*) cumpliendo nuestro propio deber como acto de adoración al Ser Supremo, Aquel de quien han emanado todos los seres y por quien está impregnado todo este universo.[263]

Es sumamente importante comprender esto. Una cosa es meditar en la Divinidad, cantar los nombres de la Divinidad, leer textos sagrados y rezar a la Divinidad. Pero ¿de qué sirve todo eso si la Divinidad nos ha dado dones relacionados con lo que quiere que seamos, con lo que quiere hacer a través de nosotros, y nosotros ignoramos esta información y nos dedicamos a hacer algo que nos hace ricos, famosos y glamurosos? No digo que lo que la Divinidad quiere que hagamos no nos haga ni lo uno ni lo otro. Puede que sí o puede que no. Llevar a cabo las obras que la Divinidad quiere hacer a través de nosotros es esencial en el camino del *bhakti*. Es una forma de entrega amorosa y devoción dejar que la Divinidad nos mueva como si estuviéramos montados en una rueda. Hacerlo es adorar a la Divinidad a través de nuestras acciones. Negarse a hacerlo es, en cambio, adorar al propio ego.

Lo que solemos considerar libre albedrío y elección es la voz del ego. Nunca nos satisfará ni nos colmará. La razón es

---

262 Bhagavad Gita XVIII.45
263 Bhagavad Gita XVIII.46

CAPÍTULO 5

que el ego no tiene verdadera voluntad, sólo tiene verdadero capricho. Sólo hay una voluntad verdadera, que es la voluntad de Dios. Si nos dejamos llevar por la voluntad de Dios, nos volvemos libres. De lo contrario, permanecemos atados por nuestro propio ego.

Seguir el propio deber significa realizar un trabajo, una acción o una profesión que contribuyan a nuestra evolución y avance espiritual.[264] ¿Cómo? Evolucionamos espiritualmente en la medida en que nos dejamos mover y actuar por la Divinidad. Ya lo hacemos hasta cierto punto inconscientemente, pero necesitamos hacer de este acto una entrega consciente. En lugar de ello, a menudo adoramos a nuestro propio ego y pensamos que sabemos más. Sin embargo, la mayoría o la totalidad de las miserias de la humanidad se crean al actuar fuera de la alineación con lo Divino. Pero el Krishna *del Bhagavad Gita* y del *Bhagavata Purana* no está interesado en empujar peones inconscientes sobre un tablero de ajedrez. Quiere nuestra participación consciente y nuestra co-creación. Cuanto más conscientes seamos de que no somos nosotros quienes realizamos las acciones, sino el Ser Supremo quien nos mueve, más ancho de banda divino podremos canalizar y más podremos invocar a la Divinidad y entregarnos a Ella.

Tal entrega es fácil para algunos de nosotros, pero otros pueden necesitar preparación. Para abrirnos a este acto de entrega e invocar lo Divino en nosotros, a menudo son necesarias las numerosas disciplinas purificadoras *del Raja Yoga*. Para descubrir nuestro propio deber innato, puede que primero tengamos que liberarnos de los condicionamientos de la educación, la cultura, el entorno y los deseos que impulsan nuestras decisiones. Según Aurobindo, la ausencia de deseo interior es el pretexto para ponernos en contacto con la ley

---

264 Swami Tapasyananda, Srimad Bhagavad Gita, p. 472

psíquica de nuestro devenir.²⁶⁵ Sólo entonces nuestro *Karma Yoga* podrá convertirse en auténtica y amorosa adoración de la Divinidad.

VARNA O CASTA Y POR QUÉ IMPORTA PARA EL BHAKTI

En algunos comentarios *del Gita*, los términos *svadharma* y casta aparecen juntos con frecuencia. Las castas indias tienen cierta similitud superficial con las clases sociales de Occidente, cuyos límites se han difuminado un poco desde la llegada del capitalismo. Sin embargo, las clases sociales siguen existiendo en todas partes, y la asignación a ellas hoy en día viene determinada, principalmente, por el tamaño de la cartera de cada uno.

Es posible que te encuentres con comentarios ortodoxos *del Bhagavad Gita* que interpretan el llamamiento de Krishna a seguir el propio *svadharma* simplemente como atenerse a las normas de la propia casta. Por supuesto, estoy familiarizado con esa línea de argumentación y la rechazo siguiendo el mismo razonamiento con el que la rechazaron Sri Aurobindo y Mahatma Gandhi. El *Gita* habla de los llamados *varnas* (colores), que son agrupaciones a través de las cuales se ordena la sociedad. *El varna* de una persona viene determinado por su constitución *gunica* (es decir, la preponderancia en su mente de ciertas cualidades de la naturaleza llamadas *gunas*). Alguien cuya mente es predominantemente *sátvica* (según el difunto profesor Surendhranath Dasgupta, *sattva* significa partícula de inteligencia) pertenece a la *varna* espiritual o casta sacerdotal (*brahmana*). Si tu mente es predominantemente *rajas* (partícula de energía) con algo de *sattva* mezclado, perteneces a la casta de la nobleza, la administración y la defensa

---

265 Debashish Banerji, Seven Quartets of Becoming, p. 310

CAPÍTULO 5

(*kshatriya*). Si tu mente es *rajásica* con algo de *tamas* (partícula de masa), entonces formas parte de la casta de los mercaderes (*vaishiya*). Con sólo *tamas como guna* predominante, se forma parte de la casta de los trabajadores (*shudra*). En la antigua India, la pertenencia a esos *varnas* estaba determinada por la tendencia y la cualidad mentales de la persona, y no era hereditaria ni había que permanecer en un *varna*. Aurobindo y Gandhi sostenían que el sistema de *varna del Gita* no tenía nada que ver con un sistema hereditario de castas, sino que era una forma de identificar cómo una persona podía servir idealmente a la Divinidad y a la humanidad.

La opinión de que las cualidades determinan *las varnas* (clases) la expone Krishna cuando dice que el hecho de que seamos *brahmana, kshatriya, vaishya* o *shudra* depende de las cualidades, *gunas,* derivadas de nuestra ley individual del ser (*svabhava*).[266] Así, los deberes de un *brahmana,* nacidos de su ley de ser, son: la ecuanimidad, el autocontrol, la sencillez, la pureza de acción, palabra y pensamiento, la paciencia, la sencillez, la autorrealización, la realización de Dios y la devoción a la Divinidad.[267] En otras palabras, no la herencia, sino el hecho de que muestres esas cualidades determina tu *varna*. En las estrofas siguientes, Krishna enumera las características de las demás castas, y está claro que aquí está hablando de tipos psicológicos, y el intento de atribuir estas cualidades a los miembros hereditarios de las castas indias actuales (o, para el caso, a las castas de cualquier otra sociedad) sería un caso difícil, casi imposible de argumentar.

Otro místico y teólogo que argumenta en esta línea es Swami Tapasyananda, autor de una excelente traducción del *Bhagavata Purana* y de un comentario superior sobre el *Gita*. En su comentario sobre *el Gita,* Tapasyananda afirma que *los*

---

266 Bhagavad Gita XVIIII.41 ss
267 Bhagavad Gita XVIIII.42

varnas son tipos de carácter, y no tienen nada que ver con las castas hereditarias.[268] Tapasyananda explica además que las concepciones medievales *del svadharma* lo vinculaban a las castas hereditarias, pero el verdadero *svadharma* está en consonancia con nuestra constitución mental y nuestro desarrollo superior.[269] También afirma que el moderno sistema de castas indio se basa en el nacimiento, pero el sistema de *varna* del *Gita* se basa en la constitución *gunica* (es decir, la constitución psicológica de nuestra mente).[270] Tapasyananda también propone esta interpretación en el *Bhagavata Purana*, donde leemos que el moderno sistema de castas de la India nunca debe confundirse con el sistema *varna*, en el que las *gunas* (cualidades) de una persona determinan el *varna* (color).[271]

Algunos autores modernos siguen identificando *los varnas* (colores) de antaño con las castas actuales porque todos los comentaristas medievales han argumentado en esa línea, incluso el gran Ramanujacharya, por lo demás impecable. A esto, Swami Tapasyananda responde que los antiguos comentaristas han cometido una gran injusticia con Sri Krishna al diluir Su mensaje como relevante sólo para los miembros del rígido sistema de castas indio.[272] El deber divino al que uno está llamado es su *svadharma* y no su casta. Incluyo este punto en este libro porque los temas *svabhava*, la ley personal del ser, y *svadharma*, la ley personal del devenir, son tan centrales en la enseñanza de Sri Krishna sobre *el bhakti* que, sin comprenderlos adecuadamente, toda la enseñanza

---

268 Swami Tapasyananda, Srimad Bhagavad Gita, p. 10
269 Swami Tapasyananda, Srimad Bhagavad Gita, p. 112
270 Swami Tapasyananda, Srimad Bhagavad Gita, p. 139
271 Swami Tapasyananda, Srimad Bhagavata, vol. 2, p. 268
272 Swami Tapasyananda, Srimad Bhagavad Gita, p. 468

queda truncada en el mejor de los casos, y se viene abajo en el peor. Ésta era también la opinión de Sri Aurobindo.

Quiero dejar claro que no estoy defendiendo aquí un renacimiento romántico del sistema de castas. Lo que digo es que leer una justificación del sistema de castas moderno *en el Bhagavad Gita* significa perderse el profundo significado que los conceptos de Krishna de *Karma* Yoga, *svabhava* y *svadharma* tienen para toda la humanidad. He vivido en la India el tiempo suficiente para comprender que el rígido sistema de castas actual no es una representación de las enseñanzas de Krishna -más sobre esto en una sección dedicada a las castas en el capítulo diez-.

YAJNA- MÁS SOBRE LA OFRENDA Y EL DAR

Como prometí, terminaré este capítulo hablando del dar, la ofrenda y el ritual *védico de la yajna*. Aunque un vistazo superficial al tema podría hacernos pensar que se trata de un tema extravagante sobre el que escribir, pronto verás que contiene el mensaje central del *Bhagavad Gita*. La religión de nuestra sociedad capitalista moderna consiste en tener una actitud de buscavidas. Aquellos que consiguen lo que quieren prevalecen en este tipo de sociedad. El movimiento de la nueva era ha suavizado y rebautizado la actitud egoísta y la ha ocultado detrás de la mejora de la capacidad propia de recibir o manifestar. Pero el enfoque sigue siendo el de conseguir y tomar a la vieja usanza, aunque lo hacemos con una actitud algo más afable. El enfoque en ambas aproximaciones, la del conseguidor por un lado y la del receptor/manifestador por otro, sigue siendo el mismo en última instancia. Se trata de tener.

de Sri Krishna del ritual *védico de la yajna*, la atención se desplaza hacia el dar, el ser y el llegar a ser, en lugar de hacia el obtener, el recibir y el tener. Este cambio es el quid central cuando se intenta crear una sociedad más compasiva que esté en armonía con toda la biosfera. Como ha mostrado Aurobindo en *El Secreto de los Vedas*, inicialmente, *la yajna* se diseñó para dar al mundo espiritual en abundancia, lo que, a su vez, generará abundancia para la humanidad. En la época del *Bhagavad Gita*, el ritual de yajna se había convertido presumiblemente en un acto de regateo con el mundo espiritual para obtener un buen trato de los espíritus. El *Gita*, por tanto, reinterpreta el ritual *yajna* para volver a alinearlo con la idea *védica* primitiva, en la que es un acto de entrega desinteresada, más que la realización de un ritual con un resultado específico en mente.

Swami Tapasyananda afirma que *yajna* es el medio para la prosperidad y el éxito espiritual y que, en la terminología *del Gita*, *yajna* significa autosacrificio, es decir, darse a uno mismo.[273] Yajna es ofrecerse en servicio a la Divinidad y a todos los seres, y *yajna* significa dar más de lo que se recibe. En el contexto del *Gita*, *yajna* significa, como ya se ha dicho, convertir todas las acciones propias en un servicio desinteresado a la Divinidad. Parte de ello consiste en descubrir lo que la Divinidad quiere que seamos y lleguemos a ser. El hecho de que *yajna* tenga un significado espiritual más elevado de lo que suele suponerse queda confirmado porque *yajna* es también un nombre del Señor Vishnu, del que Krishna es un *avatar*.[274] En los *Vedas*, Vishnu es el destinatario de todas las ofrendas. Debemos darnos cuenta de que todas nuestras acciones son ofrendas a la Divinidad; por tanto, es esencial con qué actitud las realizamos. Por eso Jesucristo dijo: "Si depositas una ofrenda en el altar guardando todavía rencor a tu hermano, tu ofrenda no será bienvenida, pues profanará el altar. Haz primero las paces con tu hermano, y

---

273 Swami Tapasyananda, Srimad Bhagavad Gita, p. 84
274 Swami Tapasyananda, Srimad Bhagavad Gita, p. 107

entonces tu ofrenda será bienvenida".[275] Cualquier ofrenda o cualquier acción realizada con el ánimo de querer obtener una ventaja sobre otro hijo de la Divinidad no puede agradar a la Divinidad.

En el *Gita*, Krishna nos exhorta a que, a menos que todas las acciones se realicen como *yajna*, como servicio a la Divinidad, conducirán a una mayor esclavitud.[276] Las razones son evidentes. Normalmente, mediante nuestras acciones, buscamos obtener una ventaja sobre los demás, ya que nuestras acciones están impulsadas por motivosególatras, que conducen a la identificación y al apego, y también están motivadas por deseos y aversiones. Debido a ello, todas nuestras acciones conducen a más *karma* y engaño. Krishna nos enseña a evitarlo realizando nuestras acciones como *yajna*, lo que significa que consagramos nuestras acciones a la Divinidad. Las realizamos como servicio a la Divinidad, en el sentido de que nos ofrecemos a nosotros mismos, nuestras acciones, nuestro sentido del albedrío, y los resultados de nuestras acciones en lo que en terminología *védica* se denomina autosacrificio, *yajna*.

En la siguiente estrofa, Krishna promulga que el dios creador creó a los humanos junto con *la yajna* y les dijo que, consagrando sus acciones a la Divinidad y al bien común, se multiplicarían y prosperarían, con todas sus necesidades satisfechas.[277] Según esta enseñanza, la abundancia se crea teniendo en mente el bienestar de todos los seres, de toda la naturaleza, y el servicio a la Divinidad; en otras palabras, partiendo de una actitud de dar. Esta filosofía contrasta fuertemente con el credo de la sociedad moderna, que parece creer que la abundancia se crea conspirando y superando

---

275 Mateo 5:24
276 Bhagavad Gita III.9
277 Bhagavad Gita III.10

astutamente a todos los demás, y llevándose la palma. Admito que a veces esto puede generar riqueza para unos pocos, pero a largo plazo empobrece a la sociedad. Fíjate sólo en el hecho de que cada año se concentra una mayor cantidad de riqueza en manos de cada vez menos individuos obscenamente ricos, mientras que, al mismo tiempo, el 50% más pobre de la población mundial posee cada año un porcentaje menor de la riqueza mundial. Es una receta tóxica para la guerra de clases. Que Krishna no quiere saber nada de eso se hace evidente cuando exclama en el *Bhagavad Gita* que son ladrones los que toman sin dar a cambio.[278] A continuación, la estrofa IV.24 del *Gita* reinterpreta los componentes formales del ritual *védico de la yajna* como una metáfora de la vida, cuyo tema central es la ofrenda y la entrega. En ella, el dador, lo dado, la ofrenda y el receptor forman el aspecto procesual de lo Divino, el Dios inmanente. Mediante esta metáfora, nos damos cuenta de que no puede haber un arrebato egoísta de los recursos de los demás, sino que la abundancia se crea colectivamente, mediante la cooperación mutua de todos los seres. En cambio, el empobrecimiento se crea trabajando unos contra otros y actuando de forma adversaria y antagónica.

Un aspecto esencial del ritual de *la yajna* son los restos o sobras. Por ejemplo, en una *yajna védica*, la comida se consagra a la Divinidad y parte de ella se vierte en un fuego de sacrificio. Sobra una gran cantidad de comida, que los participantes pueden comer. Es crucial que no eliminemos estas estrofas por pertenecer sólo a los hindúes o a los indios. Contienen un mensaje universal que puede comprenderse prestando mucha atención a lo que dice el *Gita*.

La estrofa IV.28 enumera las prácticas yóguicas y el estudio de los textos sagrados como una forma válida de *yajna*, de autosacrificio. La estrofa IV.29 afirma que la

---

278 Bhagavad Gita III.12

práctica de *pranayama* con una comprensión profunda de sus fundamentos *pránicos* también es *yajna* válida. La estrofa IV.33 afirma que el *jnana yajna*, la ofrenda del conocimiento, es la forma más elevada de sacrificio. Conocimiento aquí, por supuesto, significa conocimiento espiritual, como la autorrealización. Krishna afirma que obtener conocimiento espiritual es la forma más elevada de ofrenda que podemos hacer a la Divinidad. El conocimiento espiritual es la forma más elevada de ofrenda porque no hay nada tan agradable para la Divinidad como nuestra evolución espiritual. La razón de que esto sea así se expone en la estrofa IV.37. Aquí, Krishna dice que el fuego del conocimiento (*jnana agni*) quema todo el *karma* negativo, del mismo modo que un fuego reduce su combustible a cenizas. Estas estrofas ponen de relieve la importancia del *jnana* -conocimiento- en el *Bhakti* Yoga. El *Bhakti* Yoga no puede estar completo sin el *Karma* Yoga, que consiste en servir a la Divinidad mediante las propias acciones, pero ambos no pueden estar completos sin el *jnana*, la obtención del conocimiento espiritual, entendiéndolo como el conocimiento del yo y de la Divinidad. El *Jnana* Yoga será, por tanto, el tema del próximo capítulo.

Krishna responde directamente a una pregunta de Arjuna y afirma que Él es el *adhi-yajna*, es decir, lo que se aborda en toda acción sacrificial, que las personas realizan con sus cuerpos y mentes.[279] Algunas explicaciones al respecto: cuando Krishna dice Yo, no quiere decir que el cuerpo del *avatar* Krishna sea el destinatario de todos los actos de ofrenda y servicio. Se refiere a Él como Ser Supremo, una alusión al hecho de que Vishnu, en los *Vedas*, es el destinatario de todas las ofrendas. Cuando Krishna dice con el cuerpo y la mente, quiere expresar que no basta con practicar con el propio cuerpo los movimientos de ciertos rituales, como la práctica

---

279 Bhagavad Gita VIII.4

del yoga, si no se entregan como ofrenda a la Divinidad. En tercer lugar, nos recuerda que hay prácticas que tienen lugar exclusivamente en la mente, como entregar todo pensamiento a la Divinidad, pensar en alineación con la Divinidad, y ofrecer la propia práctica de meditación a la Divinidad. En cuarto lugar, aclara que, aunque existen rituales formales, todas las acciones realizadas con el cuerpo y la mente deben entenderse como una ofrenda a la Divinidad. Aquí reside la aportación definitoria del término *yajna* a la filosofía del *bhakti*. Todas las acciones deben transformarse en declaraciones de amor a la Divinidad.

Todos estos son aspectos cruciales de la *yajna*. El *yajna* es un ritual que nos recuerda que todo el cosmos es el cuerpo cristalizado de Dios y, por tanto, todas nuestras acciones deben convertirse en *Karma* Yoga y *Bhakti* Yoga. Por eso Sri Aurobindo dijo: "Toda la vida es yoga". La estrofa más esencial sobre *la yajna* en el *Bhagavad Gita* es la IX.15, que ya he comentado antes. Aquí, Krishna afirma que quienes ofrecen *jnana yajna* (ofrenda de conocimiento) a la Divinidad, Le adoran como el todo inclusivo, como lo Uno (*ekatva*), lo distinto o separado (*prthaktva*), y lo inmanente en la multiplicidad (*bahudha*). *Ekatva* significa ver la unidad del yo profundo, incorpóreo, con el aspecto trascendental de lo Divino. *Prthaktva* significa vernos separados y diferentes de la fuerza creadora divina, la Shakti o inteligencia cósmica. Tenemos una inteligencia y un poder limitados, pero el de la Divinidad es ilimitado. Tenemos un cuerpo limitado, pero el de la Divinidad, el cosmos, es ilimitado. El tercer tipo de realización de Dios es *bahudha* - multiplicidad. Significa ver cómo el Dios inmanente se ha convertido en la multiplicidad de todos los seres y objetos, reside en todos ellos, los vivifica y les da sus características. Nuestro *bhakti* está incompleto a menos que podamos ver y comprender estas tres realizaciones.

CAPÍTULO 5

En este capítulo, he demostrado que la práctica y la comprensión de los principios del *Karma* Yoga son esenciales para el *bhakti*. Espero que el lector no se sienta abatido por esta presentación precisa de la ciencia del *bhakti*. Esto no se me ocurrió de la noche a la mañana, sino que fue el resultado de décadas de estudio, indagación y práctica. La práctica del *bhakti* se ve a menudo obstaculizada por la creencia de que consiste simplemente en inclinarse ante una imagen. La sofisticada comprensión que se presenta en este texto (de la que el presente autor no se atribuye ningún mérito, sino que se debe a las influencias que citó), nos pondrá en el camino hacia una experiencia de *bhakti* mucho más profunda y gratificante. Por favor, comprende que esto no se consigue leyendo este texto una sola vez. Se trata más bien de una práctica que dura toda la vida.

Capítulo 6

EL JNANA YOGA Y SU IMPORTANCIA PARA EL BHAKTI

¿QUÉ ES EL JNANA YOGA?

Como ocurre con los demás yogas en este texto, describiré principalmente el *jñana* yoga en relación con *el bhakti* yoga. Espero escribir en el futuro un texto que trate exclusivamente del *jnana*. El *Jnana* Yoga se describió inicialmente, aunque no con este nombre, en el *Brhad Aranyaka Upanishad*, concretamente en los diálogos del *Rishi* Yajnavalkya con el emperador Janaka y con la esposa de Yajnavalkya, Maitreyi. En estos diálogos, Yajnavalkya formuló la llamada doctrina del Brahman, que implica que la realidad subyacente del universo y de la mente humana es la conciencia infinita, el Brahman. Para alcanzar el Brahman, Yajnavalkya enseña un enfoque en tres etapas: *shravana* es escuchar la verdad expuesta por alguien que la ha alcanzado; después viene *manana*, reflexionar sobre la verdad escuchada; después de comprenderla y aceptarla a fondo viene *nididhyasana*, un establecimiento permanente en la verdad.

El planteamiento de Yajnavalkya sólo será adecuado para quienes tengan un intelecto muy sofisticado, libre de lo que el *Samkhya Karika* (un texto que propugna la filosofía *Samkhya*) denomina *viparyaya*, cognición errónea o error. Si existe una cognición errónea, la inteligencia es propensa a malinterpretar las enseñanzas de Yajnavalkya. La cognición errónea está presente en la mente de la mayoría de las personas, si no de todas. El *Yoga Sutra* de Patanjali es un intento de hacer accesibles las enseñanzas abstractas *de los Upanishads* a las personas que tienen mentes propensas al error. Según Patanjali, el conocimiento erróneo (*viparyaya*) es una de las cinco fluctuaciones de la mente (*vrttis*) enumeradas en el *Yoga Sutra*.[280] El yoga de Patanjali, también llamado *Raja* Yoga, describe un sistema en el que primero purificamos la mente del conocimiento erróneo, sólo después de lo cual puede aplicarse *el Jnana* Yoga. Esta purificación de la mente implica una amplia caja de herramientas de *sadhanas* (prácticas y disciplinas espirituales), de las que doy una visión general en el capítulo 7, el capítulo sobre el *Raja* Yoga. El *Gita* enseña el *Raja* Yoga en el capítulo 6, donde se describe como un afluente *del Bhakti* Yoga.

El teólogo indio del siglo VIII Sri Shankaracharya (lo llamaré Shankara para abreviar) afirmó en su *Comentario al Brahma Sutra* que el Brahman (la conciencia infinita) no puede alcanzarse mediante la realización de acciones (como las técnicas de yoga), pues de lo contrario se habría demostrado que el Brahman es causado. Esto no puede ser porque, por definición, el Brahman es la causa no causada de todo. A continuación, criticaré el argumento de Shankara desde el punto de vista del yoga de Patanjali: al realizar una técnica de yoga, simplemente purifico mi mente y la devuelvo a su alineamiento original con el Brahman para que pueda morar en Él. Hacerlo no implica causalidad del Brahman. Al contrario, sólo demuestra que

- A. mi mente necesitaba purificarse y
- B. la eficacia de los métodos del yoga para lograr dicha purificación.

---

280 Yoga Sutra I.6

CAPÍTULO 6

Los místicos indios que tenían puntos de vista similares eran Sri Ramakrishna y Sri Aurobindo. Aurobindo alcanzó *el jnana* en la cárcel de Alipore tras practicar una técnica de meditación yóguica, que describiré más adelante en la sección "Cómo alcanzar *el jnana*". Por ello, Aurobindo no creía haber causado el Brahman mediante su técnica de meditación. Por supuesto, Aurobindo comprendía y siempre proclamó que el Brahman era la causa no causada de todo.

Aurobindo tampoco creía que *el jnana* fuera el final del camino espiritual, sino más bien su principio. Esta creencia se debió al hecho de que Aurobindo alcanzó la autorrealización con relativa rapidez. Sin embargo, le impulsó a indagar durante toda su vida en *el Bhakti* y el *Karma* Yoga. Así dice Aurobindo en sus *Ensayos sobre el Gita*, que el *Gita* hace hincapié en la autorrealización a lo largo de su capítulo 6th.[281] Aunque esto pueda considerarse un fin en sí mismo, es sólo el principio del *Bhakti* y el *Karma* Yoga.

Swami Tapasyananda, en su comentario sobre el *Bhagavad Gita*, define la autorrealización como una escisión de la conciencia por la que el centro consciente deja de identificarse con el cuerpo-mente y se sitúa en el testimonio de la Conciencia Divina.[282] Aunque, en un principio, la idea de aspirar a la escisión de la consciencia sea algo que nos provoque rechazo, coincide aproximadamente con el concepto de autorrealización de Patanjali. Patanjali lo denomina *kaivalya*, que se traduce como independencia, pero también como aislamiento. Significa que uno ha realizado el verdadero yo, que Patanjali llama *purusha*, como independiente y aislado del cuerpo-mente egoico. Hablando más estrictamente, hay que aislar la conciencia testigo, el verdadero yo, de la inteligencia o intelecto (*buddhi*). El antiguo maestro *samkhya* Panchasikha

---

281 Sri Aurobindo, Essays on the Gita, p. 235
282 Swami Tapasyananda, Srimad Bhagavad Gita, p. 374

dijo que, debido a la vecindad del intelecto y la consciencia, creemos que el intelecto es sensible y que la consciencia modifica los datos sensoriales. La verdad, sin embargo, es que ambas funciones están totalmente separadas. Quiere decir que el intelecto modifica los datos sensoriales, pero no es consciente. Por otra parte, la conciencia es consciente, tiene conciencia y es sensible, pero no puede modificar los datos sensoriales. Ambas funciones están totalmente aisladas entre sí, y quien tiene conocimiento permanente de este aislamiento está autorrealizado.

El estado de autorrealización se menciona con frecuencia en el *Gita*, que habla de ver a todos los seres en su totalidad en el *atman* (el yo),[283] mientras que otro pasaje dice que quien ve la igualdad en todos los seres y está establecido en comunión espiritual (con la Divinidad) ve al *atman* residiendo en todos los seres, y a todos los seres como establecidos en el yo.[284] El capítulo XIII del *Gita* trata principalmente de la autorrealización y *del Jnana* Yoga. En este capítulo, Krishna diferencia entre el campo (*kshetra*) que hay que conocer, es decir, el cuerpo-mente egoico, y el conocedor del campo (*kshetra-jna*), es decir, la conciencia o yo (*atman*). Krishna afirma que, según Él, el conocimiento (*jnana*) que distingue entre el conocedor (*kshetra-jna*), es decir, el yo, y su campo de operación, el cuerpo-mente egoico (*kshetra*), es el único conocimiento real (*jnana*).[285]

VIJNANA (REALIZACIÓN DE DIOS)

Discutir *el jnana* en relación con el *Gita* y el *bhakti* no estaría completo sin ahondar en el *vijnana*. En una de las estrofas

---

283 Bhagavad Gita IV.35
284 Bhagavad Gita VI.29
285 Bhagavad Gita XIII.2

fundamentales del *Gita*, Krishna plantea la diferencia entre el conocimiento esencial (*jnana*, es decir, la autorrealización) y el conocimiento complejo (*vijnana*, es decir, la realización de Dios).[286] Los comentaristas medievales del *Gita* pasaron por alto la importancia de esta estrofa sobresaliente, omisión que rectificó Sri Ramakrishna. Sri Ramakrishna señaló que los dos términos significan aquí la realización de uno mismo y la realización del Ser Cósmico, lo Divino. Enseñó que *vijnana* (la realización de Dios) se obtiene mediante la realización de lo Divino como personal (*saguna*, traducido directamente, el término significa "con forma") e impersonal (*nirguna*).[287] Nirguna significa sin forma o sin atributos, y se refiere al Absoluto sin forma (*nirguna* Brahman), el tema de la enseñanza de Shankara. El término *saguna* significa con forma o atributos, y señala todas las formas que puede adoptar lo Divino, es decir, una deidad, un *avatar*, el colectivo de espíritus (*jivas*), todo el cosmos, y la inteligencia y fuerza creadoras que lo permutan (*prakriti, maya*, Shakti).

Swami Tapasyananda dice que *vijnana* es ver el juego divino en el que la Divinidad se convierte en los *jivas* (espíritus individuales), el cosmos y su amo, la Divinidad.[288] La afirmación de Tapasyananda es significativa, pues en la filosofía de Shankara, el mundo es estático, es decir, nunca cambia su esencia de ilusión. Asimismo, la única entidad real, el Brahman, es estática, pues nunca cambia su condición de infinitud, eternidad, vacío, carencia de cualidad y carencia de forma. Tapasyananda utiliza aquí el término *lila*, que implica el juego dinámico de la Divinidad. Aunque la Divinidad, el actor, no cambie, el juego emprendido es real y dinámico. Sri Aurobindo retomó la enseñanza de Ramakrishna y la

---

286 Bhagavad Gita VII.2
287 Swami Tapasyananda, Srimad Bhagavata, vol.3, p. 9
288 Swami Tapasyananda, Srimad Bhagavad Gita, p. 208

desarrolló aún más. Dice que *vijnana* es la conciencia espiritual directa del Ser Supremo; a través de ella se conoce todo, no sólo el yo, sino también el mundo, su acción y su naturaleza.[289] También aquí, Aurobindo admite algo más que el yo estático, admite también la acción de la Divinidad en un mundo real y significativo.

Que nuestras acciones en el mundo importen o sean totalmente ilusorias depende de nuestra realización y, en última instancia, de nuestro conocimiento del mundo. Si nos damos cuenta de que la Divinidad es un actor activo en el mundo real, se hace mucho más hincapié en nuestras acciones y en si contribuimos al plan divino.

JNANA Y BHAKTI

Sri Aurobindo escribe que los capítulos séptimo a duodécimo *del Bhagavad Gita* sientan las bases de la estrecha relación entre el conocimiento (*jnana*) y la devoción (*bhakti*).[290] El *Gita* afirma que la devoción (*bhaktya*) nos lleva al Ser Supremo, y conociéndolo (*jnatva*), entramos en Él.[291] La mención de ambos demuestra un cruce estrecho de ambos caminos. Sri Krishna afirma que el Conocedor (*jnaninah*) tiene una devoción única (*eka-bhaktih*) y está siempre en comunión con la Divinidad.[292] De estas citas se desprende claramente que la dicotomía que algunos crean entre el *Jnana* y el *Bhakti* Yoga es ficticia. Porque ¿cómo podríamos tener devoción por algo que no conocemos? Sería una devoción imaginaria, una fe ciega, un dogmatismo. En cambio, una vez que se conoce a Dios, nada puede ser más sencillo y natural que *el bhakti*. Por tanto, si

---

289 Sri Aurobindo, Essays on the Gita, p. 266
290 Sri Aurobindo, Essays on the Gita, p. 263
291 Bhagavad Gita XVIII.55
292 Bhagavad Gita VII.17

tanto *el jnana* como el *bhakti* son reales, deben ir siempre de la mano. Podemos, por ejemplo, iniciar una práctica sencilla de *bhakti* adorando una imagen divina con exclusión de las demás. Sin embargo, como afirmó el gran filósofo *advaítico del bhakti* Madhusudana Saraswati, las modalidades superiores *del bhakti* sólo pueden surgir tras alcanzar la conciencia unitaria. El término conciencia unitaria representa aquí la comprensión de que hay una conciencia infinita detrás de todas las formas y deidades divinas.

En el *Bhagavad Gita*, Krishna afirma que las grandes almas (*mahatmas*) saben que Él (*jnatva*) es el origen inmutable de todos los seres y, por tanto, Le adoran (*bhajanti*) con mente indiferente.[293] De nuevo, he aquí la fusión sin fisuras *del bhakti* y el *jñana*, los yogas de la devoción y el conocimiento. A veces, *el bhakti* surge del *jnana;* otras veces, al revés, pero en última instancia, siempre van juntos.

Por ejemplo, en el *Gita* Krishna afirma que otorgará el amor intelectual a Dios (*buddhi yoga*) a quienes Le adoren con deleite y estén firmemente establecidos en la comunión espiritual.[294] Más adelante, el *Gita* dice que mediante la devoción inquebrantable (*bhaktya*) se puede conocer la forma universal de la Divinidad (*jnatum*).[295] Podrían citarse muchos otros pasajes, pero éstos pueden bastar para demostrar que *jnana* y *bhakti* no son dos sino uno, y que quienes practican uno excluyendo al otro pueden acabar embrutecidos.

CÓMO PRACTICAR JNANA YOGA

Lo que hoy se denomina *Jnana* Yoga, en los antiguos *Upanishads* es llamado conocimiento de Brahman. Según

---

293 Bhagavad Gita IX.13
294 Bhagavad Gita X.10
295 Bhagavad Gita XI.54

el *Rishi* Yajnavalkya, fundador de la doctrina del Brahman en el *Brhad Aranyaka*, el más antiguo de los *Upanishads*, se alcanza mediante un proceso de reflexión llamado *shravana, manana, nididhysana*. *Shravana* significa escuchar la enseñanza. *Manana* significa reflexionar sobre la enseñanza, mientras que *nididhysana* significa un establecimiento permanente en la verdad. Todos podemos escuchar las enseñanzas y reflexionar sobre ellas, pero pocos se liberarán espiritualmente mediante esa reflexión sin ayuda adicional.

Cuando llegó Shankara, que vivió unos miles de años después de Yajnavalkya, la doctrina del Brahman estaba codificada hasta tal punto que Shankara dijo que el Brahman no podía conocerse mediante ningún acto o esfuerzo, sino que sólo podía conocerse a través de las escrituras. Las escrituras concretas que Shankara tenía en mente son las llamadas *prashtana trayi* (triple cañón), es decir, los *Upanishads*, el *Bhagavad Gita* y los *Brahma Sutras*. Esto significa que el estudio de estos textos comprende *el Jnana* Yoga. La opinión de que estudiar el *Gita* constituye *Jnana* Yoga también se apoya en el propio *Gita*. Así, dice Krishna que estudiar el *Bhagavad Gita* significa adorarle con la ofrenda del conocimiento (*jnana yajna*).[296]

Si confiamos exclusivamente en el estudio de las escrituras, existe una posibilidad real de que nos quedemos en la superficie y de que dicha investigación no transforme profundamente nuestras acciones. Podemos aprender de memoria una serie de afirmaciones lingüísticas, que podemos pronunciar con frecuencia para convencer a los demás y a nosotros mismos de que, en efecto, hemos alcanzado *el jñana*, pero esto no consigue transformar nuestra psique. Aunque exteriormente profesemos ser *jnani*, nuestras acciones pueden seguir traicionando nuestras palabras.

---

296 Bhagavad Gita XVIII.70

CAPÍTULO 6

Shri Krishna tenía precisamente esto en mente cuando afirma en la estrofa II.6 del *Gita* que quien está inactivo externamente (es decir, que pretende ser un gran meditador o *jnani*), pero en su mente sigue albergando deseos, es un hipócrita. Por eso los nativos americanos tienen un dicho: "No nos cuentes tus experiencias espirituales. Te observaremos y juzgaremos lo que has visto y comprendido por tu comportamiento". El *Bhagavata Purana* está de acuerdo en que limitarse a hablar de la conciencia no conducirá a la liberación, mientras que *la sadhana* (prácticas espirituales) sí lo hará.[297] Ten en cuenta que el péndulo había vuelto a oscilar, y la práctica del yoga se consideraba de nuevo más prometedora que la mera escucha, reflexión y permanencia. Cuando llegó el periodo medieval, en los círculos yóguicos existía una aversión a hablar de *jñana*. thEsta aversión se pone de manifiesto en la estrofa final del *Hatha Yoga Pradipika del siglo* XV, que afirma que, a menos que se consiga que *el prana* (fuerza vital) penetre en el nadi central (*sushumna*), todo lo que se diga sobre el *jnana* es palabrería de locos, algo sin sentido.[298] Aunque tal crítica no es nueva, una afirmación similar se hizo casi dos mil años antes en el *Gita*, que afirma que sentarse tranquilamente y pensar que se ha alcanzado una mente imperturbable es hipocresía.[299]

Por eso, los *jnanis* más recientes practicaban a menudo métodos yóguicos o tántricos para obtener el conocimiento. Daré tres ejemplos: Sri Ramakrishna, Ramana Maharishi y Sri Aurobindo. Veamos primero el caso de Ramakrishna. Ramakrishna era el sacerdote oficiante del templo de Kali, Dakshineshwar. Su caso es interesante por varias razones. Primero alcanzó la realización de la Divinidad con forma

---

297 Swami Tapasyananda, Srimad Bhagavata, vol. IV, p. 3
298 Hatha Yoga Pradipika IV.113
299 Swami Tapasyananda, Srimad Bhagavad Gita, p. 83

mediante, *el bhakti*, antes de practicar *el jñana*. Según sus propias declaraciones, Ramakrishna realizó el servicio devocional a Kali durante un largo periodo sin alcanzar la realización. Frustrado, un día escaló la gigantesca estatua de Kali que había en la sala principal del templo y amenazó con empalarse en la enorme espada de sacrificio que portaba la estatua. Fue entonces cuando vio la forma divina de Kali. Mientras que la mayoría de los devotos se habrían conformado con permanecer junto a su deidad favorita, Ramakrishna sentía curiosidad por saber qué ocurriría si se alejaba más. Entonces practicó periodos consecutivos de meditación sobre Visnú, Shiva, Jesús y Mahoma, respectivamente. Más tarde, afirmó que todos estos caminos conducirían a la misma meta.

En ese momento de su vida, el *jnani* Totapuri buscó a Ramakrishna para que le diera una lección. Según la filosofía de Totapuri, *el Vedanta Advaita*, el Absoluto sin forma, el Brahman *nirguna*, era la única realidad real subyacente. Las formas divinas y las deidades eran sólo apoyos o muletas adoradas sólo por quienes carecían de la capacidad intelectual para reconocer su irrealidad. Totapuri instruyó a Ramakrishna en *el Jñana* Yoga, pero para su gran sorpresa, Ramakrishna lo dominó en una sola sesión de 24 horas.

Cuando Totapuri volvió para comprobar los progresos de su alumno, descubrió que Ramakrishna estaba sentado erguido en un estado similar al rigor mortis, con todo el cuerpo frío pero sólo la parte superior de la cabeza caliente. Ramakrishna había dominado lo que *los vedantinos* llaman *nirvikalpa samadhi*, absorbiendo su *prana* (fuerza vital) en el *Sahasrara Chakra* (*chakra de* la coronilla). Esta técnica figura en el *Vijnana Bhairava Tantra* como adecuada para alcanzar *el jñana*. Sin embargo, es una técnica segura sólo para practicantes avanzados como Ramakrishna. Otro personaje muy divulgado que practicó este método fue el funcionario,

CAPÍTULO 6

místico y reformador social indio Gopi Krishna. Fue autor de doce libros, entre ellos su informe personal de 1967 *Kundalini - Energía evolutiva en el hombre*. En el caso de Gopi Krishna, al no estar adecuadamente preparado, la técnica le salió mal y tuvo que pasar por un largo periodo de sufrimiento, que describió como entre la muerte y la locura, antes de que su estado se estabilizara finalmente en la realización. No merece la pena que el practicante medio corra semejante riesgo.

Totapuri consiguió sacar a Ramakrishna de su *nirvikalpa samadhi* de 24 horas abofeteándole y sacudiéndole repetidamente. Esperaba que Ramakrishna hubiera experimentado ahora la supremacía *del jnana* sobre *el bhakti*. Para sorpresa de Totapuri, Ramakrishna afirmó que *jnana* es el estado que se alcanza finalmente al abandonar el cuerpo por última vez, pero que mientras se permanece en él, *bhakti* es el enfoque adecuado. Ramakrishna afirmó además que, mientras estemos en el cuerpo, en lugar de intentar la unificación con el Absoluto informe, debemos aspirar a ser servidores de la Divinidad y de todos los seres.

Esto enlaza con la enseñanza de Sri Krishna *en el Bhagavad Gita*, donde explica que seguir un ideal poco claro es difícil para un ser encarnado; es mucho más problemático seguir al Absoluto sin forma (que a la Divinidad con forma).[300] Esto se debe a que no podemos aprender lo que está bien y lo que está mal del Absoluto sin forma. Sin embargo, podemos aprenderlo de la Divinidad con forma, como Krishna, Jesús o Buda. Ramakrishna afirmó, sin embargo, que el *vijnana* completo (la realización de Dios) sólo se obtiene realizando tanto a la Divinidad con forma (*saguna* Brahman) como al Absoluto sin forma (*nirguna* Brahman).

El segundo caso de estudio es el del místico tamil del siglo 20th Ramana Maharishi. Ramana no escribió libros. Existe

---

300 Bhagavad Gita XII.5

una discrepancia considerable entre los libros publicados sobre él por editoriales occidentales, por un lado, y las publicaciones indias, por otro. Creo que los libros y relatos occidentales ofrecen versiones truncadas y asépticas, y que los relatos indios nos muestran una imagen más completa de la espiritualidad ortodoxa de Ramana. Ramana procedía de un entorno *brahmánico smarta* muy ortodoxo. Se inclinó por *el jñana* desde el principio, pero su *bhakti* también era muy fuerte. Ramana contó que el Señor Shiva le habló y le dijo que se dedicara a una vida ascética. Ramana debía pasar el resto de su vida en el monte Arunachala o en sus alrededores, considerado por los hindúes como la encarnación meridional de Shiva. Más adelante en la vida de Ramana, hubo un proceso judicial sobre si debía seguir adelante una promoción inmobiliaria en Arunachala. Ramana firmó un documento judicial en el que declaraba que la montaña era el cuerpo del Señor Shiva y que no se podía llevar a cabo ninguna construcción. *Un jñani* puro no podría haber hecho eso, pues para un *jñani* puro toda la materia es una ilusión.

En los libros occidentales sobre Ramana, su historia se cuenta como si consistiera simplemente en un conjunto de principios lingüísticos, como "el cuerpo es una ilusión, sólo existe el yo". Lo que aquí no se explica suficientemente es que Ramana fue uno de los ascetas hindúes más feroces del siglo 20th. Su *sadhana* (disciplina espiritual), tal como le ordenó Shiva, consistía en la completa desidentificación con el cuerpo. Ramana lo practicó durante toda su vida, pero el periodo más intenso fueron los primeros 15 años, tras llegar al monte Arunachala a los 10 años de edad. Durante este periodo, renegó de su cuerpo hasta tal punto que los muchachos de la zona empezaron a apedrearle porque se dieron cuenta de que no se defendería. Llegaron a orinar y defecar sobre él porque, debido a su *sadhana*, no respondía.

CAPÍTULO 6

Otros *sadhus* (ascetas) acabaron trasladando a Ramana a un calabozo subterráneo para protegerle. También empezaron a limpiarle las heridas y a alimentarle; de lo contrario, no habría sobrevivido, tal era su desidentificación con su cuerpo. de Ramana es coherente con las enseñanzas de Shankara. Shankara afirmó que, para alcanzar *el jñana*, hay que renegar del cuerpo, no tener casa ni propiedades, no poseer dinero y no mantener relaciones sexuales ni familiares. Los relatos occidentales, aunque a veces mencionan estos "excesos" de la vida anterior de Ramana, no aprecian que su enseñanza queda castrada si se sigue llevando una vida regida por los deseos, mientras se afirma que el cuerpo es una ilusión y que sólo la consciencia es real. Tal discrepancia es precisamente lo que el Señor Krishna llama hipocresía.

La vida de Ramana tampoco tiene sentido sin comprender su relación *de bhakti* con el Dios personal Shiva, que ordenó a Ramana que realizara estas austeridades para alcanzarle. No expongo esto para argumentar aquí a favor o en contra del ascetismo. Mi objetivo es investigar, apreciar y, con un poco de suerte, comprender en su totalidad la espiritualidad de una persona, en este caso la de Ramana, en lugar de seleccionar aspectos individuales que uno pueda encontrar palpables, como ocurre con Ramana y el moderno movimiento *neo-Vedanta* occidental. El movimiento *neo-Vedanta* occidental escogió las fórmulas lingüísticas de Ramana (como que sólo existe la conciencia) e ignoró las acciones de Ramana (su ascetismo, es decir, su rechazo total del cuerpo, la propiedad, el dinero, el hogar, el sexo y la familia). Lo que el movimiento *neo-Vedanta* occidental ignora es que lo segundo potencia lo primero. Así lo enseña Shankara, el principal defensor *del Vedanta Advaita*, que estableció el código ascético que siguió Ramana. Sin el rechazo total de cualquier forma de apego corporal, lo primero es, como dice el Hatha Yoga Pradipika, "palabrería de necios", o en palabras del *Bhagavad Gita*, "hipocresía".

Nuestro tercer caso de estudio para la relación *bhakti-jnana* es el ya profusamente citado místico bengalí Sri Aurobindo. Sri Aurobindo era vástago de una acaudalada familia bengalí de comerciantes navieros. Fue enviado a Inglaterra para recibir educación a finales del siglo XX y estudió en Cambridge, con la perspectiva de trabajar para el Raj británico en la India. Durante ese tiempo, se enfrentó al racismo y poco a poco se fue inclinando por la causa del autogobierno, es decir, expulsar a los gobernantes coloniales de la India. Tras publicar inicialmente una revista en la que llamaba a la resistencia no violenta, acabó creyendo que este enfoque no daría frutos. Entonces entró en la resistencia armada y acabó convirtiéndose en uno de sus líderes. Tras un atentado fallido con bomba contra el alto comisionado de Calcuta entonces Calcuta), fue detenido y pasó un año en la cárcel de Alipore a la espera de juicio. Era una conclusión inevitable que sería condenado y ejecutado. Tras la muerte repentina y algo inesperada del principal testigo de la acusación, Aurobindo tuvo que ser puesto en libertad. Se fue al Pondicherry francés, donde dedicó el resto de su vida a la experimentación espiritual, a escribir más de 30 libros y a la enseñanza, lo que hizo que se formara un *Ashram* a su alrededor.

Lo que provocó el cambio de activista político a maestro espiritual fue una serie de despertares espirituales que Aurobindo tuvo en la cárcel. Los dos más significativos son las experiencias clásicas *jnana* (autorrealización), y *vijnana* (realización de Dios). Enfrentado a la cárcel e incapaz de continuar su resistencia política, Aurobindo se dedicó a la meditación. Al igual que la técnica del chakra de la *corona* de Ramakrishna y la técnica de desidentificación corporal de Ramana, también la técnica de meditación de Aurobindo figura en el *Vijnana Bhairava Tantra*, aunque ninguno de los tres místicos citó este tantra como recurso. La técnica de Aurobindo es la llamada técnica de negación del pensamiento, y él la describió así:

- Primero, siéntate y observa tu mente, pero no pienses. Aquí está implícito no producir pensamientos activamente, sino sólo observarlos pasivamente.
- En segundo lugar, si se produce un pensamiento, sé consciente en que no se crea dentro de la mente, sino que entra en ella desde el exterior. El modelo subyacente aquí es que el cerebro no es un generador de pensamientos, sino que funciona como un receptor de radio. Según este enfoque, los pensamientos no se consideran impulsos bioeléctricos generados en el cerebro, sino ondas de pensamiento atmosféricas (*vrttis*).
- En tercer lugar, siempre que notes que un pensamiento intenta entrar en tu mente, devuélvelo fuera.

Te animo a que dejes el libro y pruebes la técnica después de releer las instrucciones varias veces. Sea cual sea el éxito inicial, te sugiero que repases el método con regularidad para calibrar los progresos. De varias docenas de técnicas de meditación que practico y he practicado, no considero que ésta sea una de las más fáciles, pero Aurobindo escribe que, tras practicar el método durante tres días, se sintió libre, es decir, alcanzó *jñana*, la autorrealización. Aurobindo afirmó que, tras desechar los pensamientos durante tres días, su mente acabó por volverse completamente silenciosa. Si dirigía su mente, ahora silenciosa, hacia la indagación, descubría que se había vuelto más transparente, precisa y poderosa.

Para la mayoría de los yoguis, esta experiencia habría sido suficiente. Habrían permanecido en el nivel del yo silencioso, la conciencia testigo. Pero en el caso de Aurobindo, esta autorrealización sólo fue la precursora y la puerta a la posterior realización de Dios o *vijnana*. Aurobindo escribe que unos meses después de su autorrealización, experimentó que su cama, su manta y la pared de su celda se convertían en Krishna. Sus funcionarios de prisiones y otros detenidos, muchos de ellos asesinos, se convirtieron ante sus ojos en Krishna. Estas experiencias, *jnana* y *vijnana*, condujeron a Aurobindo a su comprensión del *Bhagavad Gita*, que acabó publicando como *Ensayos sobre el Gita*. Aunque su lectura supone un reto de 600 páginas, y desgraciadamente no es un comentario estrofa por estrofa, la suya es la explicación más completa, visionaria e inherentemente coherente de la filosofía del *Bhagavad Gita*. Aurobindo *explica el jnana* como tributario *del bhakti*, y yo sigo este punto de vista en este texto. No obstante, Aurobindo también enseñó que la realización de lo Divino no puede ser completa sin la autorrealización. En consecuencia, la devoción a la Divinidad sólo puede ser completa conociendo a la Divinidad. Por tanto, *el jnana* no es sólo un afluente *del bhakti*, sino también un elemento estructural esencial, sin el cual *el bhakti* puede calcificarse en dogmatismo y sectarismo.

En mi texto de 2014 *A través del Mantra, los Chakras y la Kundalini hacia la Libertad Espiritual*, atribuí el rápido éxito de Sri Aurobindo, con su técnica de meditación de negación del pensamiento, a dos factores. El primero es el hecho de que Aurobindo estuvo, durante su estancia en la cárcel, y debido a sus actividades insurgentes, esencialmente en el corredor de la muerte. Si te espera una muerte segura y próxima, hay pocos incentivos para pensar en el futuro. Como es probable que no haya futuro, no tiene mucho sentido preocuparse por los impuestos impagados, por tener que llamar al fontanero o por tener que sacar la basura. El místico armenio Georg I. Gurdjieff, en sus *Cuentos de Belcebú a su nieto*, afirmaba que lo único que podía impulsar la espiritualidad de la humanidad era un mecanismo que nos recordara constantemente la proximidad de nuestra muerte. Aurobindo disponía de tal mecanismo. Aunque estar en el corredor de la muerte sería perjudicial para cualquier otra empresa humana, es el escenario ideal para la meditación.

El segundo factor es que Aurobindo era un alma antigua, es decir, que estaba preparado para tener estas experiencias, y sólo necesitaba que le dieran un codazo para que las superara. Un día, unos visitantes preguntaron a Ramana Maharishi por qué recomendaba métodos como el canto *védico*, el *mantra* o el *pranayama*, y, sin embargo, nadie le había visto practicar ninguno de ellos. Ramana respondió que todos los que alcanzan estados espirituales en esta vida, aparentemente sin haber realizado largos periodos de *sadhana* (prácticas espirituales), lo han hecho en vidas anteriores. Esta verdad se confirma en el *Yoga Sutra*, que enumera cinco vías que conducen a la potenciación espiritual (*siddhi*).[301] De ellas, el nacimiento (*janma*) es la primera de la lista. Nacimiento significa aquí que has alcanzado la potenciación espiritual por nacimiento, es decir, que has nacido con ella. Por tanto, está causada por actos *kármicos* realizados en encarnaciones anteriores.

Que el logro de Aurobindo es de nacimiento se hace muy evidente en su elección de palabras respecto a la técnica de negación del pensamiento antes mencionada. Aurobindo sugiere "expulsar los pensamientos una vez que nos hemos dado cuenta de que entran, y antes de que puedan arraigar en la mente". No sé cómo funciona eso para ti, pero si yo

---

301 Yoga Sutra IV.1

"expulso los pensamientos", se activa en mí el hacedor y, con él, el sentido de agencia del que advierte Krishna. Esto no supuso ningún obstáculo para Aurobindo, lo que da fe de su madurez y exultación. Para el resto de nosotros, simples mortales, sugiero sustituir la expulsión activa por la liberación pasiva de los pensamientos.

Un enfoque alternativo sería la entrega de los pensamientos a la Divinidad. Como afirma Krishna, todas las acciones las realiza Su *prakriti* (fuerza creadora divina), pero en nuestro engaño, creemos ser los hacedores. El término "todas las acciones" incluye aquí la acción de pensar. Podemos apartarnos del proceso de pensar dándonos cuenta de que la Divinidad está pensando todos los pensamientos a través de nosotros. Algunos pueden pensar que la ofrenda o entrega de un pensamiento es una ofrenda demasiado insignificante. A esto, Krishna dice: "todo lo que Me ofrezcas con sinceridad y amor, aunque sólo sea una hoja, una flor o un fruto, eso sí que lo aceptaré".[302]

Unas últimas palabras de Sri Aurobindo sobre el tema de *jnana* y *vijnana*: En *Ensayos sobre el Gita*, nos exhorta a realizar la unidad de todos los seres en la Naturaleza misma.[303] Al escribir aquí naturaleza con N mayúscula, Aurobindo quiere invocar la Shakti, el aspecto devenir de lo Divino, tras el cual está todavía lo no manifestado, el aspecto ser de lo Divino, el yo puro.

EFECTOS DEL JNANA

En el *Gita*, Krishna afirma que, en verdad, en este mundo no existe nada tan purificador como el conocimiento (del *atman*, es decir, el autoconocimiento), como descubrirá a su debido

---

302 Bhagavad Gita IX.26
303 Sri Aurobindo, Essays on the Gita, p. 229

tiempo quien se haya perfeccionado en el yoga.[304] Esta estrofa es muy significativa. Si abordamos *el bhakti* sin conocimiento (es decir, sólo mediante la creencia y la fe), puede convertirse en un ejercicio de narcisismo, en el que extrapolamos nuestro ego a nuestra deidad preferida, y la convertimos en el único objeto digno de adoración. Entonces podríamos arruinar nuestra alma con soberbia y despreciar a todos los demás hijos de Dios que adoran a la Divinidad por vías distintas a la que nosotros preferimos. Desarrollar tal arrogancia es el peligro real del *bhakti* sin conocimiento. Con *jñana*, vemos el *atman* que hay en nosotros, y el mismo *atman* que hay en los demás. Tal conocimiento detendrá en seco cualquier fanatismo sectario, pues sólo podemos presenciar con humildad cómo Dios se expresa a través de otros seres de formas totalmente distintas.

El *Gita* lo aclara sin lugar a dudas, diciendo que una persona sabia o educada (*pandita*) ve el mismo yo (*atman*) en un *brahmán* (miembro de la casta sacerdotal), una vaca, un elefante, un perro e incluso en un comedor de perros.[305] En la antigua India, se consideraba que los que comían carne de perro tenían el estatus social más bajo; eran parias. La idea es que una persona sabia verá el mismo *atman* incluso en los seres más despreciados socialmente. Imagina cómo cambiaría nuestra sociedad si pudiera construirse sobre esa premisa. Todo el agonismo, el antagonismo, la ambición y la competencia desaparecerían de un plumazo. Fíjate también en cuánta rivalidad, antagonismo, ambición y competición han entrado en las religiones y prácticas espirituales, y cuánto se purificarían si quienes las practican pudieran ver que todos compartimos el mismo yo, y que ese yo es Dios. La mayoría de las religiones modernas (salvo las del lejano oriente) son

---

304 Bhagavad Gita IV.38
305 Bhagavad Gita V.18

religiones *bhakti*. Sin embargo, como a menudo ignoran el elemento *jnana*, se han contaminado con la creencia de que sólo ellas representan el camino correcto, y los miembros de otras religiones son infieles o paganos en el mejor de los casos, y adoradores de Satanás en el peor de ellos.

En el *Gita*, Krishna afirma que, una vez que nos independizamos de la experiencia sensorial, obtenemos el gozo del *atman*.[306] A través de eso llega el éxtasis infinito de la absorción en comunión con el Brahman. Esta afirmación requiere una explicación. Como en la historia de Ramana Maharishi, el *Jñana* Yoga implica alguna forma de *sadhana* que nos hace independientes de la gratificación sensorial. Eso no significa que debamos elegir el ascetismo (pues Ramakrishna y Aurobindo no lo hicieron). Tampoco significa que nunca podamos elegir la gratificación sensorial, pero sí que debemos independizarnos de ella. Para la mayoría de los humanos modernos, siempre que hay estrés, frustración, aburrimiento, etc., la primera respuesta es encubrirlo empleando la gratificación sensorial, y por eso nos hemos vuelto adictos a ella.

Pero la alegría que experimentamos a través de la gratificación sensorial no procede de ella, sino que irradia del *atman* en lo más profundo de nuestro ser. La naturaleza del *atman* es el éxtasis, por eso en la llamada doctrina *panchakosha* del *Taittiriya Upanishad* (la enseñanza de las cinco capas sobre las que se construye el yoga), el *atman* se denomina *anandamaya kosha*, que significa la capa que potencia el éxtasis.[307] El primer paso para descubrir el *atman* suele requerir alguna forma de retiro, soledad o aislamiento. Solos en la naturaleza, podemos encontrar el tiempo, el espacio y la musa para darnos

---

306 Bhagavad Gita V.21
307 Taittiriya Upanishad II.2-5

cuenta de que nuestra naturaleza más íntima e intrínseca es el éxtasis, que no requiere estímulos externos.

Pero en la estrofa anterior, Krishna va más allá. Dice que, si permanecemos en el gozo del *atman* el tiempo suficiente, encontraremos bajo él y a través de él el éxtasis infinito del Brahman, la conciencia infinita o alma del mundo. También aquí, Krishna señala de nuevo el hecho de que primero viene *jnana* -la autorrealización-, y a través de ella y después de ella viene *vijnana* -la realización de Dios-, un orden que Sri Aurobindo subrayó de forma muy relevante. Por supuesto, se tarda más en acceder al Brahman, la Conciencia Cósmica, pero una vez que nos absorbemos en comunión con Ella, nos proporciona un éxtasis infinito, como afirma el *Bhagavad Gita*.

Exaltando aún más las virtudes *del jñana*, Krishna afirma que *el jñana* reduce los efectos del *karma*, como el fuego, que reduce a cenizas un montón de leña.[308] Por último, Krishna dice que mira al conocedor (*jnanin*) como a Su mismo ser (es decir, extremadamente amado.[309] Este mandato no debe despreciarse como insignificante o como meras palabras. Krishna afirma aquí que la autorrealización crea un vínculo íntimo entre Él y el devoto, vínculo que, por supuesto, aumentará infinitamente una vez obtenida la realización de Dios. No debemos pensar que lo que hacemos no le importa a Dios. Al contrario, la evolución y el progreso espirituales crean un tipo especial de éxtasis en la mente de Dios. No hay mayor éxtasis para Dios que presenciar el despertar espiritual de nosotros, Sus hijos.

Ya hemos establecido qué es el bhakti y cómo se practica. Además, hemos aprendido lo importante que es *el Karma* Yoga para *el bhakti* y cómo, sin él, *el bhakti* puede limitarse a poco más que entregarse a la emocionalidad espiritual. Por último,

---

308 Bhagavad Gita IV.37

309 Bhagavad Gita VII.18

hemos aprendido que el *bhakti* sin *jnana* puede descender rápidamente al dogmatismo y al fundamentalismo religiosos. Pero ¿y si las alturas *del Jnana* Yoga nos resultan demasiado difíciles de escalar? ¿Y si nuestra mente está confusa, distraída y desenfocada, nuestra respiración inestable y nuestro cuerpo demasiado inquieto para permanecer sentado erguido durante periodos prolongados? La respuesta es que debemos prepararnos con *el Raja* Yoga, descrito en el capítulo siguiente, el 7.

Capítulo 7

EL RAJA YOGA Y SU IMPORTANCIA PARA EL BHAKTI

QUÉ ES EL RAJA YOGA

En este capítulo explicaré por qué y cómo *el Raja* Yoga es esencial para *el bhakti* y para todas las demás vías del yoga mencionadas hasta ahora. *Raja* Yoga es un término general para el yoga del *Yoga Sutra*, y su palabra clave es concentración. En su comentario sobre el *Yoga* Sutra de Patanjali, *el Rishi* Vyasa explica que el término yoga puede derivar de la raíz sánscrita *yujir yoge*, en cuyo caso el término yoga significa unir o comulgar.[310] Con este significado, el término se utiliza con mayor frecuencia en el *Bhagavad Gita*. Existe una segunda raíz verbal sánscrita de la que puede derivarse el término: *yujir samadhau*, en la que yoga significa concentrarse. Con este significado, el término yoga se utiliza en el *Yoga Sutra*, y aquí todos los métodos yóguicos (incluyendo *asana*, *pranayama* y meditación) se emplean para concentrar la mente hasta tal punto que, en última instancia, pueda tener una cualidad *samádica* similar a la de un láser, y ver y atravesar la ignorancia, el condicionamiento, la cognición errónea y el engaño.

Aunque el *Bhagavad Gita* utiliza generalmente el término yoga para referirse a la vinculación del yo individual al Ser

---

310 Yoga Bhashya I.1 de Vyasa

Cósmico y a la comunión con Él, también acepta la vía del *Raja* Yoga, la vía de la concentración de la mente. Así dice el *Gita* que si alguien no puede fijar su mente de forma estable en lo Divino, debe acercarse a lo Divino mediante la práctica sistemática de la concentración.[311] Aparte de los miembros preparatorios como la ética, *la asana* y el *pranayama*, esta práctica sistemática consta de los miembros *pratyahara* (independencia de los estímulos externos), *dharana* (concentración), *dhyana* (meditación) y *samadhi* (absorción). En particular, estos cuatro últimos miembros no difieren en cuanto al objeto de meditación elegido, sino en la medida en que el objeto meditado se duplica en la mente. En otras palabras, el grado en que un objeto de meditación externo y su duplicado en la mente han alcanzado la identidad. He descrito todo esto con gran detalle en mi explicación del *Yoga Sutra* contenida en *Práctica y Filosofía del Ashtanga Yoga*, y está fuera del alcance de este libro entrar en demasiados detalles. Sin embargo, en un sentido general, el *Yoga* Sutra habla de que nuestra mente se ha vuelto dispersa y difusa a causa de las huellas negativas (como los traumas), que ahora afloran en forma de obstáculos mentales, como la ansiedad y la depresión, un patrón respiratorio inestable, y un cuerpo inquieto incapaz de permanecer sentado durante largos periodos.[312]

En lo que difieren el *Yoga Sutra* y el *Bhagavad Gita* es en que el *Yoga Sutra* es muy liberal a la hora de elegir un objeto de meditación. La única limitación es que cualquier objeto elegido debe ser de cualidad *sáttvica* (sagrada). Aunque el *Yoga* Sutra incluye a la Divinidad entre sus posibles elecciones de objetos, en el *Gita* encontramos que éste es el único objeto recomendado. Es lo que cabría esperar en un texto que trata del *bhakti*.

---

311 Bhagavad Gita XII.9
312 Yoga Sutra I.31

CAPÍTULO 7

El Gita da un lugar *al Raja* Yoga porque Krishna acepta que no todo el mundo puede ir directamente al *bhakti*, el yoga de la devoción, o al *jnana*, el yoga del conocimiento. Esta incapacidad para ir directamente al meollo de la cuestión se debe a que la mayoría de los practicantes tienen una mente que oscila entre la actividad frenética (*rajas*) y la obtusa torpeza (*tamas*), pasando muy poco tiempo en el estado *sáttvico*. Esa mente oscilante debe purificarse, cultivarse y volverse aguda y luminosa para que, al final, pueda conocer a la Divinidad y dedicarse a Ella en amoroso servicio.

El Bhagavad Gita comienza su descripción *del Raja* Yoga clásico con el consejo de que debemos buscar un lugar solitario, preparar un asiento de meditación y adoptar una *asana estable*.[313] Ahora nos esforzamos por hacer que la mente se enfoque en un punto (*ekagra*), absorbiéndola a ella y a los sentidos en el yo para lograr la comunión espiritual. Además, el *Gita* nos aconseja mantener la cabeza, el cuello y la columna vertebral en posición erguida, dirigir la mirada hacia la punta de la nariz (*nasikagra*), sin mirar a nuestro alrededor y, en un estado intrépido, sereno y contento, meditar en la comunión espiritual con la Divinidad.

Después de que Arjuna se queje a Krishna de que la mente humana es demasiado voluble, y está demasiado expuesta a agravarse como para alcanzar nunca la comunión con lo Divino, éste le responde que, aunque Arjuna tiene razón en su valoración de la mente humana, ésta puede, no obstante, dominarse mediante la aplicación combinada de la práctica espiritual (*abhyasa*) y la desidentificación (*vairagya*).[314] Quienes estudien el *Yoga Sutra* se darán cuenta de que Krishna aconseja la misma estrategia dual para suspender la mente que también

---

313 Bhagavad Gita VI.10-14
314 Bhagavad Gita VI.33-34

prescribe Patanjali.[315] En otras palabras, en esta sección del *Gita*, Sri Krishna enseña directamente el yoga de Patanjali. Está de acuerdo en que, si la mente de una persona aún no es capaz de entrar en comunión con lo Divino, es decir, no está preparada para el *bhakti*, puede que sea necesario aplicar todo el sistema del *Raja* Yoga para cambiar la calidad de la mente de esa persona.

En particular, la elección de las palabras práctica espiritual (*abhyasa*) y desidentificación (*vairagya*) alude al *pranayama*. La práctica espiritual (*abhyasa*) implica hacer, dominar y tecnificar las actividades que los yoguis denominan solares. Se llaman así porque están impulsadas por la fosa nasal solar derecha y el llamado *nadi Pingala*, que también suministra *prana* al hemisferio cerebral analítico izquierdo, y al sistema nervioso simpático. La desidentificación (*vairagya*) implica no hacer, entregarse y soltar, actitudes que los yoguis denominan lunares. Éstas son impulsadas por la fosa nasal lunar izquierda y el *nadi Ida*, que también suministra *prana* al hemisferio cerebral derecho, intuitivo-holístico, y al sistema nervioso parasimpático. La forma más directa de equilibrar ambos *nadis* es mediante el método de *pranayama Nadi Shodhana*, es decir, la respiración por fosas nasales alternas, que he descrito con gran detalle en mi libro *Pranayama La Respiración del Yoga*. Hay otras referencias directas al *pranayama* en el *Bhagavad Gita* y en el *Bhagavata Purana*, que citaré más adelante.

POR QUÉ RAJA YOGA

Como se explica en el capítulo sobre *el Jñana* Yoga, la técnica principal para alcanzar la autorrealización en los tiempos de antaño consistía en reflexionar sobre pasajes de las escrituras. El problema de basarse principal o únicamente en las escrituras para alcanzar el conocimiento es que este

---

315 Yoga Sutra I.12

enfoque ha funcionado para una sociedad antigua, pero está plagado de dificultades en la actualidad. En varios de mis libros anteriores, he escrito cómo la mentalidad general de la humanidad se degradó a través de la entropía, mientras la historia atravesaba los llamados cuatro *yugas* o edades del mundo. Este proceso entrópico puede deducirse fácilmente del análisis de las escrituras correspondientes a cada *yuga*. Durante la primera edad, *Satya Yuga* (edad de la verdad), la edad de los *Vedas*, bastaba con practicar *el samadhi* (éxtasis de absorción) porque la mente de la persona media gravitaba en esa dirección. Durante la segunda era, *Treta Yuga*, la era de *los Upanishads*, se añadió un complejo proceso de meditación yóguica para elevar la Kundalini, que para entonces había descendido hasta los tobillos. La tercera era, *Dvapara Yuga*, la era de *los sutras* y la filosofía, hizo que nuestros hemisferios cerebrales se desconectaran entre sí. Esta desconexión hizo que la humanidad oscilara colectivamente entre la megalomanía y la depresión, trastorno que trajo consigo la necesidad de practicar *el pranayama*, en particular la respiración nasal alterna para reintegrar ambos hemisferios cerebrales y ambas ramas del sistema nervioso. La cuarta y actual era, *Kali Yuga*, la era de los *tantras*, trajo consigo una profunda incorporeidad o desconexión del cuerpo. Esta incorporeidad condujo a una obsesión por el cuerpo, en particular por su valoración externa, junto con ideas percibidas de belleza, y una obsesión por el dinero y el poder. El yoga respondió haciendo hincapié en la práctica *del asana*, que puede enseñarnos a volver a conectar con nuestro cuerpo.

La teoría del *Raja* Yoga se basa en la ya mencionada doctrina *panchakosha* del *Taittiriya Upanishad*.[316] El *Upanishad* habla de las cinco capas o envolturas de las que está compuesto el ser humano. La quinta y más interna capa, la

---

316 Taittiriya Upanishad 2.2 -2.5

envoltura del éxtasis *(Anandamaya kosha)*, constituye nuestra relación con el Dios trascendente, el Brahman *nirguna*. La cuarta capa *(Vijnanamaya kosha)* conlleva la comprensión de la ley divina, el conocimiento sagrado del orden del universo, y el conocimiento del plan maestro según el cual se desarrollan todos los universos; y la creatividad divina se expresa como el mundo. Esta envoltura coordina nuestra relación con el Dios inmanente, el *saguna* Brahman, y nos permite hacer una contribución significativa y duradera a la sociedad humana y a la vida en la Tierra. Esta cuarta capa es esencial para *el Karma* Yoga, y la he tratado en mi texto *Cómo encontrar el propósito divino de tu vida*.

El Bhakti y el *Jnana* Yoga también se ocupan de estas dos envolturas interiores. El problema es que a muchos principiantes de yoga les resulta difícil acceder a estas envolturas internas debido al condicionamiento *(vasana)*, las huellas subconscientes *(samskaras)*, los traumas, *el karma* y el sufrimiento *(kleshas)*, que se almacenan e imprimen en las tres envolturas externas. Mientras que las dos envolturas más internas se ocupan de aspectos de lo Divino y del yo, las impurezas de las tres capas más externas dificultan o imposibilitan la visión a través de las dos envolturas internas. Si alguien parece no tener tendencias espirituales, no es porque nunca pueda tener experiencias espirituales, sino porque actualmente las tres capas exteriores son demasiado opacas para dejar que la luz del centro irradie hacia su yo superficial. Estas tres capas externas son *Anamaya kosha* (el cuerpo), *Pranamaya kosha* (la respiración y la envoltura *pránica*) y *Manomaya kosha* (la mente). Patanjali se refiere a ellas cuando dice en el *Yoga Sutra* que los obstáculos del yoga se encuentran en el cuerpo, la respiración y la mente.[317] Estas tres capas están intrincadamente vinculadas, y es aquí

---

317 Yoga Sutra 1.31

CAPÍTULO 7

donde se localizan los obstáculos a la libertad espiritual. Muchos sistemas contemporáneos de yoga abordan sólo una (o dos) de las tres capas en las que se localizan los obstáculos. Algunos sistemas trabajan principalmente con el cuerpo utilizando *asanas* u otras formas de disciplina física. Otros métodos se centran exclusivamente en la mente, como la meditación o la atención plena. Otros utilizan también métodos de respiración. El yoga es más eficaz si aborda los tres niveles -el físico, el pránico y el mental- mediante técnicas diseñadas para purgar el condicionamiento de los mismos, es decir, *asana* para el cuerpo, *pranayama* para la respiración y meditación para la mente.

Para fortalecer nuestra mente, el condicionamiento propio se almacena en tres lugares distintos, no sólo en la mente. También se almacena en el cuerpo y en el patrón respiratorio. Este triple almacenamiento robusto es la razón por la que nos encontramos con tanta inercia cuando queremos cambiar. Si queremos dejar atrás nuestro pasado, debemos purgar el condicionamiento de las tres capas individualmente. Esto es precisamente lo que hacen *la asana* yóguica interconectada, el *pranayama* y la meditación. Purifican el cuerpo, la respiración y la mente.

El *Taittiriya Upanishad*, el *Yoga Sutra* y el *Bhagavata* Purana coinciden en que uno puede necesitar prepararse mediante prácticas espirituales si es incapaz de entrar en comunión con la Divinidad.[318] Swami Tyagisananda, en su comentario sobre el *Bhakti Sutra* de Narada, sostiene que el éxito en el *bhakti* depende posiblemente de la gracia divina, pero dicha gracia nunca puede llegar a menos que purifiquemos nuestra mente mediante prácticas espirituales realizadas con nuestro propio esfuerzo.[319]

---

318 Bhagavata Purana III.28.27
319 Swami Tyagisananda, Narada Bhakti Sutras, p. 62

La estrofa 53 del *Bhakti Sutra* de Narada afirma que el amor a la Divinidad se manifiesta en quienes se han hecho aptos para recibirlo mediante *la sadhana* constante, las prácticas espirituales y la disciplina. Es un pensamiento confuso suponer que el amor a la Divinidad es algo que cae espontáneamente del cielo sin causa ni invitación. Debe ser merecido, pues es el más dulce y gratificante de todos los dones. Narada coincide aquí con el *Bhagavad Gita*, que en el capítulo 18th habla de distintos tipos de place, que son de naturaleza *tamásica*, *rajásica* y *sáttvica*, respectivamente. El placer *tamásico* siempre produce engaño.[320] El placer *rajásico* es dulce al principio y venenoso al final.[321] El placer *derivado de Sattva* (como el amor a la Divinidad) se adquiere mediante la larga práctica de disciplinas espirituales. Por eso, al principio parece amargo (o al menos laborioso), pero al final resulta dulce.[322] El Raja Yoga es el método para adquirir el placer *sáttvico* (como el amor divino), que puede parecer arduo al principio, pero produce recompensas extraordinarias.

El *Gita* enumera las vías del *Raja* Yoga (aquí llamada la vía del *dhyana*), *Karma* Yoga (llamada precisamente por este nombre), y *Jnana* Yoga (aquí llamada *Samkhya*, como se la nombra a menudo en el *Gita*).[323] La vía *del bhakti* (aquí llamada *upasana-adoración*) se enumera en la siguiente estrofa.[324] Esta es una prueba más de que Krishna acepta *el Raja* Yoga como un cuarto camino, aunque lo considera principalmente como tributario y preparación para los otros tres. A continuación, examinaremos los métodos concretos del *Raja* Yoga que atraen más la atención de las escrituras.

---

320 Bhagavad Gita XVIII.39
321 Bhagavad Gita XVIII.38
322 Bhagavad Gita XVIII.36-37
323 Bhagavad Gita XIII.24
324 Bhagavad Gita XIII.25

CAPÍTULO 7

MÉTODOS DE RAJA YOGA

Las dos prácticas de *Raja* Yoga que se mencionan con más frecuencia en los textos *bhakti* son *el pranayama* y la meditación de *los chakras*. En el *Bhagavad Gita*, Krishna afirma que algunos yoguis dedicados al *pranayama* regulan los movimientos de *prana* y *apana* (las corrientes vitales ascendentes y descendentes), ofreciendo la inhalación en la exhalación y la exhalación en la inhalación.[325] Krishna la considera una técnica *de pranayama* porque sirve para igualar el flujo de *prana* y *apana*. Sin embargo, como no implica la manipulación de la respiración en sí (sino sólo la observación consciente), muchos *Raja* Yoguis la catalogan como preparación para la meditación o técnica *kriya*. He descrito el método en mi texto de 2014 *Meditación Yoga - A través del Mantra, los Chakras y la Kundalini hacia la Libertad Espiritual*.

También el *Bhagavata* Purana atestigua la importancia del canon de los métodos del *Raja* Yoga, incluidos *pranayama*, *pratyahara* y *dhyana*.[326] Se menciona de nuevo la importancia de las técnicas *de pranayama*.[327] El *Bhagavata* también afirma que la mente, la palabra y el cuerpo deben purificarse mediante *el pranayama*, el silencio y la ausencia de deseos, respectivamente, lo que demuestra la importancia del *pranayama* para la mente.[328] El *Bhagavata* promulga además la práctica de las retenciones de la respiración (*kumbhakas*), tanto internas como externas, incorporadas a la respiración con fosas nasales alternas, refiriéndose *al pranayama* completo *Nadi Shodhana*, tal como lo enseñó Sri T. Krishnamacharya.[329]

---

325 Bhagavad Gita IV.28

326 Bhagavata Purana III.28.5-11

327 Bhagavata Purana IV.9.80

328 Bhagavata Purana XI.3.26

329 Bhagavata Purana XI.14.32-33

El pasaje también habla de la importancia de medir la duración de la respiración recitando *mantras* (en lugar de contar números mentalmente), y de que la meditación de *los chakras* debe seguir *al pranayama*. Este mandato no significa necesariamente que la meditación de *los* chakras deba seguir *al pranayama* en cada sesión de práctica. Significa, en cambio, que una vez que uno se ha apoderado *del prana* y ha aprendido a cultivar la envoltura *pránica*, entonces avanza en el aprendizaje de la meditación de *los chakras*.

El *Bhagavad* Gita habla de fijar la fuerza vital en el entrecejo (*bhrumadhya*) para alcanzar al Ser Supremo.[330] También da importancia a hacerlo en el momento de la muerte, pero, por supuesto, se trata de una técnica que los yoguis practican toda la vida para alcanzar la *darshana* (vista) de lo Divino con forma (*saguna* Brahman). La *darshana* del Absoluto sin forma se obtiene concentrando el *prana* en la coronilla de la cabeza (*Sahasrara Chakra*). Ninguna de estas técnicas es para principiantes. Los principiantes deben introducir este enfoque como auxiliar durante *el pranayama* y la meditación chakra-Kundalini en los momentos prescritos. También hay que mencionar que el entrecejo es el punto focal de los ojos, mientras que la mente debe visualizar el *Chakra Ajna* en el centro del cráneo.

Los *chakras* también aparecen en el *Bhagavata Purana*, donde encontramos consejos para atraer *el prana* hacia arriba desde el *chakra Muladhara*,[331] y para meditar en el *chakra* del corazón.[332] En otro pasaje del *Bhagavata*, oímos que el Espíritu Supremo se manifiesta a través de los *chakras* de la columna vertebral.[333] He dado instrucciones detalladas sobre cómo lo hace la Divinidad en el capítulo 13 de *A través del*

---

330 Bhagavad Gita VIII.9-10
331 Bhagavata Purana XI.14.32
332 Bhagavata Purana XI.14.36
333 Bhagavata Purana XI.12.17

CAPÍTULO 7

Mantra, los Chakras y la Kundalini hacia la Libertad Espiritual y a lo largo de *Chakras, Drogas y Evolución - Un Mapa de Estados Transformativos*. El tema es demasiado extenso para tratarlo aquí, ni siquiera sucintamente. El *Bhagavata* Purana afirma que los *chakras* apuntan inicialmente hacia abajo, lo que significa que están inactivos.[334] Se abren y florecen hacia arriba una vez activados mediante *la sadhana* (práctica y disciplina espirituales). La apertura y el florecimiento de los *chakras* era también admitida por T. Krishnamacharya, y ésta es también la razón por la que se hace referencia a los *chakras* como lotos en la mayoría de los textos yóguicos. Sri Aurobindo también realizaba la meditación de los *chakras*, a la que se hace referencia en La Síntesis del Yoga y en su diario de práctica del yoga, llamado *Registro del Yoga*.[335]

En el *Bhagavad Gita*, Sri Krishna aclara aún más la importancia de los *chakras*.[336] Aquí, aconseja alcanzar la comunión espiritual con Él en el momento de la muerte, cerrando todas las puertas sensoriales del cuerpo. Esta técnica recibe diversos nombres, como *Yoni* o *Shanmukhi Mudra* (descrito en mi texto *Mudras Sellos del Yoga*). Durante ella, se concentra la mente en el *chakra* del corazón, se atrae todo el *prana* hacia la cabeza y se pronuncia la sílaba mística OM, que denota la conciencia infinita.

CONSEJOS PRÁCTICOS PARA INTEGRAR EL BHAKTI EN LA PRÁCTICA DEL RAJA YOGA

Recomiendo realizar tu *sadhana*, incluida la práctica de *asana* y *pranayama*, ante una imagen adecuada de la Divinidad.

---

[334] Bhagavata Purana XII.14.36-37
[335] Sri Aurobindo, Record of Yoga, Vol. 2, Sri Aurobindo Ashram, Pondicherry, 2001, p.1340, p.1462
[336] Bhagavad Gita VIII.12-13

En el Capítulo 4, *Bhakti* Yoga, se explica cómo elegir dicha imagen. Siempre que realices prácticas de yoga delante de tu imagen, proclama mentalmente que realizas la práctica para la Divinidad, dedica los frutos (resultados) de las prácticas a la Divinidad, y entrega tu sentido del albedrío a la Divinidad. Eso significa que declaras que distribuyes cualquier bien que se derive de tu práctica a la Divinidad y a todos los seres, y que eres consciente del hecho de que no eres tú quien realiza la práctica, sino que la Divinidad está realizando la práctica a través de ti, del mismo modo que Jesucristo dijo que no soy yo quien realiza las obras, sino que el Padre, a través de mí, está realizando las obras.[337]

Siempre que realices una práctica en posición de sentado, como durante *el pranayama* o la *dhyana* (meditación), visualiza a la *ishtadevata* (la forma adecuada para ti de la Divinidad) sentada sobre tu loto de mil pétalos *(Sahasrara Chakra)*. Cuando termines tu práctica sentada, dobla el loto de mil pétalos alrededor de tu *ishtadevata* y llévalo hacia el loto de tu corazón *(Chakra Anahata)*. Mantenlo allí durante todo el día y recuérdalo siempre que puedas, pronunciando el *ishtamantra* (el *mantra* asociado a la forma apropiada para ti de la Divinidad). Al comenzar la práctica formal sentada, coge la hoja de loto envuelta *en el ishtadevata*, colócala en la coronilla de tu cabeza y despliega los pétalos.

Al principio, cuando practicas *kumbhakas* (retenciones de la respiración) durante el *pranayama* formal, es fácil que la mente se atasque en las formalidades de la práctica. En esos momentos, abre los ojos durante *el kumbhaka* y practica *Trataka* (mirada) a la imagen divina que tienes ante ti. Si utilizas una imagen antropomórfica, sigue el consejo de T. Krishnamacharya de mirar inicialmente sólo a los pies de la Divinidad. Levanta la mirada sólo cuando la Divinidad te

---

[337] Juan 14:10

lo pida. *El pranayama* y el *kumbhaka* constituyen una ciencia sofisticada que no puede tratarse adecuadamente en un breve ensayo. Por favor, sigue las instrucciones de mi texto, *Pranayama: La Respiración del Yoga*.

Cuando estudies la meditación yóguica *chakra-Kundalini*, aprende primero a pronunciar las diversas sílabas-semilla (*bija aksharas*) en los seis *chakras* inferiores durante cada inhalación y exhalación. Una vez que puedas hacerlo, pronuncia varios *bija aksharas* en cada *chakra* durante cada inhalación y exhalación. Esta práctica prolongada te da más tiempo para visualizar aspectos de cada *chakra*, como el número de pétalos, el color de cada *chakra*, *el yantra* asociado (geometría sagrada), el color del *yantra*, etc. Esta mayor complejidad también exige ralentizar la respiración, lo que a su vez favorecerá tu práctica de *pranayama*. Una vez que hayas progresado hasta este paso, empieza a visualizar tu *ishtadevata* durante cada retención respiratoria interna encima de tu loto de mil pétalos mientras pronuncias su *ishtamantra*. Como afirma Sri Krishna en el *Gita*, esta técnica, la visualización de la Divinidad durante las retenciones de aliento en *el pranayama*, conducirá finalmente a la comunión con la Divinidad.[338] Para más información sobre los entresijos de la meditación yóguica *chakra-Kundalini*, consulta mi texto *A través del Mantra, los Chakras y la Kundalini hacia la Libertad Espiritual*.

En todas las situaciones de *sadhana* diaria, sugiero integrar *el bhakti* en las prácticas de *Raja* Yoga según lo expuesto anteriormente. Sin embargo, hay situaciones de crisis en las que las prácticas formales llevan demasiado tiempo. En estos casos, coloca una imagen del *chakra* del corazón delante de ti y realiza *Trataka* (contemplación) sobre ella hasta que puedas visualizarla como tu propio *chakra* del corazón, es decir, proyecta la imagen en tu pecho. A continuación, golpea la

---

338 Bhagavad Gita VIII.12-13

sílaba raíz (*bija akshara*) YAM en el *chakra* como si la sílaba raíz fuera un mazo y el *chakra* un gong. Una vez que puedas sentir el *chakra* o verlo claramente, utiliza las siguientes afirmaciones:

- Yo soy el Amor Divino.
- Soy una encarnación del amor divino.
- Soy puro amor.
- Me quiero y me acepto.
- Acepto cualquier pensamiento y emoción que surja.
- Con cada respiración que hago, la Divinidad está insuflando amor en cada célula de mi cuerpo.
- Vivo la vida como amor divino.
- Dejo que la Divinidad hable, que actúe a través de mí y que se comunique sólo desde el amor divino que hay en mi corazón.
- Doy amor incondicional a todos, y amo genuinamente a todos los seres como hijos de la Divinidad.
- Mi corazón irradia amor divino a todos los seres.
  Para más información sobre la purificación de la mente subconsciente mediante afirmaciones, consulta mi texto *Cómo encontrar el propósito divino de tu vida*, que trata de los entresijos del *Karma* Yoga.

RESUMEN

Este capítulo pretendía demostrar que el *Raja* Yoga y el *Bhakti* Yoga no son sistemas opuestos que entren en conflicto, sino que el *Raja* Yoga constituye, para la mayoría de los aspirantes actuales, una rampa de acceso viable para el *bhakti*. Sin tener al menos una vaga experiencia de lo Divino, el *bhakti* es una tarea ardua para la mayoría de la gente. El *Raja* Yoga es la ciencia que purifica la mente. Con una práctica suficiente del *Raja*, las experiencias directas de la Divinidad se vuelven gradualmente inevitables, y la práctica del *bhakti* es el siguiente paso natural. El propio bhakti también mejora considerablemente la práctica del *Raja* Yoga. El problema del *Raja* Yoga es que uno puede estancarse en la práctica de técnicas. Si uno pone su yoga desde el principio al servicio del Ser Supremo, se pueden evitar los escollos típicos *del Raja* Yoga: querer progresar y tener éxito. Practicar por devoción y servicio, en lugar de querer conseguir (como lograr el progreso), es la llamada "buena actitud" a la que se refiere Patanjali en el *Yoga Sutra*.[339]

---

339 Yoga Sutra I.14

Capítulo 8
PAPEL DE LA ÉTICA EN EL BHAKTI

Este capítulo pretende mostrar que la ética no es una consideración separada o una idea tardía cuando se practica *el bhakti*, sino que es la aplicación y los aspectos externos del *bhakti*. Las consideraciones éticas se derivan del hecho de que quienes practican *el bhakti* deben comprender que todo el universo y todos los seres son encarnaciones de la Divinidad y deben ser tratados como tales. Profesar amor a la Divinidad mientras se maltrata a los demás es un anatema y una hipocresía. Para el verdadero *bhakta*, es imposible dejar que los demás sufran mientras permanece distante, elevándose por encima de todo y regodeándose en su propia realización espiritual. Por eso dice Krishna en el *Bhagavad Gita* que, en Su opinión, los más grandes yoguis son aquellos que, por ver el *atman* en los demás, desarrollan tal sentimiento de empatía con ellos que experimentan su alegría y su sufrimiento como propios.[340] Encontramos aquí una visión del yoga profundamente distinta de las afirmaciones espirituales repetitivas del tipo "todo es *maya*, el sufrimiento es una ilusión y todo es simplemente perfecto, siempre que podamos seguir ignorando todos los problemas". Krishna no quiere que nos volvamos insensibles y sin compasión. El *bhakta* está ahí, en medio de todo, compartiendo compasivamente el sufrimiento de todos.

---

340 Bhagavad Gita VI.32

BHAKTI EL YOGA DEL AMOR

Más adelante, el *Bhagavad Gita* afirma que quienes se rinden, teniendo cualidades *sáttvicas* y sabiduría, nunca abandonan sus deberes simplemente porque sean desagradables, ni realizan acciones simplemente porque sean agradables.[341] Tales estrofas abundan en el *Gita* porque deben entenderse a la inversa. Es decir, debemos valorar si estamos abandonando los deberes que tenemos simplemente porque son desagradables. Si es así, este hecho nos indica que en ese punto no nos rendimos a la Divinidad, y carecemos de cualidades *sáttvicas* y de sabiduría.

Tanto el Gita como el *Bhakti Sutra* de Narada sugieren que no decidamos basándonos en nuestros caprichos, sino que consultemos los *shastras* (textos sagrados) para saber qué curso de acción tomar. El *Gita* afirma que, si desatendemos el consejo de los *shastras* y nos dejamos guiar por nuestros deseos, no alcanzaremos ni la libertad espiritual ni los logros mundanos.[342] Krishna añade entonces que hay que comprender los *shastras* antes de decidir qué curso de acción tomar. Krishna no está en contra del deseo per se, pues afirma que en todos los seres el deseo no es contrario al *dharma* (acción correcta).[343] Esto significa que Él se opone al deseo cuando es contrario al *dharma*. Sri Aurobindo lo explicó en *Ensayos sobre el Gita*, y deben responder a ello quienes se confunden con afirmaciones como que Dios también está en los malhechores.[344] La respuesta a esa afirmación es sí, Dios está, pero este hecho es irrelevante cuando se trata de las acciones erróneas de alguien. *El dharma* (acción correcta o ley) debe afirmarse basándose en lo correcto de la acción de alguien y no en lo que es esencialmente.

---

341 Bhagavad Gita XVIII.10
342 Bhagavad Gita XVI.23-24
343 Bhagavad Gita VII.11
344 Sri Aurobindo, Essays on the Gita, p. 274

CAPÍTULO 8

El Bhakti Sutra de Narada afirma que, incluso quien ha alcanzado la realización debe respetar siempre las escrituras porque, de lo contrario, se corre el riesgo de caer.[345] Esto significa que incluso los maestros espirituales pueden seguir cayendo por sus propios egos. Incluso después de la realización, siguen sujetos a las normas éticas y a las directrices de *los shastras* relativas al bien y al mal. La historia de la espiritualidad de los últimos cientos de años ofrece amplios ejemplos de lo que ocurre si empezamos a creer que nos hemos hecho demasiado grandes para seguir las mismas reglas que los demás.

Swami Tyagisananda, en su comentario sobre el *Bhakti Sutra* de Narada, explica que odiar a cualquiera equivale a odiar a Dios, porque sólo existe Dios. El *bhakta* debe desprenderse de cualquier forma de odio. En lugar de ello, nuestra actitud hacia todo debe ser el amor. Amando a todo y a todos, nos recordamos a nosotros mismos que Dios está en todo. Debemos prestar especial atención a las personas a las que creemos que no podemos amar. Si parecemos incapaces de amarlas, suele tratarse de una forma de conflicto interior reprimido que exteriorizamos. El conflicto interior reprimido en este contexto significa que creo que soy incapaz de amar a la persona X porque veo en ella algo que no puedo aceptar o que me cuesta aceptar en mí mismo. Por tanto, lo proyecto en otra persona, es decir, exteriorizo el conflicto, y así puedo juzgarla y perseguirla por ello. Pero en el fondo, estoy luchando contra mí mismo. La otra persona se convierte en un animal de sacrificio que ofrezco ritualmente (aunque sólo sea odiándola, en lugar de dañándola físicamente) para apaciguar y silenciar mi conflicto interior. Este proceso se da entre individuos y grupos dentro de una sociedad, y en los conflictos intersociales, como las disputas entre naciones.

---

345 Bhakti Sutras de Narada, estrofas 12-13

Amar a la Divinidad en todo no significa que debamos aguantar el mal y lo incorrecto. Parte *del dharma* es el deber de afirmar las acciones correctas, detener a los perpetradores y proteger a las víctimas. No debemos intentar detener a los perpetradores mientras nosotros mismos partimos de una actitud de odio porque, de lo contrario, en el proceso, nos convertimos en aquellos a quienes profesamos odio. Pero ¿cómo es que Dios acepta todo el mal que se hace en el mundo, y no es su deber detenerlo? En el *Mahabharata*, Krishna fue asaltado precisamente con estos argumentos, y se le dijo que era responsable de la matanza de Kurukshetra, pues podía haber hecho cambiar de opinión a los malhechores.[346] Krishna argumentó que toda persona nace libre. Por tanto, los *kauravas* eran libres de elegir el camino del mal, y así lo hicieron. Así pues, encontraron su fin a causa de sus acciones. No es tarea de la Divinidad cambiar la mente de los individuos, sino que éstos deben sintonizar con la Divinidad, hacer lo correcto y cumplir la ley divina y el *dharma*.

Pasemos ahora al *Bhagavata Purana* y veamos lo que dice sobre la ética. Encontramos que nadie que suprima a otros seres alcanza la Divinidad, mientras que sí lo hacen quienes ven a todos como iguales y son pacíficos, puros y benevolentes con todos.[347] Tales calificaciones dejan muy claro que realizar y conocer la Divinidad es esencial, pero inútil, a menos que cambie nuestra actitud y comportamiento hacia los demás. Podemos llegar a decir que el valor de una realización o experiencia espiritual no reside en sí misma, sino en hasta qué punto cambia nuestro comportamiento hacia los demás. *El Bhagavata* Purana lo confirma al afirmar que la vida de una persona tiene sentido y propósito en la medida en que

---

346 Mahabharata XII.53
347 Bhagavata Purana IV.12.36

su riqueza, sus energías, su inteligencia y sus expresiones se utilicen para el bien de los demás.[348]

Esta actitud es precisamente el punto crucial de nuestra ética *del bhakti*. Nos lleva a concluir que la moderna caza desesperada de experiencias espirituales es exagerad, y también su importancia. Si comprendemos y aceptamos la filosofía del *bhakti*, podríamos ir directamente al grano y tratar a todos los seres como si fueran Dios. En efecto, lo son, y es este punto el que impulsa *kármicamente* la liberación espiritual, y no las fantasiosas experiencias psicodélicas que pueden proporcionarnos un subidón inicial de dopamina. Tales epifanías, al cabo de poco tiempo, desaparecerán. Puede que entonces necesitemos más experiencias espirituales, pero puede que ninguna de ellas llegue a cambiar nuestro comportamiento. Así pues, nos encontramos de nuevo en una búsqueda para recibir y obtener. Esta vez puede que no se trate de riqueza y placer, sino de experiencias espirituales. Sin embargo, el énfasis en obtener y conseguir sigue siendo el mismo. Lo que realmente nos cambia es cambiar nuestro enfoque hacia el dar. Este cambio es lo que potencia el *karma* que produce la liberación.

El Bhagavata Purana dice que servir a todos los seres comienza por aceptar que la Divinidad mora en ellos y que, por tanto, es la destinataria de todas nuestras acciones.[349] Esta aceptación es la clave de la acción ética. Si comprendemos y aceptamos este punto y lo convertimos en el punto de partida de todas nuestras acciones, no necesitamos un sofisticado y casi complicado catálogo de mandamientos y normas. El *Bhagavata* Purana lo confirma al afirmar que todos los seres deben considerarse encarnaciones de la Divinidad.[350] Aquí,

---

348 Bhagavata Purana X.22.35
349 Bhagavata Purana VII.7.32
350 Bhagavata Purana X.85.23

la palabra "seres" claramente no significa sólo humanos. Es imperativo que abandonemos nuestra perspectiva especista. *El Bhagavata* dice que también debemos considerar a los animales como nuestros propios hijos.[351]

Por encima de todo está la directriz de que debemos mirar a todos los seres como iguales, una actitud que el *Bhagavad Gita* denomina *samata* -equidad, igualdad o ecuanimidad-. Así dice el *Bhagavata* Purana que debemos honrar a todos los seres como manifestaciones de la Divinidad, ya sean santos, parias, atormentadores de santos, personalidades pacíficas, feroces o crueles.[352] Un rápido descargo de responsabilidad aquí: si alguien es malvado, primero tenemos que reconocer a Dios en su interior y no tratarlo con la misma maldad que proyecta contra nosotros. Debemos responderles con amor, lo que puede cambiar su comportamiento. Si no lo hace, y si infringen la ley, dañan y victimizan a otras personas, o incluso a naciones, entonces tenemos que aplicar toda la fuerza de la ley contra ellos. Pero no con un espíritu de odio, superioridad u otredad, porque no son otros; son nosotros. Todos participamos del mismo *atman*, el ser divino. Debemos corregir a los infractores de la ley divina con un espíritu de apoyo amoroso, y esto no puede cambiar, aunque tengamos que hacerles la guerra. A largo plazo, a nadie le interesa perpetrar contra la ley divina, aunque, a corto plazo, espere obtener con ello alguna ventaja miope.

El pasaje anterior *del Bhagavata Purana* continúa afirmando que quienes buscan constantemente la presencia de Dios en todos los seres, renuncian a toda competitividad, porque ven a todos como iguales. Abandonan los celos hacia los que consideran superiores y el desprecio hacia los que consideran inferiores [porque ven a todos como hijos iguales de la

---

351 Bhagavata Purana VII.14.9

352 Bhagavata Purana XI.29.13-14

Divinidad]. Por último, ver lo Divino por igual en todos los seres hará que dejemos de darnos demasiada importancia a nosotros mismos. En otras palabras, ver lo Divino en todos hace que dejemos de tomarnos demasiado en serio a nosotros mismos.

Darnos demasiada importancia a nosotros mismos supone un grave obstáculo en el camino del *bhakti*. Importamos a la Divinidad en el sentido de que somos una expresión, una emanación de la Divinidad, una vía a través de la cual la Divinidad se compone a Sí misma. Pero se crean obstáculos si vivimos nuestra vida con un sentimiento como si fuéramos el centro de nuestro pequeño universo privado. En realidad, un centro del universo, la Divinidad, se calcula simultáneamente a través de un número infinito de pequeños yoes, uno de los cuales somos nosotros. En ese sentido, lo importante no somos nosotros individualmente, sino la Divinidad, que se expresa a través de toda la materia, la naturaleza y los seres vivos.

Por eso, continúa *el Bhagavata Purana*, debemos postrarnos ante todos los seres, viéndolos a todos como manifestaciones del único Ser Supremo. Tal visión es también el significado del saludo indio *namaste* (o *namaskar*, o *pranam*), en el que se colocan las manos en posición de oración (*Anjali Mudra*). Significa que reconozco lo Divino que hay en ti. A continuación, practicamos este reconocimiento de la presencia de Dios en todos los seres, en pensamiento, palabra y acciones. Si estudias detenidamente este texto y aceptas su contenido tras la debida consideración, esto equivale a practicar el reconocimiento de Dios en todos los seres, en el pensamiento. Requerirá un recuerdo constante; siempre que nos enfrentemos a una relación desafiante y conflictiva, debemos recordarnos con frecuencia que Dios también está en esa persona aparentemente conflictiva. También debemos recordarnos que nuestra relación con esa persona es complicada sólo porque tenemos dificultades para ver a Dios en ella. En la medida en que aprendamos a hacer esto, nuestras relaciones mejorarán.

Pero ¿qué hay de practicar el reconocimiento de la presencia de Dios en todos los seres mediante la palabra y la acción? Es aquí donde entra en juego la ética. Aunque es posible y hasta cierto punto necesario disponer de un catálogo de directrices éticas, lo más seguro y sencillo es que, antes de decir o hacer algo, nos preguntemos si somos conscientes de que el ser que tenemos delante es, en el fondo, Dios. Reconocerlo no significa que tengan que ser perfectos o que no cometan errores. Si no son conscientes de su núcleo divino, seguramente cometerán errores y actuarán de forma hiriente. Pero el hecho de que otra persona sea consciente o no de su núcleo divino, y el hecho de que nosotros seamos conscientes de él, tienen poco que ver entre sí. Como *bhakta*, debemos ser capaces de ver a Dios en otra persona, tanto si lo hace como si no. Porque el hecho de que podamos o no podamos dice, en primer lugar, algo sobre nuestra propia relación con lo Divino.

Si podemos ver lo Divino en todos los demás seres, notaremos que nuestras relaciones con los demás se curan gradualmente. Algunos individuos son tan dependientes de una respuesta tóxica que nos buscarán basándose en nuestra propensión a dar tal respuesta. Al darse cuenta de que no estamos dispuestos a dar esa respuesta, normalmente buscarán a otra persona.

Si todos tomamos conciencia del núcleo divino de los demás, nos inclinaremos a cooperar mutuamente. Y eso es precisamente lo que la Divinidad intenta hacer a través de nosotros. Esa cooperación mutua basada en el reconocimiento recíproco de nuestro núcleo divino constituye el fundamento de una sociedad divina o divinizada.[353] En la medida en que no reconozcamos mutuamente nuestra divinidad, seguiremos interactuando en conflicto mutuo, debido a la visión errónea de la vida, consistente en intereses contrapuestos. El resultado es que nos dañaremos y destruiremos mutuamente, como hemos hecho durante la mayor parte de nuestra historia. Por esta razón, el *Bhagavata* Purana dice que es una ley divina que los seres vivos se destruyan mutuamente y, en última instancia, a sí mismos, mediante enemistades mutuas, y que prosperen mediante la cooperación mutua.[354] Teniendo esto en cuenta, ahora podemos comprender que la prosperidad, la paz y la cooperación cívica de una sociedad derivan de su espiritualidad y comprensión espiritual. No hay otra fuente para ello.

---

353 El término "divinizada" implica que la sociedad no es sólo divina per se, sino que ha emprendido un esfuerzo transformador para convertirse en divina.

354 Bhagavata Purana I.15.24

Capítulo 9

ERRORES METAFÍSICOS Y LO QUE NO ES LO DIVINO

En este capítulo hablaré de los errores metafísicos y de las concepciones erróneas de la Divinidad. Esto es necesario porque su aceptación forma obstáculos críticos en el camino del *bhakti*. Si no sabemos a quién somos devotos, a quién amamos y a quién debemos rendirnos ¿cómo puede entonces ser funcional nuestro *bhakti*? Además, aunque creamos saber a quién somos devotos, nuestros conceptos pueden ser erróneos. ¿Qué valor tienen esas creencias previamente arraigadas? ¿Y cómo podemos saber si estamos equivocados, si no investigamos críticamente nuestras convicciones empleando la razón? Consideraciones como éstas son la razón por la que muchos *shastras*, como los *Brahma Sutras* o el *Mandukya Karika*, contienen capítulos en los que se examinan y rechazan las creencias falsas y erróneas. Además, a menudo se diseccionan y refutan las críticas de las escuelas rivales.

Debemos recordar que hace sólo unos mil años, *el bhakti* en la India era un movimiento de base perpetuado por personas que sentían que lo que practicaban era correcto, pero no podían articular por qué era así. Sólo con la llegada del teólogo indio del siglo 11th, Sri Ramanujacharya (T. Krishnamacharya era seguidor de Ramanuja), y su refutación de las enseñanzas de Shankara, *el bhakti* recibió sus fundamentos filosóficos. Debo admitir que ni Ramanuja ni

Shankara son especialmente agradables de leer. Su estilo es argumentativo, y el valor de entretenimiento de sus escritos se asemeja al de los abogados que discuten en un juicio, es decir, no es del agrado de todo el mundo. Sin embargo, muchos practicantes modernos de yoga tienen un intelecto crítico y, a menudo, sólo cuando nuestro intelecto está completamente convencido de que una determinada línea de acción es la correcta, podemos emprenderla con convicción y dedicación. Por otra parte, muchos estudiantes no siguen adelante con su *bhakti* o lo practican sin concentración porque aún albergan inseguridades en los recovecos de su mente. Sin embargo, una vez eliminadas éstas, podemos practicar el *bhakti* con la dedicación y la sinceridad que requiere.

EL IMPASIBLE

Enseñando el tema *del bhakti*, con frecuencia me encuentro con argumentos como: "no puedo creer en Dios debido a tal o cual atrocidad reciente". En la base de esta afirmación hay un concepto antropomórfico de Dios, que es el resultado de proyectar en la Divinidad el poder ilimitado de los antiguos faraones, reyes o emperadores. En la antigüedad, las entidades más potentes en las que podíamos pensar eran gobernantes, como el faraón. El poder del faraón consistía en su capacidad de ejercer fuerza sobre cualquier otra persona para que se ajustara a su voluntad, pero ninguna otra persona era lo bastante poderosa como para cambiar el curso de acción del faraón. El faraón era, por tanto, el impasible. Puesto que el faraón podía moverlo todo, pero nada podía mover al faraón, todo lo que ocurría en el imperio era, pues, causado o, al menos, aceptado, y no interceptado por el faraón. Este razonamiento se extrapoló luego a Dios, en cuyo caso resulta aún más difícil de aceptar, porque nos resulta fácil imaginar a un faraón moralmente conflictivo o distante, pero es impensable imaginar a un Dios que permita o ignore el mal.

En respuesta a este problema, los teólogos tuvieron que dedicar toda una rama de su enseñanza, llamada teodicea, a explicar cómo Dios puede seguir siendo bueno y justo, aunque el mundo esté lleno de maldad. La teodicea resulta totalmente innecesaria si nos damos cuenta de que hemos dado la vuelta a la afirmación bíblica que define al ser humano como creado a imagen y semejanza de la Divinidad y, en su lugar, hemos creado un Dios a nuestra propia imagen.[355] Para ello, proyectamos en el cielo la imagen de un gobernante humano. Esta imagen de Dios como un hombre nacido del aire, de proporciones y capacidades gigantescas, no tiene nada que ver con la Divinidad. En cambio, dice algo sobre nuestras propias limitaciones espirituales.

Pero el problema no acaba aquí. Practiqué técnicas enseñadas por diversos movimientos espirituales durante la mayor parte de mi vida. Era habitual que los miembros de estos movimientos, sectas o cultos, describieran a sus líderes o fundadores con afirmaciones parecidas a "es el padre que nunca tuve". Hemos creado un Dios a nuestra propia imagen y proyectado nuestras necesidades del padre perfecto sobre la Divinidad. De nuevo, esto no tiene nada que ver con la existencia realista de la Divinidad, sino que refleja lo que en psicología freudiana se denomina vínculo incompleto o apego fallido a la figura paterna. Dado que la mayoría de nosotros no experimentamos el vínculo, la cercanía y la aceptación de nuestros padres que deseábamos, ahora cargamos nuestra relación con la Divinidad con esta incompletitud psicológica. Por esta razón, los teólogos tuvieron que luchar con cuestiones que deberían haberse tratado mejor en sesiones de asesoramiento y terapia.

---

355 Gen I:26

Dios no es un humano gigante. La Divinidad ni siquiera tiene ego para concentrarse en un tiempo y un espacio determinados, y convertirse en un humano. El Ser Supremo es conciencia infinita e inteligencia cósmica. Dios ha cristalizado como todo el universo material, dando a todos los objetos y seres sus características. Pero Dios, siendo lo universal, sólo puede, a nivel individual, es decir, dentro de un continuo espacio-tiempo limitado, actuar haciéndolo a través de nosotros. Esto significa que, si queremos que cese el mal, no podemos esperar a que Dios lo haga, sino que debemos permitir que Dios actúe a través de nosotros, que es precisamente lo que Sri Krishna intenta convencer a Arjuna de que haga.

Puesto que tenemos opciones relativas a nuestro nivel de autoconciencia, también tenemos la opción de actuar de forma malvada. La sociedad humana, tal como es hoy, refleja cuánto de lo Divino hemos extraído (Aurobindo se refiere a ello como la extracción de la súper mente), y cuánto de Ello hemos ignorado. Cuando vemos guerras, atrocidades, destrucción, etc., deberíamos ante todo cuestionar a la humanidad y su integridad, y no tratar de descargar la responsabilidad en un hombre inexistente, gigante, blanco y barbudo del cielo.

Hablando de él, mira la representación de Dios en *La Creación de Adán* de Miguel Ángel, que forma parte del techo de la Capilla Sixtina. Éste no es el Yahvé del Antiguo Testamento, pues en el judaísmo ni siquiera está permitido producir imágenes de Yahvé. El anciano caballero que vemos en el cuadro de Miguel Ángel es Zeus, que encontró entrada en el cristianismo a través de la filosofía helenística. Junto con la imagen de Zeus, parte de sus características también entraron en los conceptos occidentales sobre Dios. Aunque Zeus, en ocasiones, era un prudente gobernante del cielo, también podía ser egoísta, mujeriego y conspirador. No

CAPÍTULO 9

es de extrañar, pues, que la Ilustración europea acabara gradualmente con Dios, hasta que Friedrich Nietzsche pudo proclamar finalmente: "¡Dios ha muerto, ahora el hombre es libre!" Más de cien años después, al contemplar el enorme abismo del holocausto medioambiental y el ecocidio, empezamos a preguntarnos a dónde nos llevará esta supuesta libertad. Pero quizá los 2,4 billones de dólares adicionales en gastos militares nos ayuden a aclararnos.

En este capítulo, intentaré disipar los siguientes conceptos erróneos sobre Dios y el mundo:

- Que Dios es un humano gigante en el cielo
- Que el mundo es una ilusión
- Que el Absoluto sin forma es el logro más elevado y que la conciencia es todo lo que existe
- Que el *Karma* Yoga es una disciplina inferior o introductoria del yoga
- Que *el Bhakti* Yoga es la única forma de acercarse a lo Divino
- Que el yo individual y el Yo Divino son uno y el mismo

DIOS NO ES UN HUMANO GIGANTE EN EL CIELO

Swami Tapasyananda escribe en su comentario sobre el *Bhagavata Purana* que las religiones abrahámicas mantienen la peculiar creencia inconsciente de que Dios es un individuo totalmente distinto de la naturaleza.[356] El problema de esta creencia es que Dios es visto como un individuo con una personalidad particular. Dios no puede tener una personalidad, sino que es la suma total de todos los potenciales más elevados que todas las personalidades combinadas

---

356 Swami Tapasyananda, Srimad Bhagavata, vol. 3, p. 27

podrían alcanzar teóricamente. Esto se engloba en el término de Alfred North Whitehead "el objetivo inicial". Dios piensa a todos los individuos en la existencia, y persigue un objetivo inicial distinto para cada ser. Pero como estamos hechos a imagen y semejanza de Dios, somos libres de rechazar el objetivo inicial o de cooperar tanto como consideremos apropiado. Krishna lo reconoce incluso al final del *Bhagavad Gita,* donde dice: "Considera todo lo que te he dicho y luego actúa como consideres oportuno".[357]

La segunda connotación problemática de la afirmación de Tapasyananda sobre las religiones abrahámicas es que convierten a Dios no sólo en antropomórfico (es decir, en un individuo con apariencia humana), sino también en supra cósmico. Supra cósmico significa que Dios es totalmente distinto de la naturaleza y que, de algún modo, tiene su trono por encima de ella en el cielo. La Tierra (y la naturaleza) es un valle de dolores o, al menos, fundamentalmente diferente de los reinos Divinos, ya sea el cielo, el vacío o *el nirvana*. Pero Dios no es supra cósmico, sino que el cosmos es el cuerpo cristalizado de Dios. Vivimos dentro de Dios como las células individuales viven dentro de nuestro cuerpo. Al igual que una célula individual puede negarse a cooperar con el organismo anfitrión y volverse cancerosa, los individuos y las culturas humanas pueden elegir hacerlo, y lo están haciendo mientras hablamos.

La crítica de Swami Tapasyananda no se detiene en las religiones abrahámicas, sino que se extiende también a las escuelas de pensamiento hindúes. En su comentario sobre el *Bhagavata Purana*, afirma que la escuela Chaitanya del vaisnavismo (que dio lugar al moderno movimiento Hare-Krishna) afirma que Vishnu es sólo una emanación de Krishna (la corriente principal hindú; por el contrario, cree que el *avatar*

---

[357] Bhagavad Gita XVIII.63

CAPÍTULO 9

humano Krishna es una emanación de la divinidad Vishnu).[358] Los seguidores de Chaitanya Mahaprabhu lo hacen porque el *Bhagavata Purana*, en una sola estrofa, dice que Krishna es el Bhagavan (es decir, Dios) mismo.

El *Bhagavata Purana* es un vasto texto que contiene unas 30.000 estrofas. Algunas estrofas son oscuras, mientras que muchas apoyan la argumentación principal del texto. Tapasyananda afirma que la afirmación anterior (de que Vishnu es un aspecto de Krishna) no es coherente con todas las demás afirmaciones del *Bhagavata*. Para volver a exponer rápidamente *la* teología *del Bhagavata Purana*, el texto sostiene que Dios es, en primer lugar, el Absoluto sin forma, la conciencia infinita; en segundo lugar, una inteligencia cósmica que actúa a través de y como la fuerza creadora divina; en tercer lugar, todo el cosmos material en el que se ha convertido; en cuarto lugar, un sinfín de seres y objetos a través de los cuales expresa Su infinito potencial creativo. Krishna es un supuesto *avatar* (encarnación, emanación) de esta Divinidad, que es excepcionalmente experto en expresar esta filosofía, ya expuesta en los *Upanishads* y otros textos.

Sri Aurobindo capta particularmente bien el problema del *Bhagavata Purana* o del *Bhagavad Gita*. Dice que oímos a Krishna decir "yo", y como todos tendemos a antropomorfizar, creemos que Krishna sólo se refería al hombre humano Krishna. Así, aparece en nuestra mente la clásica imagen de piel azul, vestido de seda amarilla, con plumas de pavo real en el pelo, y posiblemente una flauta en los labios. Sin embargo, Aurobindo dice que cuando Krishna dice "Yo", no se refiere al *avatar* encarnado, sino al Purushottama, el Ser Supremo.[359] Llegados a este punto, debemos detenernos siempre brevemente y recordarnos que el Ser Supremo

---

358 Swami Tapasyananda, Srimad Bhagavata, vol. 1, p. xxviii
359 Sri Aurobindo, Essays on the Gita, p. 433

consta, como mínimo, de los cuatro aspectos principales descritos en el párrafo anterior, pero probablemente de más, porque Dios posiblemente nunca pueda ser comprendido en su totalidad por el limitado intelecto humano. No obstante, debemos acercarnos lo más posible en cada momento.

Sin embargo, el problema no termina cuando se introduce el término Purushottama. Por el contrario, es aquí donde realmente comienza. Purushottama es una palabra compuesta formada por *purusha* y *uttama* y, en este contexto, se traduce correctamente como Ser Supremo. Podría decirse que Ser Supremo sería aún más acertado, pero es difícil precisar a qué se refiere este término en español. Algunos comentaristas modernos han utilizado la expresión Suprema Personalidad de Dios para traducir *purusha-uttama*. Lo hacen porque el término inglés "person" tiene sus raíces en el sánscrito *purusha*. Pero el término persona tiene un significado diferente en inglés. Aquí, implica la idea de tener una personalidad distinta de otra. Por ejemplo, podemos tener una personalidad viciosa en lugar de una virtuosa. En el ámbito judicial, el término persona denota una entidad jurídica con determinados derechos; por ejemplo, a las sociedades se les han otorgado derechos de personas jurídicas idénticos a los de los seres humanos. Este concepto de persona es totalmente distinto de la idea de *purusha*. El término inglés "person" puede remontarse al sánscrito *purusha*, porque es la conciencia pura, la consciencia que confiere a un individuo su condición de persona. No podemos convertirnos en persona si no tenemos conciencia o consciencia.

En el yoga de Patanjali, el *purusha* es la conciencia pura, el yo o *atman* de *los Upanishads*. Es incontenible, infinito, puro, sin forma e inmutable. Al igual que el *Bhagavad Gita*, el *Yoga Sutra* dice que *el purusha* no puede ser cortado por el agua, quemado por el fuego, atravesado por espinas ni cortado por cuchillas, porque es el yo eterno. Mientras que nuestra personalidad es nuestra superficie, el *purusha* es el yo divino más profundo. En su profundidad, todo el mundo es divino, y en la superficie, ninguno de nosotros lo es.

Para hacerlo aún más transparente, todas las personalidades tienen su raíz en el Purushottama, el Ser Supremo. Nuestras personalidades son nuestra interpretación limitada del objetivo inicial por el que Dios ha pensado en la existencia de cada uno de nosotros. Dado que el Purushottama es, por tanto, la fuente indirecta de todas las personalidades (o más exactamente, uno de los aspectos del Purushottama es la suma total de todos los objetivos iniciales), no puede estar limitado por una personalidad concreta. La Purushottama es lo Cósmico. Es todas las personas simultáneamente y, lo que es más importante, más que eso. El término personalidad tampoco puede aplicarse a una entidad infinita y eterna, como es la Purushottama. Una personalidad frente a otra siempre implica limitación.

Los humanos siempre han luchado contra la complejidad del Ser Supremo. Está bien simplificar, pero perdemos su esencia si simplificamos demasiado. Podemos utilizar imágenes antropomórficas de Dios (o no humanas, también) como atajos en aras de la simplicidad, pero al menos una vez al día, necesitamos recordarnos lo que Dios es realmente.

Así dice Sri Aurobindo que el Ser Supremo no es el Dios personal limitado de tantas religiones exotéricas.[360] Más bien que Eso, es la única Alma Suprema de la que todas las deidades son aspectos, siendo sus personalidades individuales sólo un desarrollo limitado en la naturaleza cósmica. Este Ser Supremo, según Aurobindo, no es un nombre y una forma particulares de la Divinidad, como el que podamos elegir como nuestro *ishtadevata*. Todos esos nombres y formas

---

360 Sri Aurobindo, Essays on the Gita, p. 343

son sólo rostros de la única Divinidad, que es la Divinidad Universal de todos los adoradores y de todas las religiones.

Al elegir un *ishtadevata* (la forma adecuada para nosotros de la Divinidad), debemos mantenernos pluralistas, y recordarnos a nosotros mismos que ése no puede ser el *ishtadevata* adecuado para todo el mundo. Si elegimos a Krishna, no podemos negar que otros elegirán a Jesús, y viceversa. De lo contrario, nos convertimos en ortodoxos fundamentalistas de línea dura, a los que no les interesa si otra persona alcanza o no la realización de Dios, sino sólo el hecho de que nosotros tenemos razón y los demás están equivocados. Esto se manifiesta a menudo en el seguimiento de la fe correcta frente a los seguidores de Satán. Aquí, sin embargo, la religión se denigra hasta convertirse en el vehículo de nuestros viejos problemas, la rivalidad y el antagonismo. A una persona verdaderamente espiritual le preocupa si otra persona realiza o no lo Divino, y no si lo hace por la misma vía que ella misma ha elegido. Si para mí es importante que los demás sigan mi camino, es porque no estoy seguro de que mi camino sea correcto y, por tanto, necesito la confirmación de los demás. Si he alcanzado realmente la realización, sólo me importará si los demás también lo hacen, y no si lo hacen por la misma vía que yo.

Aurobindo insiste también en la necesidad de amar al Purushottama universal (Ser Supremo) más que a alguna secta o culto.[361] Quedarse atascado en las trivialidades externas de los movimientos espirituales y las religiones es lo que él denomina exotérico. Aurobindo afirma además que la debilidad de las religiones emocionales (podemos suponer que con este término se refería a las religiones *basadas en el bhakti*) es que siempre se quedan demasiado absortas en

---

361 Sri Aurobindo, Essays on the Gita, p. 287

una u otra personalidad divina.[362] Es esencial centrarse en el aspecto esotérico de una religión, es decir, realizar y amar al Purushottama, el Ser Supremo.

EL MUNDO NO ES UNA ILUSIÓN

Es una afirmación espiritual repetitiva que el mundo es una ilusión y que todo ocurre en la mente. Estos conceptos han hecho mucho daño a la espiritualidad al permitir la elusión espiritual, y deben revisarse. En el núcleo de la teoría ilusionista se encuentra la redefinición del término *maya* como ilusión. Sin embargo, el término implicaba originalmente poder divino y no ilusión. Por eso Swami Tapasyananda traduce el término *yoga-maya* como el poder de la manifestación.[363] El *Bhagavata Purana* afirma que *maya* funciona como ignorancia en los espíritus individuales (*jivas*), pero como poder creador en la Divinidad.[364] En el mismo pasaje, se describe el universo como no diferente de Dios. ¿Cómo puede ser el universo una ilusión si es "no diferente" de Dios?

El Bhagavata llama *maya* al poder creador de Dios,[365] y el mismo texto dice que, quienes conocen el ser, reconocen el mundo entero como *sat* (verdad), es decir, como realmente existente.[366] Esto se debe a que toda forma es una expresión de la Divinidad. Para explicar mejor este punto, el *Bhagavata Purana* da el ejemplo de un objeto hecho de oro que no se rechaza como ilusorio sólo porque esté hecho de otra sustancia. Del mismo modo que el oro es la sustancia de la que están hechos los ornamentos, Dios es la sustancia de

---

362 Sri Aurobindo, Essays on the Gita, p. 329
363 Swami Tapasyananda, Srimad Bhagavata, vol. 2, p. 207
364 Bhagavata Purana X.87.14
365 Bhagavata Purana X.87.38
366 Bhagavata Purana X.87.26

la que está creado el universo. Dios habita en el universo como su sustancia, del mismo modo que el oro habita en los ornamentos hechos de él. Además, el pasaje llama a Dios Aquel que carece de extremidades y órganos sensoriales, que es, sin embargo, el poder que sustenta la prensión, la locomoción y la percepción en todas las criaturas. Esto significa que percibimos un mundo real porque la Divinidad potencia nuestros instrumentos de cognición. El concepto del mundo como ilusión no tiene cabida en esta filosofía.

Una afirmación similar es que la multiplicidad de objetos y seres que vemos es falsa, y sólo la unidad que hay detrás es real. Esto debe corregirse. Tanto la unidad como la multiplicidad son reales y divinas. Así dice el *Bhagavata Purana*: "quien comprende que el Supremo se ha manifestado como los muchos por Su *yoga-maya* (poder divino), ha comprendido el *Veda*".[367] No hay nada malo aquí con los muchos. En la edición de Tapasyananda del *Bhagavad Gita*, el término *maya* se traduce como el misterioso poder de Dios, mediante el cual la Divinidad toma nacimiento a través de Su naturaleza material (*prakriti*).[368] Es un intento inútil entender aquí el término *maya* como ilusión. De nuevo, en otro pasaje del mismo texto, el término *atma-maya* se traduce como poder o voluntad inherentes.[369]

Además, Sri Aurobindo es muy crítico a la hora de calificar el mundo de ilusión. En *Ensayos sobre el Gita*, afirma que el mundo no es una ilusión, sino que el *Bhagavad Gita* admite en todo momento la realidad dinámica del mundo.[370] Según Aurobindo, el *Gita* no adopta el punto de vista más severo *de*

---

367 Bhagavata Purana XI.12.23
368 Swami Tapasyananda, Srimad Bhagavad Gita, p. 119
369 Swami Tapasyananda, Srimad Bhagavad Gita, p. 135
370 Sri Aurobindo, Essays on the Gita, p. 251

los vedantistas extremos *(advaita)*, según los cuales el mundo es sólo una apariencia. Tal punto de vista atacaría las raíces mismas de todas las obras y acciones *(Karma Yoga)*. Lo que Aurobindo quiere decir es que si el mundo fuera realmente una ilusión, el *Bhagavad Gita* no podría permitirse que nuestras obras, la acción y el deber desempeñaran el papel destacado que desempeñan.

De nuevo en *Ensayos sobre el Gita*, Aurobindo compara *maya* con *prakriti* (naturaleza o fuerza creadora divina), y afirma que *maya* no significa ilusión.[371] Aurobindo afirma que *maya* consiste en el poder del proceso (utilizando aquí la terminología de Alfred North Whitehead), *prakriti*, que es la interacción de sus tres modos fundamentales, las *gunas*.[372] Recordemos que Whitehead describió el aspecto dinámico o inmanente de Dios como un proceso, que en el lenguaje de los *shastras* es *maya* y *prakriti*.

En *El Yoga Integral*, Aurobindo afirma que la creencia de que el mundo es una ilusión se debe a la incapacidad de hacer descender la súper mente.[373] Por "hacer descender la súper mente", Aurobindo entiende convertirse en un vehículo de la inteligencia de lo Divino, que se expresa en el juego extático del mundo real y de los seres reales. En su obra principal, *La vida divina*, Aurobindo explica que los videntes *védicos* utilizaban el término *maya* para designar el poder divino.[374] Para los *rishis*, *maya* significaba el poder de la conciencia infinita de comprenderse a sí misma como existencia infinita. A través de *maya*, la verdad estática del ser esencial se convierte en la verdad dinámica de la creación.

---

371 Sri Aurobindo, Essays on the Gita, p. 154
372 Sri Aurobindo, Essays on the Gita, p. 252
373 Sri Aurobindo, The Integral Yoga, p. 40
374 Sri Aurobindo, The Life Divine, p. 115

Más adelante, en *La vida divina*, Aurobindo se refiere incluso al origen de la creencia de que el mundo es una ilusión.[375] La fuente es simplemente el hecho de que, si un místico absorbe su *prana* en *el chakra* de la coronilla, y entra así en el estado de (lo que en el lenguaje de Patanjali se llama) *samadhi* sin objeto, (o en el lenguaje de Ramakrishna) *nirvikalpa samadhi*, (o en el lenguaje del propio Aurobindo), *nirvana*, el mundo visto desde ese estado parece irreal. A esto, Aurobindo dice que el hecho de que la existencia del mundo nos parezca irreal cuando pasamos al silencio espiritual del *nirvana* no prueba por sí mismo que el cosmos fuera todo el tiempo una ilusión. El mundo sigue siendo real para la conciencia que mora en él. Lo único que se establece es que el mundo parece irreal a quien experimenta *el nirvana*; eso es todo.

LA CONCIENCIA NO ES TODO LO QUE EXISTE

Estrechamente relacionadas con la creencia de que el mundo es una ilusión están las de que el Absoluto sin forma (*nirguna Brahman*) es el logro más elevado que se puede tener, y que la consciencia es todo lo que existe. En esta sección, mostraré que, aunque la experiencia del Absoluto sin forma es significativa, servir y ayudar a la Divinidad con amor y devoción en su juego divino es igual de sagrado y esencial. Además, la conciencia es real, y su experiencia directa ayudará en última instancia a la autorrealización, pero la conciencia divina se ha cristalizado en este mundo y en el universo, y todos los seres se han convertido en Su cuerpo. Por tanto, son igual de reales y sagrados, y decir que sólo existe la conciencia denigra la importancia de que Dios se haya convertido en el mundo y en todos los seres, y de que Dios esté trabajando en la divinización de la sociedad.

---

375 Sri Aurobindo, The Life Divine, p. 436

¿Cómo se desarrolló la opinión de que el mundo es una ilusión y sólo la conciencia es real? He escrito sobre este tema en mis dos libros sobre los *chakras* y lo haré aquí sólo sucintamente.[376] Las experiencias auténticas de *purusha*, *atman*, *nirguna* Brahman, el Absoluto sin forma o la conciencia infinita, se alimentan de la absorción del propio *prana* en el *chakra* de la coronilla (*Sahasrara*), tanto si el que realiza la experiencia es consciente de ese hecho como si no. Cuando el *prana* se absorbe en ese *chakra*, aparece la consciencia, y el mundo desaparece. Si la experiencia es larga y profunda, como la visión del Absoluto sin forma, en ese momento no puede tener lugar ninguna cognición del mundo. Esto se debe a que el Absoluto sin forma sólo puede verse cuando se abandona por completo la identificación con el cuerpo. Junto con la percepción del cuerpo, desaparece toda verificación sensorial de la existencia del universo. Al mismo tiempo, aparece el Absoluto sin forma. Permíteme dar un ejemplo.

Cuando Arjuna vio el *vishvarupa* (la forma universal de la Divinidad), lo describió como mirar simultáneamente 1000 soles ardientes.[377] Si uno llega a este punto, la experiencia es tan poderosa que ahoga todas las experiencias que haya tenido hasta ese momento, y posiblemente las del futuro. Entonces se puede caer en la falacia de reducir las experiencias de todos los demás *chakras* a las del *Sahasrara Chakra*. Tal reducción es comprensible, pues nada es más potente que ver directamente al Dios trascendente. Aunque es comprensible, no deja de ser incorrecta. Al volver de esta experiencia y declarar que el mundo es irreal, no se comprende que el mismo Dios trascendente que se acaba de

---

376 Yoga Meditation – Through Mantra, Chakras and Kundalini to Spiritual Freedom and Chakras, Drugs and Evolution – A Map of Transformative States.

377 Bhagavad Gita XI.12

tener la dicha de haber visto, ha encarnado como este mismo mundo. La Divinidad también se ha encarnado en nosotros, a quienes ha enviado a este mundo para convertirse en Ella misma como nosotros. Esto significa que el proceso del Dios inmanente de expresarse y convertirse en Sí mismo como el mundo y todos los seres es tan santo, sagrado y auténtico como la experiencia del Dios trascendente. No hay discrepancia entre la realidad y la sacralidad del Absoluto sin forma, por un lado, y el mundo y todos los seres que hay en él, por otro. Recordemos también que Sri Aurobindo afirmó que la irrealidad percibida del mundo durante los estados místicos no prueba que el mundo sea irreal, pues sigue percibiéndose como real en los momentos de encarnación estándar. Sólo prueba que el mundo parece irreal durante los estados místicos.[378]

En uno de los pasajes más significativos *del Gita*, Krishna habla del conocimiento esencial (*jnana*, es decir, la autorrealización) y del conocimiento complejo (*vijnana*, es decir, la realización de Dios).[379] La primera persona que expuso el significado de esta estrofa fue Sri Ramakrishna. Sri Ramakrishna enseñó que *vijnana* (realización de Dios o conocimiento integral) es ver el juego divino en el que Dios se convierte en los *jivas* (espíritus individuales), en el mundo y en el actor del juego divino.[380] Este *lila* no es una ilusión, sino una expresión real de la creatividad y el éxtasis divinos. La Divinidad sostiene el universo convirtiéndose en el colectivo de los *jivas* (es decir, de todos los seres). Esto se revela en el estado de *vijnana*. Por tanto, no debemos detenernos en *el jñana*, que es sólo el conocimiento esencial, es decir, la

---

378 Sri Aurobindo, The Life Divine, p. 436
379 Bhagavad Gita VII.2
380 Swami Tapasyananda, Srimad Bhagavad Gita, p. 208

autorrealización, pues de lo contrario no reconocemos la sacralidad y la importancia del mundo y de todos los seres.

Sri Aurobindo amplió los descubrimientos de Sri Ramakrishna y los plasmó en 35 libros de texto, un sistema completo e internamente coherente de filosofía mística y evolutiva, que demuestra que no sólo la conciencia es real. En *Ensayos sobre el Gita*, Aurobindo afirma que el Ser Supremo (Purushottama) es más elevado incluso que el Brahman inmutable (es decir, el Brahman *nirguna*), y que la pérdida del ego en el Absoluto impersonal y sin forma es sólo un paso inicial hacia la unión con el Purushottama.[381] Sirva recordar que el capítulo 15th del *Bhagavad Gita* describe el misterio del Purushottama como conteniendo en Sí mismo el Absoluto sin forma, la comunidad de *jivas* atados (los que se identifican con sus cuerpos), y la comunidad de *jivas* libres, que han alcanzado la realización. Aurobindo aclara además que el verdadero objetivo del yoga es una unión viva con el Purushottama, y no sólo una autoextinción que desaparece en el Absoluto impersonal y sin forma, que sería lo razonable si sólo se considerara real la conciencia.[382]

Aurobindo desaconseja en todo momento una espiritualidad auto aniquiladora. Aclara que el *Bhagavad Gita* rechaza la creencia de que todo lo que tenemos que hacer es desconectar *purusha* (conciencia) de *prakriti* (naturaleza, fuerza divina creadora, en este caso, el mundo), y fundirnos en el Absoluto sin forma, pues este remedio aboliría al paciente, junto con la enfermedad.[383] Aurobindo enseña que estamos aquí para cosas mucho mayores que simplemente disolvernos en la conciencia infinita. Según él, el mundo sigue un plan divino, y cada individuo forma parte de ese

---

381 Sri Aurobindo, Essays on the Gita, p. 91
382 Sri Aurobindo, Essays on the Gita, p. 132
383 Sri Aurobindo, Essays on the Gita, p. 216

plan. Nos recuerda las palabras de Jesús: "las cosas que yo hice, vosotros las haréis, y cosas mayores haréis, también".[384]

Más adelante, Aurobindo afirma que en los primeros capítulos del *Gita* se insiste en la autorrealización (es decir, *jnana*).[385] Esta insistencia temprana en la autorrealización puede confundirse con el final de nuestra evolución espiritual, pero esto no es más que el principio del *Bhakti* y del *Karma* Yoga. Recordemos que Aurobindo alcanzó por primera vez la autorrealización mientras esperaba un juicio en la cárcel de Alipore. Esta experiencia puso en marcha su yoga superior, su indagación en la Divinidad y su vida de servicio a la Divinidad. A Aurobindo le preocupa que limitemos nuestra evolución a creer que no hay nada que conseguir más allá de meditar hasta la auto aniquilación. Dice que si continuamos nuestra evolución hacia *el vijnana*, en lugar de obsesionarnos con el auto aniquilamiento, vislumbraremos una solución más amplia: el principio de la autorrealización en la naturaleza divina.[386] Esta autorrealización culmina en la entrega amorosa a la Divinidad *(Bhakti* Yoga), y en la actuación al servicio de la Divinidad (*Karma* Yoga).

EL KARMA YOGA NO ES UNA DISCIPLINA INFERIOR DEL YOGA

Algunos comentaristas consideran que *el Karma* Yoga es una vía inferior para quienes aún no han evolucionado lo suficiente como para practicar la inacción completa, es decir, *el Jñana* Yoga. Alternativamente, algunos lo ven como un camino que conduce gradualmente a la inacción y la introspección. Pero éste no es el punto de vista del *Bhagavad*

---

384 Juan 14:12
385 Sri Aurobindo, Essays on the Gita, p. 235
386 Sri Aurobindo, Essays on the Gita, p. 289

Gita. En palabras de Aurobindo, en la filosofía *Samkhya*, la realización del *purusha* (la conciencia) conduce al cese de la acción.[387] En el *Gita*, en cambio, conduce a la acción divina. Krishna enseña que es imposible estar totalmente inactivo y llevar una vida dedicada exclusivamente a la introspección. En opinión de Krishna, la acción en sí no es el problema; lo es el hecho de que estemos apegados a la falsa creencia de que es nuestra propia conciencia (el *purusha* o *atman*) la que causa nuestra acción, y no la Divinidad. Krishna dice que debemos reconocer que la Divinidad se está manifestando y está actuando a través de nosotros. Por eso, en el capítulo 18th, dice que la Divinidad nos hace girar como si estuviéramos montados en una rueda.[388] Reconocer este hecho se denomina "renunciar al sentido del albedrío", es decir, abandonar la creencia de que somos nosotros quienes realizamos los actos. Además, Krishna llama a entregar los frutos de las acciones a la Divinidad; es decir, no estamos apegados al resultado de nuestros actos, tanto si tenemos éxito como si no, sino que, en cada situación, simplemente hacemos lo mejor que podemos, dedicados a la Divinidad, sea cual sea el resultado.

Al igual que Krishna, Aurobindo también nos exhorta a no ceder a la tendencia espiritual de elevarnos por encima de ella y retirarnos al no compromiso con el mundo. Dice que la tendencia quietista del ser humano debe reconocer su propia incompletitud.[389] Según Aurobindo, la acción cinética, en cambio, es la realización de Dios en lo humano, y la presencia de lo Divino en toda acción humana. Además, Aurobindo señala que, para el yoga del *Bhagavad Gita*, la acción no es sólo una preparación, sino también un medio para la

---

387 Sri Aurobindo, Essays on the Gita, p. 227
388 Bhagavad Gita XVIII.61
389 Sri Aurobindo, Essays on the Gita, p. 143

liberación espiritual.³⁹⁰ Aunque *el jnana* (conocimiento) es esencial, por su unión con las obras (*Karma* Yoga), habitamos en la conciencia no sólo cuando estamos inactivamente tranquilos, sino también en medio del estrés y de la acción intensa. Del mismo modo, *la bhakti* (devoción) es significativa por sí misma, pero combinada con *la jnana* y el *Karma* Yoga, llegamos a morar en el Purushottama (el Ser Supremo), que es dueño a la vez de la eterna calma espiritual y de la eterna actividad cósmica.

Aurobindo señala que las enseñanzas posteriores de los *Shaktas tántricos*, que llegaron a hacer que *prakriti* o Shakti fuera superior a *purusha*, son ya evidentes como un rasgo notable del *Bhagavad Gita,* y perceptibles aquí como la gran acción cósmica, la actividad y el poder de la energía cósmica (fuerza creadora divina, Shakti o *prakriti*).³⁹¹ Combinado con elementos teístas y devocionales, *el Gita* enseña que lo humano, encarnado en el mundo natural, no puede dejar de actuar. Nuestra propia existencia aquí es una acción; todo el universo es un acto de Dios, y el mero hecho de vivir significa formar parte de esta actividad Divina. Por tanto, *el Karma* Yoga no es sólo una vía inferior para los que no pueden estarse quietos, o una vía introductoria para los que aún están aprendiendo, sino que es un aspecto intrincado del yoga que nos permite completarlo hasta su pináculo.

EL BHAKTI YOGA NO ES LA ÚNICA FORMA DE ACERCARSE A LO DIVINO

Aunque he escrito aquí un libro de texto sobre *el bhakti,* y me considero un *bhakta*, argumentaré en contra de la noción fundamentalista de que *el bhakti* es la única forma adecuada

---

390 Sri Aurobindo, Essays on the Gita, p. 79, 86
391 Sri Aurobindo, Essays on the Gita, p. 107

de yoga para esta era del mundo, y el camino más directo hacia lo Divino. *El bhakti* es una práctica desafiante. Para que tenga éxito, necesitamos tener una concepción sofisticada de lo Divino y, con ella, acercarnos lo más posible a la realidad. Por eso Krishna exhorta a Arjuna a que permita que su mente descanse en Él y que su inteligencia penetre en Él. Dejar que nuestra mente descanse en lo Divino es relativamente fácil. Sólo necesitamos creencia y fe ciega. Pero ¿y si nuestra fe ciega en su concepción de lo Divino fuera incorrecta? ¿Y si nos dejamos llevar por maestros posiblemente bienintencionados, pero que no sabían lo que hacían? En este caso, seríamos como el proverbial ciego guiado por ciegos.

El bhakti puede ser un motor espiritual excepcional, que nos impulse potencialmente en el camino espiritual con más velocidad que cualquier otra forma de yoga. Eso es cierto, y teniendo en cuenta la exultación que se puede alcanzar, podría llamarse con razón la cima del yoga (aunque otros aspectos del yoga también pueden reclamar este título). Pero para no volverse emocionalmente ciego y fundamentalista, *el bhakti* debe integrarse en un marco de *Raja, Karma y Jnana* Yoga. Integrado en dicho marco está el modo en que Krishna lo enseña en el *Gita*. Sin un concepto razonablemente bueno de la Divinidad, *el bhakti* podría llevarnos a menospreciar a quienes adoran a otro dios. Integrado en los demás yogas, *el bhakti* nos hará comprender que todos los dioses son imágenes y avenidas del mismo Purushottama, que no tiene nombre y, al mismo tiempo, tiene mil nombres.

En *La Síntesis del Yoga*, Aurobindo describe varias formas de hacer que la mente sea receptiva a la Divinidad.[392] Una de ellas consiste en, mediante las prácticas de meditación, lograr que la mente se aquiete hasta el punto en que uno pueda oír literalmente a la Divinidad y, entonces, llegar a ser capaz

---

392 Sri Aurobindo, The Synthesis of Yoga, p. 802-7

de seguir Sus instrucciones respecto a las propias acciones. Éste es un camino difícil para la mayoría, pero es el que tomó Aurobindo. Es una vía que se sigue en algunas escuelas budistas, pero también desempeña un papel en el Yoga de Patanjali[393] y en *el Vedanta*.

Un segundo enfoque constituye la vía del *bhakti*, por la que uno se centra exclusivamente en el centro del corazón, y recorta sus emociones en la Divinidad personal. Aunque este enfoque, especialmente para los de inclinación emocional, tiene algunas ventajas sobre el primero, Aurobindo explica que esta vía es más propensa al error, ya que es más probable que el ser emocional esté contaminado por la impureza del ego y el egocentrismo. Afirma que es demasiado probable que esté contaminada por las emociones inferiores, la creencia en los milagros y la confianza en la intervención divina.[394] Por lo tanto, aquí es más probable que uno se deje llevar por sus intuiciones defectuosas. Esto se manifestaría entonces a través de la altivez, el orgullo espiritual de que la deidad o *avatar* propio es mejor que los demás (o incluso el único verdadero), y el desprecio hacia los que no comparten la religión o los ideales religiosos propios, declarándolos infieles o inferiores. Tales actitudes anularán todo avance espiritual creado a través *del bhakti*, ya que potenciarán el ego espiritual, una creación casi más peligrosa que el ego materialista. Aurobindo dice que la devoción sin conocimiento conduce a menudo al fanatismo y es cruda, burda, ciega y peligrosa, como han demostrado con frecuencia los crímenes y locuras de los religiosos.

A continuación, Aurobindo describe el camino de la focalización en los *chakras*.[395] La focalización en los *chakras* se

---

393 Yoga Sutra I.2
394 Sri Aurobindo, The Synthesis of Yoga, p. 804-5
395 Sri Aurobindo, The Synthesis of Yoga, p. 805-6

realiza hasta que se establece una partición en la mente, en la que uno puede centrarse en el descenso de la inteligencia de lo Divino a través de los *chakras* superiores. Aurobindo dice que hay que llegar al punto en que el proceso de pensamiento tenga lugar por encima de la cabeza, en el cuerpo sutil, lo que ayuda a hacer descender la inteligencia de lo Divino. Éste es el camino que siguió el presente autor.

Un cuarto camino consiste en purificar el intelecto (*buddhi*) hasta que su poder de razonamiento y su capacidad de deducción e inferencia sean tan grandes que corten rápidamente con los malentendidos. J. Krishnamurti, por ejemplo, fue un exponente de esta vía, y también aparece en *el Samkhya* y en el *Yoga Sutra*. Aquí, *tamas* (masa) y *rajas* (frenesí) se purgan gradualmente del intelecto hasta que se agudiza y representa *sattva* puro (inteligencia). Aurobindo sostiene que cada uno de los cuatro caminos tiene puntos débiles cuando se sigue de forma independiente y que lo ideal es que los cuatro se combinen. Según él, no deben combinarse mediante una acción voluntaria, sino entregándose a la Divinidad y dejando que la Shakti divina elija hasta qué punto deben mezclarse las vías y en qué momento se prefiere una a otra. Aunque esto exige del practicante un nivel extremo de madurez, apertura y disposición a escuchar, lo que podemos deducir es que es crucial combinar *el bhakti* con otras formas de *sadhana*, como *el Raja-*, el *Karma-* y el *Jnana* Yoga, hasta que se haya obtenido un *vijnana* completo (conocimiento exhaustivo) de la Divinidad.

EL YO INDIVIDUAL Y EL YO DIVINO NO SON LO MISMO

Como ya se ha explicado, en los momentos en que nuestro *prana* se absorbe en el *Sahasrara Chakra*, el mundo desaparece y se obtiene la *darshan* (visión) del Absoluto sin forma. Ambas cosas no pueden tener lugar al mismo tiempo. Por ello, al regresar de la experiencia, podemos declarar que sólo existe el Brahman *nirguna* (sin forma) y nada más. Siguiendo este razonamiento, algunos filósofos declaran que el individuo y el yo divino son lo mismo, porque sólo existe el Brahman durante ese tiempo. Afirman que en el momento de la experiencia está presente alguna forma de entidad consciente, de la que el experimentador se percata o percibe. Esto se ve entonces como el yo individual, que, al fusionarse con el Yo Divino, se experimenta como idéntico. Esto sería de extrema importancia, porque si se puede demostrar que no tenemos ningún yo individual significativo, el camino del *bhakti* carece de consecuencias. Al fin y al cabo, no habría ningún yo individual desde el que podamos amar y adorar a la Divinidad. La identidad entre ambos yoes sólo nos deja la disolución y la desaparición en el Absoluto sin forma. También significa que el trabajo hacia una humanidad iluminada es inútil porque no hay trabajador, ni trabajo, ni nada en lo que trabajar, una visión nihilista sostenida por *el Vedanta Advaita* y algunas escuelas del budismo.

El bhakti propone una solución diferente: durante la unión mística, el yo individual del místico queda suspendido, y sólo se experimenta el Yo Divino en Su infinitud. No hay, pues, unión de dos yoes, sino sólo el Ser Divino (Brahman). Al salir del estado místico, el yo individual reaparece y vuelve a verse como diferente del Yo Divino. Este punto de vista lo apoya el teólogo indio del siglo 11th Sri Ramanujacharya (abreviado Ramanuja), el gran adversario de Shankara. En su comentario *Shri Bhashya* sobre el *Brahma Sutra* y en su *Vedanta Sara*, Ramanuja afirma que el yo divino y el yo individual son diferentes.[396] Ramanuja dice que la identidad de los yoes individuales con el Brahman aparece así porque el Brahman es el yo de estos yoes individuales, que son Su cuerpo. Quiere

---

396 Vedanta Sara de Ramanujacharya III.5.44

expresar que el yo individual envuelve como un manto al Yo Divino, que es el único que se experimenta en un profundo estado místico. De ahí que se le engañe a uno haciéndole creer que ambos son idénticos. ¿Recuerdas que Krishna dice repetidamente "Yo soy el Yo en el corazón de todos los seres"? En nuestro núcleo, pues, está el Yo Divino, pero éste no es el yo individual. No hay nada individual en lo Divino.

Ramanuja también descarta el argumento de que el estado de vigilia es tan irreal como el sueño y el estado de sueño profundo, pilar de la filosofía *advaítica* formulada en el *Mandukya Upanishad* y en el *Karika* (comentario) de Gaudapada sobre este *Upanishad*. Ambos textos sostienen que el estado de vigilia se aniquila cuando comienza el estado de sueño. El estado de sueño se aniquila cuando comienza el estado de sueño profundo, que a su vez se destruye cuando vuelve a comenzar el estado de vigilia. Por tanto, los tres son irreales, y sólo el cuarto estado, la conciencia, que se da permanentemente en los tres, es el estado verdadero y real. Refutando esta filosofía, Ramanuja dice que, debido a la diferencia en la naturaleza de ambos, el estado de vigilia no es como un sueño.[397] El conocimiento que se encuentra en el estado de vigilia no es irreal como el del estado de sueño, porque en el estado de vigilia no hay defectos en los órganos de los sentidos y el conocimiento no se sublima como falso. Ten en cuenta que este punto de vista es muy similar al de Patanjali, que afirma que ambos estados no pueden compararse porque el estado de sueño consiste principalmente en la conceptualización y el error, mientras que el estado de vigilia consiste principalmente en la cognición correcta e incorrecta. Todo esto importa porque a menudo se cita la filosofía *Mandukya Karika* para afirmar la existencia continua de un único yo divino (llamado *Turiya*, el cuarto estado). En

---

397 Vedanta Sara de Ramanujacharya II.2.28

cambio, la existencia separada de un yo individual se rechaza mostrando la discontinuidad de los estados de vigilia, sueño y sueño sin sueños. Estos argumentos se muestran aquí como inválidos, hecho que apoya la existencia de un yo individual, separado del Yo Divino.

El siguiente punto importante a tratar es la aclaración de Ramanuja sobre la doctrina *panchakosha* del *Taittiriya Upanishad*. Ya la he descrito en el capítulo 3, bajo el subtítulo *¿Por qué esta relación es tan significativa para la Divinidad?* Sucintamente, mientras que las tres capas exteriores representan el cuerpo, la respiración y la mente, la capa más interna, el *Anandamaya kosha*, es la conciencia, el yo divino. En *Vedanta Sara*, Ramanuja sostiene que la 4th envoltura, la un tanto escurridiza y mal interpretada *Vijnanamaya kosha*, es el yo individual, y viendo que es diferente de la 5th y más interna envoltura, la *Anandamaya*, es evidente que ambas no pueden ser el yo.

En *Vedanta Sara*, haciendo referencia al *Taittiriya Upanishad* II.1.1, Ramanuja sostiene que el *Anandamaya kosha*, el Yo Divino, difiere del *Vijnanamaya kosha*, el yo individual. Dice que lo que se denota con el término *Anandamaya* es el Brahman, porque sólo en el Brahman está la dicha más elevada, que por eso se llama *Anandamaya kosha* (envoltura del poder del éxtasis). Concede además que el yo individual posee inteligencia y el poder de ver, pero no puede ser la causa del universo, que es lo Divino (el Brahman). Cita de nuevo el *Taittiriya Upanishad*, que afirma: "del mismo yo surgió el éter espacial", declarando que el *Anandamaya* [el yo divino] es la causa del universo y, por tanto, diferente del yo individual. Ramanuja dice además que el *Vijnanamaya* se llama así porque el conocimiento es la característica fundamental del yo individual, mientras que el *Anandamaya* es el Brahman, cuya característica esencial es la dicha suprema.

Ramanuja también afirma que el afijo *maya* en los nombres de todas las envolturas significa abundancia y no ilusión. Ya ha quedado establecido que la envoltura más interna, la *Anandamaya*, se refiere al Brahman, y no puede haber ilusión en el Brahman. El *Taittiriya Upanishad* afirma que el Brahman mismo es la causa de toda dicha. Por lo tanto, la envoltura más interna no puede llamarse envoltura de la ilusión de dicha.

Me pareció que las afirmaciones de Ramanuja de que nuestro núcleo más íntimo es el yo divino y que, envuelto en él, está el yo individual, eran los eslabones perdidos que explicaban exhaustivamente todas las cuestiones pendientes de la filosofía del yoga. Cuando meditamos profundamente, nos sumergimos en nuestro núcleo y encontramos una entidad eterna, infinita e inmutable. Compartimos esta entidad con todos los demás seres, y esto constituye la causa de la compasión. Como compartimos esta entidad divina o cósmica con todos los demás, es fácil sentir exactamente lo que ellos sienten.

Sin embargo, llamar a esta entidad el yo individual es incorrecto porque no tiene individualidad. El yo divino que hay en mí se funde perfectamente con el yo divino que hay en ti, porque sólo hay uno. Todos participamos de este único yo divino. Todos somos iguales en el yo divino, pero en el yo individual, todos diferimos. El yo individual sólo es digno de ese nombre si es donde está cifrada nuestra individualidad. De lo contrario, es mejor no utilizar el término "yo individual".

El verdadero yo individual es el *Vijnanamaya kosha*, la parte de nuestra psique que representa el objetivo inicial mediante el cual el Dios inmanente nos pensó para que existiéramos. Dado que cada individuo representa un objetivo inicial diferente de la Divinidad, se denomina envoltura de conocimiento. Cada uno de nosotros tiene un conocimiento particular a través del cual nos diferenciamos unos de otros. Este conocimiento diferente está relacionado con los diversos aspectos del Dios inmanente que cada uno de nosotros debe representar aquí en la tierra. El *karana sharira* (cuerpo causal) es otro término que utilizan los yoguis para describir este yo individual. De nuevo, el cuerpo causal es el portador de la visión que Dios tiene de cada uno de nosotros, el objetivo inicial.

Queda una cosa por explicar, y es la similitud en términos de *vijnana*, es decir, el conocimiento integral (realización de Dios) que Krishna pedía en el *Gita*, por una parte, y el término *Vijnanamaya kosha* (envoltura de conocimiento profundo), por otra.[398] Sri Ramakrishna afirmó que *el vijnana* consiste en la realización combinada del Brahman *nirguna* y *saguna*, el Absoluto sin forma y la Divinidad con forma. El Absoluto sin forma se revela al sumergirse en *el Anandamaya kosha*, la envoltura del éxtasis. Esta experiencia es extática y elimina todo temor a la muerte, pues nos revela que, tras morir nuestra última muerte, volveremos al éxtasis infinito del Brahman. Pero lo que el *Anandamaya kosha* no nos revela es cómo debemos vivir nuestra vida y qué debemos hacer para servir a la Divinidad y dejar que la Divinidad se promulgue a través de nosotros. Esta información sólo se revela meditando en el *Vijnanamaya kosha*. Nos muestra cómo la Divinidad se convierte en Sí misma al manifestarse a través de nosotros.

Jñana significa darse cuenta de que el aspecto trascendental de la Divinidad, el Brahman *nirguna*, es el yo en el corazón de todos los seres. En el Dios trascendente, los muchos se convierten en el Uno. *Vijnana* significa darse cuenta de que el Uno se convierte en muchos, pero también de cómo el Dios inmanente se expresa a través de los objetivos iniciales, *Vijnanamaya koshas*, o yoes individuales de una infinidad de seres.

---

398 Bhagavad Gita XII.2

Capítulo 10
ACLARACIÓN DE TÉRMINOS

En este capítulo final, presentaré fragmentos de las escrituras que contribuirán a una comprensión más clara de términos específicos que, si se malinterpretan, impedirían el progreso de nuestra ciencia. También me permitirá profundizar en ciertos conceptos y expresar algunas ideas en las que aún no he tenido la oportunidad de embarcarme. Los términos tratados aquí, son:

- Mente
- Avatarhood
- *Shraddha* (anteriormente traducido como fe)
- *Shastra* (escritura)
- *Yugas* (edades del mundo)
- Castas - notas y referencias adicionales

MENTE

Durante la Edad Media, el cuerpo se consideraba débil y corrompido. Tanto en Oriente como en Occidente, las sectas espirituales a menudo mortificaban y torturaban el cuerpo para purificarlo de su maldad. En la sociedad moderna, el péndulo ha oscilado hacia atrás, y esta actitud negativa hacia el cuerpo ha sido sustituida ahora por una infatuación extrema con el cuerpo, que se expresa en mimos a cualquiera de sus caprichos. Tal infatuación con el cuerpo puede embrutecer la evolución espiritual tanto como antes lo hacía la tortura del cuerpo.

Desgraciadamente, ahora se ha conferido a la mente el papel de niño malo del barrio. Los argumentos espirituales repetidos hasta la saciedad culpan a la mente de todos los males del individuo y de la sociedad. La cultura espiritual contemporánea ha aceptado ahora que el cuerpo no es el enemigo en el camino espiritual, sino una ventaja. Argumentaré aquí que ocurre lo mismo con la mente. También la mente es una ventaja en el camino espiritual. Lo malo no es la mente, sino lo que hacemos con ella y cómo lo hacemos. Por tanto, la mente debería tener el mismo estatus que el cuerpo.

El Bhagavata Purana narra cómo el Señor Brahma (en el hinduismo, el demiurgo responsable de la creación del mundo) no tenía ni idea de cómo iniciar el proceso de creación.[399] Mientras contemplaba esto, oyó dos letras procedentes del otro lado de las aguas cósmicas, las consonantes 16 y 21 del alfabeto sánscrito, respectivamente. Estas consonantes, *ta* y *pa*, forman juntas la palabra *tapa*, que significa concentrarse. El Señor Brahma practicó entonces la concentración en el espíritu durante 1000 años divinos y, mediante dicha concentración, consiguió pensar el mundo en la existencia activa.

Aunque en nuestra vida personal no llegamos a crear universos enteros, sin embargo, también en nuestros pequeños mundos la acción sigue al pensamiento. La razón por la que a menudo no llegamos a crear algo significativo es que nuestros pensamientos están dispersos. Así, nuestra mente no se concentra. En el *Yoga Sutra* se considera que la dispersión del pensamiento es la causa de todos los obstáculos.[400] Si aprendemos a concentrar nuestra mente y a dirigir nuestros

---

399 Bhagavata Purana II.9.5 -6
400 Yoga Sutra I.32

pensamientos hacia Dios, nuestra capacidad de crear se pondrá al servicio de la Divinidad. Los pensamientos se concentran mediante la disciplina *del Raja* Yoga y se vuelven hacia Dios mediante *el Bhakti* Yoga.

En el *Bhagavata Purana*, el Ser Supremo, en la forma del Señor Vishnu, afirma que la concentración es el núcleo de Su ser, y que el significado de la concentración es Él mismo.[401] Afirma además que, en el principio, lo creó todo concentrándose. Toda persona altamente creativa, ya sea artista, científico, etc., puede confirmar que la creatividad se potencia manteniendo la mente concentrada en el tema elegido. Sin embargo, en nuestra sociedad moderna, la distracción está casi elevada a la categoría de religión. Con frecuencia veo a estudiantes de yoga fracasar en su empeño porque prefieren centrarse en otra cosa. ¿Qué es la concentración? Es la capacidad de desprenderse de las cosas que no son esenciales y, en cierto modo, sacrificarlas.

Con la gran cantidad de distracciones que ofrecen las redes sociales e Internet, tenemos que ser capaces de elegir lo que merece nuestra atención y lo que no. La siguiente estrofa nos enseña cómo hacerlo. Aquí, el *Bhagavata* Purana afirma que *maha-tattva* es en lo primero que se convierte *la prakriti* cuando la agita la voluntad divina.[402] *Prakriti* es el proceso divino, la fuerza creadora divina, Shakti, la Madre de todo. *Los tattvas* son evoluciones o principios que Ella suscita. Si quisiéramos llevar el antropomorfismo más lejos, serían Sus hijos. El primero de todos en surgir se llama *mahat*, el Grande, porque conduce a todo lo demás. *Mahat* es la Inteligencia Cósmica; podríamos llamarla la inteligencia de la Divinidad, que ordena todo el universo y la creación. Es afín al *buddhi* (intelecto) cósmico, y el término *buddhi* suele sustituirse por

---

401 Bhagavata Purana II.9.22
402 Bhagavata Purana III.10.14

mahat (cuando se habla de su función cósmica), porque se utiliza principalmente para la función limitada que tiene la inteligencia en el ser humano.

La estrofa anterior se entiende ahora como que Shakti, agitada por la voluntad divina, se convierte primero en inteligencia cósmica. Aquí se esconde una pista crucial para nosotros. Sólo existe una voluntad verdadera, que es la voluntad de Dios. Si queremos concentrar nuestra mente y hacer surgir su capacidad de inteligencia, tenemos que rendirnos a la voluntad de la Divinidad, y pedirle que nos agite para que seamos capaces de concentrarnos en las obras divinas que estamos llamados a realizar, en lugar de consumir nuestra vida con búsquedas inútiles.

En *Ensayos sobre el Gita*, Aurobindo afirma que debe existir una capacidad ideadora secreta de la energía universal (a la que llama *vijnana*), aunque supongamos que la energía y su idea instrumental, *buddhi*, son mecánicas.[403] Permíteme desempaquetar y deconstruir esta afirmación. Antes he mencionado que el *mahat* o *buddhi* es una evolución de la *prakriti* o Shakti, que en algunas escuelas indias de pensamiento se considera mecánica, de forma similar a como la Ciencia occidental considera mecánicas las leyes de la física. Aurobindo está dispuesto a aceptar que esta inteligencia sea mecánica, pero dice que detrás de ella debe haber una capacidad ideadora no reconocida, no vista, que podríamos llamar el Ser-Idea Divino, que en Sí mismo debe ser sensible y consciente. Aurobindo sugiere el nombre de *vijnana* para la capacidad ideadora. Es lo que en mis escritos he llamado el Dios inmanente o inteligencia cósmica, y lo que Alfred North Whitehead ha llamado proceso.

Esto significa que incluso en el lado del Dios inmanente y en la parte Shakti de lo Divino (el otro lado es el Dios

---

403 Sri Aurobindo, Essays On The Gita, p.426

CAPÍTULO 10

trascendente y Absoluto sin forma) hay una sensibilidad y un ser cósmico inteligente que se manifiesta a Sí mismo convirtiéndose en el mundo y en todos los seres. Mientras que podemos comulgar con el Dios trascendente a través de nuestra consciencia (*atman, purusha*), podemos comulgar con el Dios inmanente cultivando nuestra mente hasta el punto de que sea receptiva al descenso de la mente de la Divinidad, que Aurobindo etiqueta con el término súper mente.

Si crees que tu mente está equivocada o que es algo que hay que superar, no podrás convertirte en un vehículo para el descenso de la inteligencia de Dios. Trabajar por el descenso de la súper mente es el acto supremo de *bhakti*, amor a lo Divino y entrega a Dios. Si, como colectivo humano, no podemos atraer hacia nosotros el descenso de la mente de Dios, fracasaremos como especie y nos extinguiremos mediante el holocausto medioambiental y el ecocidio.

Aurobindo dice que el mundo no es una invención de la mente universal, sino un nacimiento consciente de lo que está más allá de la mente en la forma misma.[404] Más allá de la mente está el *vijnana*, lo Divino que se convierte en Sí mismo cristalizando el mundo como Su cuerpo divino. Este cuerpo real de la Divinidad no es una invención, ni una ilusión, sino el proceso divino de Dios convirtiéndose en Sí mismo como mundo. Dios tiene, pues, dos aspectos principales. Por un lado, está el aspecto ser, el Dios trascendente, la conciencia infinita y el Absoluto sin forma. Por otro lado, está el aspecto devenir, el Dios inmanente, el proceso, *prakriti* y Shakti. El drama de la religión es que ha interpretado de otro modo este aspecto del devenir, el aspecto femenino de Dios, la Madre y Shakti. La razón por la que la religión no resolvió muchos de los problemas de la sociedad es porque redujo a Dios a su aspecto supra y extra cósmico, el Dios trascendente y Padre,

---

404 Sri Aurobindo, The Life Divine, p.125

el aspecto masculino de Dios. La mente y la inteligencia son aspectos de lo divino femenino, pero se han desconectado de la divina Shakti porque los teólogos masculinos han interpretado a la Madre, el proceso y Dios inmanente, declarándola un producto de la mente, un espejismo, una ilusión. Si queremos honrar a la Shakti, necesitamos cultivar, concentrar y abrir nuestra mente a Ella y prepararnos para descargar Su inteligencia, un proceso que Aurobindo denomina el descenso de la súper mente.

Aurobindo habla también de la idea real, el poder de la fuerza consciente que expresa el ser real, que nace del ser real y participa de su naturaleza, no siendo ni vacío ni ilusión.[405] Desea expresar aquí una visión de lo Divino afín a la de Alfred North Whitehead, que también dice que Dios es una entidad que ordena el mundo mediante ideas reales. El profesor Debashish Banerji comenta el pasaje anterior de Aurobindo diciendo que una idea real puede distinguirse de una idea conceptual en que la primera es la realidad misma encarnada como el mundo y sus formas.[406] Eso es lo que debemos percibir y conocer: la realidad misma (es decir, lo Divino) encarnada como el mundo y sus formas.

La "idea real como la realidad misma encarnada en el mundo" nos resulta difícil de comprender porque nuestro lenguaje está formado por conceptualizaciones. Nuestra mente, no entrenada por la concentración yóguica y aún no cultivada a través de la percepción mística, considera que se trata de otra conceptualización que suena bien, o de palabras grandilocuentes. Pero no lo es. La verdad es que Dios ha pensado el mundo y todos los seres en la existencia cristalizándose a Sí mismo como ellos. No es fácil expresarlo en ningún lenguaje humano. Es más fácil comprenderlo una

---

405 Sri Aurobindo, The Life Divine, p.125
406 Debashish Banerji, Seven Quartets of Becoming, p. 267

vez que se ha visto. Sin embargo, lo hayamos visto o no, el paso crítico es ponerse al servicio de este proceso. Y la única forma de hacerlo es utilizando la propia mente.

Una categoría esencial de las ideas reales es el objetivo inicial, el complejo de pensamientos que Dios tuvo sobre cada uno de nosotros, que nos trajo a la existencia. Lo importante aquí es comprender que somos ideas reales de Dios, expresivas del ser real de Dios, y no ilusión o vacío. Estamos hechos de la sustancia del pensamiento divino, de Dios, pensando un número infinito de permutaciones y cómputos de Sí mismo a la existencia, que no son ni vacíos ni ilusorios. Parte del proyecto de la Shakti divina, la Madre, el Dios inmanente, es llegar a ser Ella misma expresándose a través de nosotros, Sus hijos. La clave para co-crear conscientemente con la Madre es cultivar nuestra mente para que podamos recibir Su descenso. Ésta es la disciplina *del Bhakti* Yoga.

Banerji añade que el mero hecho de que la mente humana pueda describir el universo natural en términos de leyes es una prueba de la presencia de la mente en el universo.[407] Recordemos que la filosofía *Samkhya*, que está en la base del yoga, postula que la razón por la que la mente puede comprender el mundo es que la mente humana está formada por las tres partículas elementales idénticas al mundo material, es decir, las tres *gunas*, *rajas* (energía), *tamas* (masa) y *sattva* (inteligencia). En la misma página, Banerji desarrolla aún más el razonamiento de Aurobindo de que hemos heredado una mente conflictiva de dualidad, porque la dualidad es el instrumento mediante el cual Brahman (la conciencia infinita) produce a través de la mente cósmica (en la que está inmerso el ser humano) múltiples individualidades. Esto da un giro diferente a la tan cacareada dualidad o mente dualista por los autores de la nueva era.

---

407 Debashish Banerji, Seven Quartets of Becoming, p. 270

La mente cósmica, y por extensión nuestra mente, es el dispositivo mediante el cual el Ser (es decir, Dios) se experimenta a Sí mismo como muchos seres separados e independientes. El Uno se ha convertido en los muchos, lo cual forma parte del proyecto de la Divinidad. Pero el Uno no puede convertirse en muchos a menos que lo haga por la vía de la mente. Lo ha conseguido a través de la misma mente, que ahora nos dice que somos individuos separados, alejados del Uno. Esto es así porque la mente del individuo tiene que identificarse con un cuerpo limitado en el tiempo y en el espacio para ocuparse de la supervivencia del cuerpo. Al principio, sólo puede hacerlo no identificándose y separándose del Uno, el Brahman. Con entrenamiento (es decir, haciendo la mente *sáttvica*, que es el objeto del yoga), la mente puede ver simultáneamente al individuo, al Uno, y al Uno como los muchos.

Ahora estamos muy cerca de lo que Krishna llama *vijnana* en la estrofa VII.2 del *Bhagavad Gita*. Banerji explica además que, mediante el artificio de la mente, el Uno se ha fragmentado a Sí mismo para poder existir en cada una de sus infinitas porciones o posibilidades de ser (las mayúsculas son mías por coherencia).[408] Como afirma Krishna en el *Gita*, éste es un aspecto esencial de la Divinidad. Entretanto, nos pone en una situación difícil, en la que, durante algún tiempo, nos experimentamos como aislados del manantial del amor divino. Sólo más tarde, a medida que maduramos (mediante *el Raja* Yoga), podemos ser simultáneamente individuos separados del Uno y seguir siendo capaces de comulgar con Él mediante *el Bhakti*, el *Jnana* y el *Karma* Yoga.

Swami Tyagisananda escribe en su comentario sobre el *Bhakti Sutra* de Narada que todas las escuelas ortodoxas indias de filosofía (llamadas *darshanas*), aparte de la del ritualismo

---

408 Debashish Banerji, Seven Quartets of Becoming, p. 271

CAPÍTULO 10

(llamada *Purva Mimamsa*), afirman que la liberación espiritual sólo pueden obtenerla quienes primero tienen una visión o imagen clara de la verdad.[409] Con imagen o visión, se refiere aquí a que ha tenido lugar alguna forma de indagación intelectual mediante la cual la mente se ha identificado:

- ¿Qué es exactamente Dios o lo Divino?
- ¿Cuáles son sus aspectos?
- ¿Qué hace aquí?, es decir, ¿cuál es su proyecto divino?
- ¿Qué relación tenemos con ello?
- ¿Cómo nos ponemos a Su servicio?

Sólo entonces puede el corazón entrar en acción y emprender su esfuerzo de amor y entrega a lo Divino. Porque si entra en acción antes, probablemente lo hace creyendo que su religión, secta o culto es mejor o más válido que otros, que son practicados por infieles en el mejor de los casos y por satánicos en el peor. En otras palabras, el corazón cae fácilmente presa del fundamentalismo religioso.

La herramienta con la que emprendemos la indagación intelectual mencionada es la mente, a menudo difamada e incomprendida. Por ello, Swami Tyagisananda afirma que no hay razón para creer que uno deba abandonar su cerebro al volverse hacia Dios. Gracias. Fue precisamente esto lo que me pidieron casi todos los movimientos espirituales, sectas o cultos a los que me uní en mis años mozos. Ahora sospecho que, si los maestros sugieren este hecho, a menudo lo hacen porque saben que un estudiante con un intelecto astuto se daría cuenta rápidamente de que su enfoque de la Divinidad y sus enseñanzas sobre Ella son erróneas. Por tanto, presta atención cuando los maestros te aconsejen que dejes tu mente en la puerta de entrada junto a tus zapatos.

---

409 Swami Tyagisananda, Narada Bhakti Sutras, p.125

Por supuesto, utilizar la mente para identificar la meta no significa que no seamos conscientes de tener que ir en algún momento más allá de la mente para alcanzar la visión mística. Pero dejar atrás la mente no es la tarea del novicio, sino la del místico establecido al entrar en *nirbija samadhi* (*samadhi* sobre la conciencia). Antes de haber alcanzado ese estadio, debemos incluso rechazar las palabras del Señor Brahma si entran en conflicto con la razón, así lo aconseja el Yoga Vasishta.

Otra tarea para la que la mente es ventajosa es el uso de atajos heurísticos para lo Divino, como las imágenes divinas o los *mantras*. Swami Tyagisananda escribe correctamente que es un hecho psicológico que pensar sólo es posible con la ayuda de símbolos visuales y auditivos. No es factible que cada vez que pienso en la Divinidad, o me recuerdo a mí mismo que debo rendirme a ella, amarla y servirla, me embarque en un análisis completo de todos los aspectos de la Divinidad. Si lo hiciera, mi servicio a la Divinidad se pospondría siempre, y una buena parte de cada día la ocuparía en restablecer *el vijnana* pleno (la realización de Dios). Por lo tanto, se recomiendan los atajos heurísticos de naturaleza visual (imágenes divinas) y auditiva (*mantras*). Por supuesto, como afirmaba Aurobindo, debemos recordarnos regularmente que la imagen (como la deidad o el *avatar*) no es el Ser Supremo (Purushottama), sino sólo un sustituto. Para utilizar una metáfora informática, hacemos clic en un icono para abrir una aplicación. Pero el icono no es la aplicación, sino sólo un camino práctico para acceder a ella, un atajo heurístico.

Del mismo modo, utilizamos una imagen o forma divina para acceder al Ser Supremo. Ésta es una de las muchas formas valiosas de utilizar la mente en el camino *del bhakti*. Por tanto, no debemos tener miedo de utilizar la mente, sino que debemos cultivarla para que sea lo más útil posible.

CAPÍTULO 10

LA CONDICIÓN DE AVATAR

Para la mente humana, es casi imposible pensar en la Divinidad sin antropomorfizarla y, como ya se ha señalado, una imagen humana de la Divinidad tiene sus ventajas como atajo heurístico. Esto se debe a que no es factible recordar todos sus aspectos cada vez que se invoca a la Divinidad. Por otra parte, antropomorfizar la Divinidad entraña peligros, y parte de ellos es confundir la deidad o el avatar con la totalidad de la Divinidad, olvidando así que la deidad o el *avatar* son sólo representaciones de toda la inmensidad del Ser Supremo (Purushottama). Esto a menudo adopta la forma de simplemente creer en un *avatar* concreto y adorarlo, en lugar de intentar seguir sus enseñanzas, a menudo complejas y exigentes.

Pero ¿qué es exactamente un *avatar*? A menudo se olvida que la Divinidad no tiene un ego al que negar la filiación o la condición de avatar a ninguno de sus hijos. El único *avatar* completo que existe es la totalidad del universo material con toda la comunidad de seres sensibles que hay en él. Pero sabemos que determinados individuos han conseguido invocar mucho más de la Divinidad que otros. ¿Cómo es que la Divinidad es mucho más fuerte y evidente en unos individuos que en otros? ¿Cómo es que Krishna y Jesús, por nombrar a dos, hablaron con tanta claridad, elocuencia y autoridad de lo Divino y de la realidad, que miles de millones de personas los adoran hoy como Dios?

Nadie comprendió y explicó este problema mejor que Sri Aurobindo, que también se proclamó un *avatar*. Aurobindo afirmó que es perdonable y comprensible que, cuando Krishna en el *Gita* dice "Yo", el lector lo tome por el aúriga de aspecto humano de Arjuna, el hombre-dios Krishna, el *avatar* encarnado. Pero Aurobindo nos exhorta a que ese "Yo" del *Gita* es el Purushottama, el Ser Supremo.[410] Aurobindo nos

---

410 Sri Aurobindo, Essays on the Gita, p. 433

recuerda que debemos consagrarnos al Ser Supremo, que no tiene nombre y simultáneamente lleva todos los nombres, no a alguna secta o culto. El peligro de comprometerse con alguna secta o culto (en palabras del propio Aurobindo) es que los individuos y maestros ajenos al culto suelen ser tachados de inferiores y no divinos. Sin embargo, tal segregación no corresponde al espíritu del Ser Supremo, que se encarna simultáneamente a través de todas las religiones, enseñanzas e individuos.

¿Cómo es posible, entonces, que un *avatar* pueda parecer tan poderoso que pueda ser confundido con el Ser Supremo? Aurobindo explica que el nacimiento divino tiene dos aspectos: uno es el descenso de lo Divino a la humanidad, y el otro es el ascenso, el nacimiento de lo humano a lo Divino, es decir, una elevación humana a la naturaleza y la conciencia divinas.[411] Según Aurobindo, *la avataridad* es la elevación de lo humano a la Divinidad, la que contribuye el descenso de Dios a la humanidad. Señala que el descenso del Espíritu Santo hizo de Jesús un *avatar*.[412] Este punto de vista lo sostienen ahora algunos teólogos cristianos progresistas, como Marcus J. Borg, teólogo luterano.[413] Borg admitió que si la opinión ortodoxa de que Jesús era realmente el hijo unigénito de Dios era exacta, entonces lo que Jesús hizo en la Tierra no fue extraordinario. Porque, en ese caso, debería haber tenido el poder de vencer todo el mal de una vez por todas y establecer el reino de Dios en la Tierra. Si, por el contrario, es correcta la opinión de que Jesús se transformó e invocó al Espíritu Santo, entonces su transformación fue extraordinaria, y era esta opinión la que sostenía Aurobindo. Sobre el *Gita*, Aurobindo

---

411 Sri Aurobindo, Essays on the Gita, p. 148
412 Sri Aurobindo, Essays on the Gita, p. 163
413 Marcus J. Borg, Meeting Jesus Again For The First Time, Harper One, 1995

dice que, aunque el *avatar* se representa aquí con el nombre de Krishna, no hace hincapié exclusivamente en ello. *El Bhagavad Gita* hace hincapié en lo que el *avatar* representa: lo Divino, el Purushottama, el Ser Supremo, del que todos los *avatares* son nacimientos humanos.[414] En su universalidad, la Divinidad abarca todos los *avatares*, enseñanzas y *dharmas*. Para mí, no hay duda de que el mismo Ser Supremo nos habló a través de Krishna, Jesús, San Francisco, Sri Ramakrishna y Sri Aurobindo. Pero, como dijo Aurobindo, es importante no reducir al Ser Supremo a ninguno de Sus *avatares*.

Aurobindo enseña que el objetivo principal de todo yoga superior es invocar la inteligencia de lo Divino, a la que denomina súper mente o supra-mental. En un individuo que practique con gran intensidad e integridad, esto se fundirá perfectamente en la invocación del *avatar*. Ésta es el proyecto del Ser Supremo, es decir, la divinización de la humanidad, y de toda vida y materia. A juzgar por las numerosas guerras, atrocidades, crímenes contra la humanidad y millones de pequeñas crueldades y actos despiadados que tienen lugar cada día, es evidente que la humanidad se ha integrado en este proyecto divino sólo en un grado mínimo. Sólo unos pocos individuos, como Krishna y Jesús, realizaron el potencial humano y siguieron la llamada de la Divinidad. Que todos podemos hacerlo queda claro en la frase del Nazareno: "lo que yo he hecho, vosotros también lo haréis, y cosas mayores haréis".[415]

SHRADDHA

En los primeros años de traducción de textos indios a lenguas occidentales, a menudo se tradujeron términos sánscritos complejos utilizando términos abrahámicos que

---

414 Sri Aurobindo, Essays on the Gita, p. 174
415 Juan 14:12

inicialmente parecían adecuados debido a su carácter común, pero que en última instancia se revelaron como veladores de la intención del término sánscrito original. Uno de los ejemplos más perjudiciales probablemente sea la sustitución del sánscrito *shraddha* por el inglés "faith" (fe). Así escribe Swami Medhananda que el intraducible término sánscrito *shraddha*, a menudo traducido al inglés como "fe", engloba una serie de connotaciones semánticas, entre ellas la creencia, la reverencia, la humildad, la convicción espiritual, y la capacidad y voluntad de actuar siguiendo las convicciones más profundas de cada uno.[416]

Como ya se ha dicho, Aurobindo explica que *el shraddha* tiene dos aspectos principales: uno se dirige hacia atrás, que es el recuerdo, y otro hacia delante, que es la intuición.[417] El recuerdo significa que tenemos una forma de memoria de que, antes de convertirnos en estos seres encarnados alejados de nuestro origen divino, éramos, de hecho, uno con Dios. Por otra parte, la intuición en este contexto implica el conocimiento de que, pase lo que pase, en última instancia, volveremos a casa con Dios, aunque, posiblemente, no sea por el camino más recto.

Tuve la gran suerte de poder estar presente en el momento de la muerte de varias personas sabias y ancianas, cuyos rostros en ese momento irradiaban una felicidad tremenda y totalmente ajena al mundo. Cuando les pregunté qué veían, me dijeron que veían que volvían a casa. Tal visión es la intuición que forma parte del significado de *shraddha*. Por supuesto, utilizar el término intuición hoy en día es muy difícil, ya que a menudo se identifica con los caprichos del ego. El ego desea algo, pero no puede argumentar adecuadamente

---

[416] Swami Medhananda, Why Sri Aurobindo's Hermeneutics Still Matter, p. 11

[417] Debashish Banerji, Seven Quartets of Becoming, p.176

una razón que le permita complacerse. Entonces rebautiza su deseo como intuición para seguir consiguiendo sus objetivos. Aun así, es útil traducir el término *shraddha* como intuición-recuerdo o, mejor, incluso utilizar el término sánscrito sin traducirlo. El problema del término "fe" es que todos tenemos una opinión de lo que es, lo que desmiente la complejidad del término *shraddha*, que no es reducible al concepto de buena fe ni al de fe ciega.

En *Ensayos sobre el Gita*, Aurobindo da una fórmula diferente para *el shraddha*.[418] Dice que consta de tres elementos: el asentimiento de la mente, el consentimiento de la voluntad, y el deleite del corazón. El asentimiento de la mente significa que aceptamos algo, y también podría implicar que nuestra mente superficial profesa aceptar algo, aunque lo rechacemos en los recovecos de nuestro subconsciente. El consentimiento de la voluntad es algo mucho más elevado. De forma similar a los puntos de vista de la neurociencia moderna, los místicos enseñan que no tenemos libre albedrío. Sólo tenemos cierto grado de elección en función de cuánto nos controle nuestra programación robótica subconsciente. A diferencia de la neurociencia, los místicos enseñan que los humanos pueden desarrollar la voluntad alineándose con la voluntad de la Divinidad. Puesto que la voluntad de la Divinidad es el único libre albedrío verdadero que existe, es nuestra única vía hacia la libertad.

Para el principiante, esto plantea una paradoja, porque ¿cómo podemos llegar a ser libres sometiéndonos a la voluntad de alguien más poderoso? La respuesta a esto es que hay que sentirlo. Puesto que la Divinidad es omnisciente, omnipotente, omnipotente-amorosa y omnipotente-inteligente, al rendirnos a Ella, nos volvemos libres. Esta actitud fue bellamente expresada por San Pablo, que dijo:

---

418 Sri Aurobindo, Essays on the Gita, p.358

"Pues así como en Adán todos morimos, en Cristo todos seremos vivificados".[419] Adán representa aquí el ego humano, y Cristo la conciencia inmortal, el *purusha*. Puesto que lo Divino, el *purusha*, está más allá del ego, rendirnos a Él no significa que nos rindamos a un ego más poderoso. Significa que nos rendimos a la libertad y al amor mismos.

Sólo podemos alcanzar la libertad sometiéndonos a la ley divina, no rebelándonos contra ella. Cuando nos sometemos, experimentamos el deleite (*ananda*) del corazón, lo que significa que experimentamos el amor de Dios, la tercera parte de la fórmula de Aurobindo para *shraddha*. Esto significa que *shraddha* implica saborear al menos parte del néctar que nos espera al entrar en una relación amorosa con la Divinidad. Ahora está claro que *shraddha* es una *sadhana* (práctica y disciplina espirituales) que va mucho más allá del simple término "fe".

Swami Tyagisananda afirma en su comentario sobre el *Bhakti Sutra* de Narada que *shraddha* es la convicción que se ha vuelto dinámica, es decir, similar a un proceso.[420] No implica un mero asentimiento intelectual, sino la disposición a realizar la verdad mediante la práctica de las enseñanzas, cuando hay convicción plena de su racionalidad y utilidad. Tyagisananda señala que *shraddha* está relacionado etimológicamente con *satya*, es decir, la verdad. El Swami aclara aquí aspectos cruciales de *shraddha*, es decir, su coherencia con la verdad, su racionalidad y su utilidad.

Cuando era un joven buscador, con frecuencia me encontraba adoctrinado en lo que hoy se denominan grupos de alta demanda, es decir, sectas y cultos, no limitados a ninguna religión en particular. Cada vez que señalaba incoherencias en sus enseñanzas o en el comportamiento

---

419 Corintios 15:22

420 Swami Tyagisananda, Narada Bhakti Sutras, p.254

de sus autoridades, me decían que abandonara mi mente, que dejara caer mi ego, que entrara en el momento presente, o que tuviera fe. Si te encuentras en una situación similar, recuerda que *el shraddha* nunca puede ser incoherente con la indagación racional y crítica. Por eso Krishna puede decir a Arjuna al final del *Gita*: "ahora analiza todo lo que te he dicho con tu mejor capacidad intelectual, y luego haz lo que creas conveniente".[421] Krishna comprende que Arjuna, y por extensión todos nosotros, sólo podemos actuar con coherencia y consistencia si hemos alcanzado la convicción dinámica de la verdad de esa acción. Y no podemos estar convencidos de algo a menos que lo hayamos probado en el crisol del intelecto.

El *Bhagavad Gita* trata *del shraddha*, por ejemplo, en la estrofa XVII.3. Aquí, Krishna proclama que el *shraddha* de cada ser se deriva de su disposición natural debida a impresiones pasadas. Krishna continúa afirmando que una persona está constituida principalmente por su *shraddha*, de modo que, en lo que uno invierte *su shraddha*, se convierte verdaderamente. En este contexto, *shraddha* podría traducirse como nuestro sistema de valores. De nuevo, se hace hincapié en el proceso de *shraddha*. Por supuesto, Krishna no insinúa que nuestro *shraddha* esté fijado permanentemente debido a nuestras impresiones vividas en el pasado, y que debamos aceptarlo. Quiere expresar que nuestro *shraddha* es tan crucial que debemos crearlo voluntariamente mediante la práctica, porque nuestro sistema de valores determinará la dirección de nuestra vida.

SHASTRA (ESCRITURA)

Estrechamente asociado al concepto de *shraddha* está el de *shastra*. *Shastra* significa "camino hacia la verdad", pero yo

---

421 Bhagavad Gita XVIII.63

utilizo convenientemente la abreviatura "escritura", un término con sus propios problemas asociados. Swami Medhananda afirma que, desde un punto de vista aurobindoniano, cualquier indagación sobre el significado de las escrituras resulta incompleta y estéril a menos que se base en una actitud fundamental de *shraddha*.[422] Medhananda explica que, en el contexto de la hermenéutica, *shraddha* en las escrituras adopta dos formas principales: la caridad interpretativa y la receptividad espiritual. La caridad interpretativa significa que asumimos provisionalmente que las afirmaciones de una escritura determinada son consistentes e internamente coherentes. Según esta postura, debemos resistirnos al impulso de encontrar contradicciones o discrepancias en un texto escriturario, y luego tratar de explicarlas o resolverlas alegando que algunas afirmaciones del texto son interpolaciones posteriores, o apelando a algún marco externo. Tales explicaciones son las trampas habituales en las que caen muchos indólogos occidentales. No estoy diciendo aquí que nunca debamos explicar los textos afirmando que los pasajes son interpolaciones posteriores o utilizando marcos externos a un texto concreto. Lo que digo es que sólo debemos utilizarlos después de haber hecho esfuerzos sinceros y prolongados por comprender un *shastra* basándonos en su propio mérito.

Medhananda aclara que, para Aurobindo, la lectura adecuada de las escrituras requiere paciencia, humildad, y una apertura a la posibilidad de que nuestra incapacidad para reconciliar ciertas afirmaciones de las escrituras refleje no contradicciones en el texto, sino nuestras propias limitaciones como lectores alejados del texto por más de un milenio. Medhananda señala que Aurobindo también insistió repetidamente en que las escrituras indias exigen del

---

[422] Swami Medhananda, Why Sri Aurobindo's Hermeneutics Still Matter, p. 11

lector una receptividad y una apertura proporcionalmente espirituales. Éste es un punto significativo. Aurobindo defiende enérgicamente que el mejor lector de escrituras debe tener *shraddha* en su núcleo espiritual; sólo entonces las escrituras tendrán la capacidad de moldearnos, sorprendernos, transformarnos e iluminarnos. Esto significa que *la* shraddha interpretativa implica la voluntad de ceder la agencia a la Escritura, en lugar de arrogársela exclusivamente al lector. Esto es algo que sentí muy intensamente durante toda mi vida al estudiar *los shastras* indios; cobraban literalmente vida ante mis ojos y me enseñaban. Cuando descubrí los *Upanishads* a los 15 años, noté inmediatamente una inteligencia viva en los textos que superaba con creces la mía propia y que necesitaba pedir su *darshan* para que me revelaran su significado, y luego esperar pacientemente hasta que se dirigieran a mí.

Medhananda explica además que, idealmente, cuando leemos, interpretamos e interrogamos una escritura, también debemos permanecer atentos a las diversas formas en que la escritura puede leernos, analizarnos e incluso interrogarnos, por ejemplo, poniendo en tela de juicio nuestras propias presuposiciones no examinadas, o poniendo a nuestra disposición nuevas perspectivas desde las que podamos reflexionar y, potencialmente, modificar nuestros propios modos arraigados de pensar y vivir. En otras palabras, cuando leemos un *shastra*, no podemos actuar como si fuera la creación de unos primitivos supersticiosos que vivieron hace siglos (una opinión que a veces me parece conocer en los indólogos modernos), sino que el texto está vivo y se comunica con nosotros. Si estamos abiertos, *el shastra* puede hablarnos como un maestro vivo que tenemos delante, y en la mayoría de los casos, mejor. Aurobindo consiguió cultivar esta actitud. Al estudiar sus comentarios sobre los *Vedas*, los *Upanishads* y el *Bhagavad Gita*, podemos ver que *el shastra* le reveló secretos que no había revelado a nadie durante siglos. Se debe a que era receptivo y abierto; en particular, concebía *el shastra* como capaz de dar tal instrucción. Éste es el secreto de la lectura *del shastra*. Toda la información está ahí, si estamos dispuestos a escuchar.

El Bhakti Sutra de Narada afirma que *el bhakti* surge del estudio de las escrituras que describen la gloria de la Divinidad.[423] Esto concuerda con el *Yoga Sutra*, que afirma que la deidad apropiada de uno (*ishtadevata*) se revela mediante el estudio de los tratados sagrados.[424] Conocer la deidad apropiada de uno es necesario para desarrollar *el bhakti*. Madhusudana Sarasvati, el filósofo del siglo 16th que combinó *el bhakti* y la filosofía *Advaita*, afirmó que, hoy en día, el tratado para nosotros debe ser el mundo natural. Se trata de una afirmación importante. He conocido a personas que no se dejan llevar por los libros, sino que pueden ver y experimentar lo Divino en el mundo natural. Esta tendencia también se refleja en el hecho de que muchos místicos, aunque sean eruditos, suelen preferir vivir en la naturaleza, lejos de las ciudades. Muchos *shastras* dan precisamente ese consejo, es decir, salir a la naturaleza para poder escuchar.

En este contexto, Aurobindo observa que, para comprender las escrituras, no basta con ser un erudito; hay que ser un alma.[425] Para saber lo que vio el vidente, hay que tener vista y ser un estudiante, si no un maestro, del conocimiento. Aurobindo quiere expresar aquí que no basta con tener una comprensión lingüística de las letras y las palabras de la página, sino que ésta debe ir seguida de una visión mística. En otras palabras, debemos realizar las prácticas que sugieren los textos para

---

[423] Swami Tyagisananda, Narada Bhakti Sutras, p. 84

[424] Yoga Sutra II.24

[425] Sri Aurobindo, Collected Works of Sri Aurobindo, Sri Aurobindo Ashram Trust, Pondicherry, 2003, Vol 12, p. 37

obtener el conocimiento. Sólo entonces podremos llegar a conocer el significado de los *shastras*.

YUGAS (EDADES DEL MUNDO)

Tanto *el Mahabharata* como los *Puranas* suscriben la doctrina *del Yuga*, según la cual hay cuatro edades mundiales sucesivas (*Satya, Treta, Dvapara y Kali Yugas*) durante las cuales la sociedad humana está sujeta a la entropía (es decir, a la descomposición gradual), se degenera sucesivamente y se corrompe cada vez más. Según esta enseñanza, llevamos más de 5000 años en el *Kali Yuga*, la edad de las tinieblas. Hay distintas opiniones sobre cuánto dura el *Kali Yuga* y cuándo termina, y sobre lo que viene después. En las últimas décadas, esta enseñanza ha suscitado más atención. Este aumento se debe al hecho de que la creencia, inspirada en la Ilustración europea, de que estamos entrando en un periodo de utopía tecnológica (en el que la ciencia soluciona todos nuestros problemas), ha sido sustituida gradualmente por la aleccionadora constatación de que la mayoría de las tecnologías que desarrollamos vienen acompañadas de siniestros efectos secundarios, que tardamos décadas o incluso siglos en comprender, momento en el que ya es muy tarde para rectificarlos.

Otra constatación aleccionadora es que la humanidad no parece capaz de ir más allá de la guerra permanente. La inestabilidad geopolítica en el momento de escribir este libro es la más alta desde la 2ª Guerra Mundial. El poder de las tiranías y dictaduras en el mundo va en aumento, lo que se corresponde con el recorte de las libertades civiles y la libertad de prensa. Mientras cada año se concentra más riqueza en manos de menos personas, las masas trabajadoras, por el contrario, trabajan cada año más horas y de forma más penosa, y aumenta la explotación. Se agudiza la crisis de salud mental de la humanidad, con constantes aumentos registrados de Trastorno del Espectro Autista, Trastorno Límite de la Personalidad, Trastorno Bipolar y Ansiedad y Depresión. Mientras se cierne la amenaza de la Inteligencia Artificial, el gasto militar se dispara en todo el mundo. Los océanos se calientan y acidifican, aumentan los gases de efecto invernadero en la atmósfera, se derriten los casquetes polares, y aumenta la intensidad de tifones, huracanes y ciclones. La desertificación, la acidificación, la salinización y la erosión del suelo se están acelerando, lo que conduce a una disminución acelerada de las tierras cultivables. Esto, combinado con un suministro de agua cada vez más escaso, provoca la aceleración de las crisis de refugiados, lo que desestabiliza la coherencia de las sociedades a las que emigran estos refugiados climáticos y económicos. Al mismo tiempo, la destrucción de hábitats, el desbroce de tierras, la caza excesiva, y el cambio climático impulsan la 6th extinción masiva de especies. Esta extinción masiva disminuye la biodiversidad, garante de la homeostasis en la biosfera. El término homeostasis significa que los parámetros biológicos (que garantizan la vida en la Tierra) oscilan sólo en un estrecho ancho de banda. Debido a la homeostasis, creada por la acción simbiótica de toda la biomasa del planeta, el clima durante el Holoceno (la era geológica que comprende los últimos 10 Millones de años) fue el periodo climático más estable de la historia del planeta. Sin un clima tan estable, la evolución del Homo Sapiens se habría topado con importantes obstáculos. Se debate si el Antropoceno venidero, una nueva era geológica marcada por la desestabilización de la homeostasis planetaria provocada por el ser humano, será hospitalario para organismos más complejos que incluso las variedades unicelulares.

No estoy diciendo que el progreso científico y tecnológico sea del todo malo o que retroceder. Lo que digo es que el fanatismo general *Sieg-Heil-tecnológico*[426] de la era modernista ha dado paso a una valoración mucho más realista y sobria de las capacidades de la humanidad. La doctrina *Yuga*, concebida hace muchos miles de años, proporciona un informe sorprendentemente exacto de dónde nos encontramos hoy. Aquí sólo presento algunos de sus fragmentos. Puede que nos ayuden a aceptar el hecho de que muchas cosas que se nos prometieron hace sólo unas décadas no sólo no se han materializado, sino que, hoy en día, mucha gente tiene una visión decididamente sombría de nuestro futuro. *Los Puranas* y el *Mahabharata* han previsto esta evolución, han explicado las razones y han enseñado soluciones.

En el *Bhagavata Purana*, Krishna afirma que, en la era de *Kali*, la gente será injusta en su forma de ver las cosas.[427] En un pasaje posterior del mismo texto se explica que la afición de mucha gente es perseguir a las esposas y las riquezas de los demás, y que la riqueza material sustituye a la conducta y el carácter virtuosos a la hora de estimar el valor de una persona.[428] Creo que nadie puede discutir que éste es nuestro estado actual de cosas. Un poco más adelante, el *Purana* añade que, en el *Kali Yuga*, la gente tiende a ser avara, despiadada, codiciosa, sin suerte y vengativa por tonterías.[429]

En la página siguiente, el mismo *Bhagavata* Purana habla de una tendencia especialmente preocupante del *Kali Yuga*: la corrupción de las enseñanzas espirituales y de los maestros.[430]

---

426 Utilizo este término para llamar la atención sobre el hecho de que, durante mucho tiempo, este tipo de fanatismo fue incuestionable e incuestionablemente similar a la ideología fascista dentro de una sociedad fascista.

427 Bhagavata Purana XI.7.5

428 Bhagavata Purana XII.2.40-42

429 Bhagavata Purana XII.3.25

430 Bhagavata Purana XII.3.38

El *Bhagavata* afirma que los maestros que son autoridades en *adharma* (conducta inicua, corrupción y vicio) empezarán a dar conferencias sobre *el dharma*, sentados en los sagrados asientos de los maestros respetados. El pasaje habla por sí mismo. En otro pasaje, el *Bhagavata* proporciona signos adicionales del *Kali Yuga*, que son igualmente poco halagüeños, pero, de nuevo, describe nuestra era con precisión.[431]

Al principio del *Bhagavata* Purana, se hace la afirmación inicialmente sorprendente de que la Divinidad constituida por Sat-Chit- Ananda es adecuada para la adoración durante la *Era Krta*.[432] Esto requiere explicación y análisis. *Krta Yuga* y *Satya Yuga* son sinónimos y se refieren a la primera edad, llamada diversamente Edad de Oro o Edad de la Verdad. Durante este primero de todos los *yugas* la humanidad presumiblemente era más madura a nivel espiritual, y estaba más en sintonía con la naturaleza y lo Divino. Sat-Chit-Ananda es el nombre de la Divinidad en los *Upanishads*, y puede traducirse como Verdad-Conciencia-Extasis. También es el nombre que Sri Aurobindo utiliza para la Divinidad, pero que ha sido sustituido en épocas posteriores por deidades de apariencia humana. Es esencial comprender que, en una época muy lejana, aún éramos lo suficientemente maduros a nivel espiritual como para entender el nombre aparentemente complejo que hoy se da a la Divinidad: Sat-Chit- Ananda o Verdad-Conciencia-Extasis. En la época actual, en cambio, parece que divinizamos la riqueza, el poder, las proezas sexuales, el entretenimiento violento, la fama, y el número de "me gusta" en las redes sociales. Por tanto, el *Purana* es realista al afirmar que la humanidad ha perdido de vista Sat-Chit-Ananda.

---

431 Bhagavata Purana XII.2.1-16
432 Bhagavata Purana III.21.8

CAPÍTULO 10

Avancemos hacia la solución que los *Puranas* y el *Mahabharata* tienen que ofrecer para nuestro predicamento. La causa de este aprieto es que la humanidad perdió su equilibrio en la ley divina y persiguió su propia grandeza y ego. Podemos invertir este proceso alineándonos de nuevo con lo Divino, y una nueva Edad de Oro puede amanecer sobre nosotros. La dirección de la humanidad siempre estuvo determinada por una minoría de individuos audaces y pioneros, que arrastraron consigo a la mayoría. Si suficientes individuos aceptan el reto del *Bhagavad Gita*, el *Bhagavata Purana* y otros *shastras* para alinearnos de nuevo con el proyecto del Purushottama, el Ser Supremo, mediante una convergencia de *Raja*, *Karma*, *Jnana* y *Bhakti* Yoga, el curso de la humanidad cambiará.

CASTAS Y VARNAS - NOTAS Y REFERENCIAS ADICIONALES

Hay una verdad tras el sistema de *varna del Gita*, que debemos comprender, pues está en la base de la llamada de Krishna a encontrar nuestro propio destino personal, respecto a cómo debe servir cada individuo a la Divinidad. Al hacerlo, no estoy justificando el moderno sistema hereditario de castas indio ni sus clones en la sociedad occidental. En su libro *Casta: The Origin of Our Discontents*, la periodista estadounidense Isabel Wilkerson, ganadora de un Pulitzer, describe que en la base del racismo contra los afroamericanos en Estados Unidos se encuentra un sistema de castas estratificado similar al de la India y la Alemania nazi. Como ciudadano australiano, soy muy consciente de que el trato a los aborígenes australianos también debería incluirse en esta lista. Al estudiar la historia de Australia, me sorprendió el hecho de que detrás y debajo de la categorización de los aborígenes australianos como infrahumanos (para poder reclamarla para la corona británica, el capitán Cook declaró que Australia estaba deshabitada por humanos) estaba el repudio sistemático y la transferencia de riqueza de los aborígenes a los colonialistas blancos durante dos siglos. Muchas industrias australianas incipientes no habrían sobrevivido, y su economía sólo podría haberse desarrollado hasta su forma actual con el robo sistemático de tierras y el suministro de mano de obra barata, o incluso gratuita, de un pueblo sometido durante 200 años. Esto significa que, aunque tales sociedades parezcan superficialmente racistas, en la base del racismo y de sistemas similares de estratificación social se encuentra la transferencia sistemática de riqueza y propiedad. Aunque no puedo tratar estos temas adecuadamente en este libro sobre el *Bhakti* Yoga, creo que es necesario mencionarlos porque he hablado con frecuencia de las castas y los varnas. Además del libro de Wilkerson, recomiendo *The Biggest Estate on Earth-How Aborigines Made Australia*, de Bill Gammage.

El término sánscrito que subyace a la palabra inglesa casta es *varna*, que significa color. La idea aquí es que estamos coloreados por las cualidades mentales de *tamas* (masa o inercia), *rajas* (frenesí o energía) y *sattva* (inteligencia o sabiduría). Basándonos en ello, nuestro papel en la sociedad debería ser la profesión espiritual, el gobierno y las fuerzas de defensa, los negocios o el trabajo. Según el *Bhagavad Gita*, esta distinción existía originalmente para que pudiéramos utilizar nuestras capacidades y tendencias al servicio de la Divinidad y de la sociedad. Inicialmente, las castas no eran hereditarias, y era posible cambiar de casta si la situación heredada no se ajustaba a la constitución real de cada uno. Krishna se refiere con frecuencia a las *varnas*, pero Aurobindo, Swami Tapasyananda y otros, señalan que no se refiere a las castas modernas, sino a las cualidades mentales. Desgraciadamente, todos los comentaristas medievales

CAPÍTULO 10

interpretaron las castas en el uso que Krishna hace de *varna*. Entonces interpretaron su llamamiento a seguir el propio *svadharma* como una adhesión a las reglas de las castas. Ya he citado antes a Swami Tapasyananda, quien sostiene que los comentaristas medievales no hicieron un gran servicio al Señor Krishna con esta línea de razonamiento. Aportaré aquí más información de fondo porque, a menos que entendamos *la varna* como la cualidad mental de una persona (en lugar de la casta hereditaria), y *el svadharma* como el destino más elevado inherente a un individuo (en lugar de la llamada a atenerse a las normas de la propia casta), no podremos sondear la profundidad filosófica del *Bhagavad Gita*, ni ceder a su llamada a una relación íntima y personal con lo Divino. Tal era la opinión de Sri Aurobindo.

En el *Mahabharata*, Krishna dice que los devotos del Señor nunca son *shudras* (nombre de la casta más baja, supuestamente dominada por tamas, la inercia). Krishna afirma aquí que no es el nacimiento lo que convierte a una persona en *shudra*, sino la devoción a Dios o la falta de ella, es decir, su calidad espiritual. El Krishna *del Mahabharata, el Gita* y el *Bhagavata Purana* conoce el sistema de castas. Sin embargo, sostiene que la casta hereditaria no importa; lo que importa es la devoción a lo Divino. Continúa afirmando que una persona sabia, ni siquiera debe despreciar a un paria (que en el sistema de castas está por debajo de los *shudras*) que sea devoto de la Divinidad. Si lo hace, caerá en el infierno. Por tanto, no nos corresponde distinguir entre un devoto y otro. Una vez más, Krishna afirma aquí que el sistema de castas es irrelevante, sino que lo que importa es el nivel de realización de la Divinidad y el servicio prestado a la Divinidad.

Aunque muchas sociedades capitalistas modernas no presentan algo tan rígido como el sistema de castas indio, no debemos ser demasiado engreídos. Siendo realistas, estas sociedades tienen un sistema de castas estrictamente orientado en función de los recursos económicos de una persona. Si en el capitalismo no tienes dinero, tu situación no difiere mucho de la de un paria indio. Si, por el contrario, eres un multimillonario hereditario, puedes hacer lo que quieras. Entre medias, hay graduaciones, que tampoco difieren mucho del sistema de castas. El problema de la riqueza en Occidente es que te da acceso a abogados caros y, por tanto, a la capacidad de gastar más que tus oponentes menos financiados durante los procedimientos judiciales. Sería esencial conseguir una sociedad en la que el valor de una persona no viniera determinado ni por el tamaño de su cartera de bienes, ni por la familia en la que ha nacido.

También Aurobindo sostenía que la obligación de que *el svadharma* (deber propio) sea adherirse a la propia casta es errónea.[433] Explica además que esta noción errónea se basa en la falsa enseñanza de que el mundo es una ilusión. Si creemos que el mundo es una ilusión, entonces, según Aurobindo, atenerse a las reglas de las castas es lo más adecuado para quienes no son aptos para la liberación espiritual. Aurobindo dice que, si admitimos que el mundo es real, encontrar el propio *svadharma* significa apoyar la obra de Dios en el mundo real. Significa vivir para Dios en el mundo y ayudar a Dios a conducir el mundo hacia un ideal divino: la divinización de la sociedad humana.

---

433 Debashish Banerji, Seven Quartets of Becoming, p. 312

Epílogo

En un nivel más profundo, nuestra práctica *del bhakti* crea una apertura para que la Divinidad participe más plenamente en el mundo, al individuarse a través de nosotros. De hecho, no hay diferencia entre la Divinidad y el mundo. El mundo, el cosmos, es el cuerpo de la Divinidad. Sin embargo, en un nivel más profundo, dado que la Divinidad es una inteligencia viva, aunque cósmica, requiere que nosotros, inteligencias encarnadas limitadas, nos abramos a las frecuencias de la Divinidad. A través de ello, la Divinidad puede participar a un nivel superior en el mundo.

En palabras del propio Sri Aurobindo, se crea una vía al comprender que *ananda*, el éxtasis, es el estado pasivo del Brahman, y *prema*, el amor, es su estado activo. Al sintonizar, mediante la meditación y la *sadhana*, con el éxtasis del Brahman, nos llenamos finalmente de Su amor y podemos llevar este amor al mundo. Entonces experimentaremos que el amor puro y divino, *prema*, no es una emoción, sino una cualidad de la Divinidad que se nos ha otorgado.

Como elementos esenciales de este modo de devoción, Aurobindo aconseja *manana* y *darshana*, que consisten en pensar constantemente en lo Divino en todas las cosas, y ver lo Divino siempre y en todas partes.[434] Al hacerlo, la comunión con lo Divino se producirá de forma natural. Esta comunión, más que la unión, debe ser nuestro objetivo. Sri Ramakrishna lo expresó maravillosamente al decir: "quiero saborear el azúcar en lugar de convertirme en azúcar", pues la integridad del devoto en tal comunión se mantiene.

---

434 Sri Aurobindo, The Synthesis of Yoga, p. 601

La adhesión al *dharma* (acción correcta) es esencial en este camino del *bhakti*, pues Krishna nos exhorta a ver a Dios en todo lo que no sea contrario *al dharma*, a la fuerza no corrompida por el deseo, y al deseo alineado con el *dharma*.[435] El *Gita* no es una conversación antigua que no nos concierne. Debemos comprender que Arjuna representa aquí a todos nosotros; plantea las preguntas que nos desconciertan a todos. En un plano metafórico, Arjuna representa al yo superficial, o yo fenoménico, y Krishna al yo profundo, o yo verdadero.

Aparte de comprender que Arjuna y Krishna representan aspectos de nuestra propia psique, también debemos aprender a cooperar más y a enemistarnos menos. *El Bhagavata* Purana dice que los seres vivos se destruyen unos a otros y, en última instancia, a sí mismos, mediante enemistades mutuas, y prosperan mediante la cooperación mutua.[436] Además de cooperar entre sí, el *bhakta* participa en las alegrías y sufrimientos de todos los seres. Así dice Krishna en el *Gita* que los más grandes yoguis son aquellos que, viendo el *atman* en todos los demás, sienten sus alegrías y sufrimientos como si fueran los suyos propios.[437]

Para comprender verdaderamente la Divinidad, meditar sobre una deidad o un *avatar* no será suficiente, en última instancia. *El Bhagavata* Purana afirma que necesitamos meditar en cada aspecto de la Divinidad individualmente y, una vez que hayamos alcanzado la destreza en ello, en todas las partes juntas.[438] La última clave maestra *del Bhakti Yoga* es no tener en mente nuestra propia satisfacción al realizar las acciones, sino la de Dios. Así afirma Sri Krishna que ganaremos devoción hacia Él realizando todos nuestros

---

435 Bhagavad Gita VII.11
436 Bhagavata Purana I.15.24
437 Bhagavad Gita VI.32
438 Bhagavata Purana III.33.22

esfuerzos mundanos con Su satisfacción en mente.[439] Con todos estos elementos básicos en su sitio, podemos crear una sociedad divinizada guiada por el amor evolucionado y genuino a la Divinidad, a todos los seres y a todo el cosmos.

---

439 Bhagavata Purana XI.11.23-24

Bibliografia

Aranya, Sw. H., *Yoga Philosophy of Patanjali with Bhasvati*, University of Calcutta, Kolkata, 2020.

Aurobindo, S., *Secret of the Veda*, Sri Aurobindo Ashram Trust, Pondicherry, 1995.

Aurobindo, S., *Essays on the Gita*, Sri Aurobindo Ashram Trust, Pondicherry, 1995.

Aurobindo, S., *Record of Yoga*, Vol. 2, Sri Aurobindo Ashram, Pondicherry, 2001.

Aurobindo, S., *The Life Divine*, Sri Aurobindo Ashram, Pondicherry, 1939-40.

Aurobindo, S., *Collected Works of Sri Aurobindo*, Sri Aurobindo Ashram Trust, Pondicherry, 2003.

Aurobindo, S., *Savitri – A Legend and a Symbol*, Sri Aurobindo Ashram Trust, Pondicherry, 1995.

Aurobindo, S., *The Integral Yoga*, Lotus Press, Twin Lakes, 1993.

Aurobindo, S., *The Synthesis of Yoga*, Sri Aurobindo Ashram, Pondicherry, 1948.

Aurobindo, S., *The Upanishads*, Sri Aurobindo Ashram Trust, Pondicherry, 1996.

Bader, J., *Meditation in Sankara's Vedanta*, Aditya Prakashan, New Delhi, 2010.

Banerji, D., *Seven Quartets of Becoming- A Transformative Yoga Psychology Based on the Diaries of Sri Aurobindo*, Nalanda International, Los Angeles, 2012.

Bhattacharya, V., editor and translator, *The Agamasastra of Gaudapada*, Motilal Banarsidass, Delhi, 1963.

Borg, M.J., *Meeting Jesus Again For The First Time,* Harper One,1995.

Chandra Vasu, R.B.S., translator, *The Gheranda Samhita*, Sri Satguru Publications, Delhi, 2006.

Chapple, C., translator, *The Yoga Sutras of Patanjali,* Sri Satguru Publications, Delhi, 2010.

Cobb, J.B., *A Christian Natural Theology*, Westminster John Knox Press, 2007.

Cole, C.A., Asparsa Yoga – *A Study of Gaudapada's Mandukya Karika*, Motilal Banarsidass, Delhi, 2002.

Dasgupta, S., *A History of Indian Philosophy*, 1st Indian edn, 5 vols, Motilal Banarsidass, Delhi, 1995.

Easwaran, E., *The Bhagavad Gita For Daily Living*, 3 vols, Nilgiri Press, 1975.

Eliade, M., Yoga – *Immortality and Freedom*, 2nd edn, Princeton University Press, Princeton, New Jersey, 1989.

Gambhirananda, Sw., *Bhagavad Gita with Commentary of Sankaracarya*, Advaita Ashrama, Kolkata, 2017.

Gambhirananda, Sw., translator, *Brahma Sutra Bhasya of Sri Sankaracarya*, Advaita Ashrama, Kolkata, 1985.

Gambhirananda, Sw., translator, *Eight Upanisads*, Advaita Ashrama, Kolkata, 2016.

Ganguli, K.M., translator, *The Mahabharata*, 12 vols, Munshiram Manoharlal, New Delhi, 2018.

Godman, D. (ed.), *Be As You Are – The Teachings of Ramana Maharshi*, Penguin Books India, New Delhi, 2005.

Gurdjieff, G.I., *Beelzebub's Tales To His Grandson*, Penguin Books, 1999.

Jagadananda, Sw., translator, *Upadesa Sahasri of Sri Sankaracarya*, Sri Ramakrishna Math, Madras.

Jagadananda, Sw., translator, *Vakyavrtti of Sri Sankaracarya*, Sri Ramakrishna Math, Madras.

Johnson, R.A., *We: Understanding the Psychology of Romantic Love*, Harper One, 2009.

Krishna, G,. *Kundalini – Evolutionary Energy in Man*, Shambala, 1997.

Krishnamurti, J., *Krishnamurti to Himself*, HarperCollins, San Francisco, 2013.

Krishnamurti, J., *Krishnamurti's Journal*, 2nd rev. edn, Krishnamurti Foundation Trust India, Chennai, 2023.

Krishnamurti, J., *The Awakening of Intelligence*, HarperCollins, San Francisco, 2007.

Krishnamurti, J., *The First and Last Freedom*, HarperCollins, San Francisco, 1995.

Kunjunni Raja, K., editor, *Hathayogapradipika of Swatmarama*, The Adyar Library and Research Centre, Madras, 1992.

Leggett, T., *Realization of the Supreme Self*, New Age Books, New Delhi, 1995.

Leggett, T., translator, *Sankara on the Yoga Sutras*, 1st Indian edn, Motilal Banarsidass, Delhi, 2012.

Lester, R.C., *Ramanuja on the Yoga*, Adyar Library and Research Centre, Madras, 1996.

Madgula, I.S., *The Acarya*, 2nd rev. edn, Motilal Banarsidass, Delhi, 2021.

Madhavananda, Sw., translator, *The Brhadaranyaka Upanisad*, Advaita Ashrama, Kolkata, 2017.

Mani, V., *Puranic Encyclopedia*, 1st English edn, Motilal Banarsidass, Delhi, 1995.

Medhananda, Sw., *Why Sri Aurobindo's Hermeneutics Still Matter*, Ramakrishna Institute of Moral and Spiritual Education, Mysore.

Mueller, M., editor, *The Sacred Books of the East*, vol. 38, *Vedanta Sutras*, trans. G. Thibault, Motilal Banarsidass, Delhi, 1982.

Natarajan, A.R., *Ramana Maharshi – The Living Guru*, Ramana Maharshi Centre for Learning, Bangalore, 2016.

Natarajan, A.R., *Timeless in Time – A Biography of Sri Ramana Maharshi*, 2nd edn, Ramana Maharshi Centre for Learning, Bangalore, 2020.

CAPÍTULO 10

Nikhilananda, Sw., translator, *The Mandukya Upanishad with Gaudapada's Karika and Sankara's Commentary*, Advaita Ashrama, Kolkata, 2007.

Panoli, V., translator and commentator, *Gita in Shankara's Own Words*, Shri Paramasivan, Madras, 2000.

Prabhavananda, Sw., *Bhagavad Gita*, Vedanta Press, Hollywood, 1944.

Prabhupada, B. Sw., *Bhagavad Gita As It Is*, The Bhaktivedanta Book Trust, New York, 1968.

Radhakrishnan, S., editor, *The Principal Upanisads*, HarperCollins Publishers India, New Delhi, 2014.

Radhakrishnan, S., *Indian Philosophy*, Indian edn, 2 vols, Oxford University Press, New Delhi, 1960.

Radhakrishnan, S., translator and commentator, *The Bhagavad Gita*, HarperCollins Publishers India, New Delhi, 2022.

Ramakrishnananda, Sw., *Life of Sri Ramanuja*, Sri Ramakrishna Math, Madras.

Ramanujacharya, S., *Gita Bhasya*, transl. Svami Adidevananda, Sri Ramakrishna Math, Madras, 1991.

Sapolsky, R. M., *Behave: The Biology of Humans at Our Best and Worst*, Penguin Press, 2017.

Shankaracharya, S., *Bhagavad Gita with Commentary*, transl. Swami Gambhirananda, Advaita Ashrama, Calcutta, 1997.

Stoler Miller, B., *The Bhagavad Gita*, Bantam Books, New York, 1986.

Subramaniam, K., translator, *Mahabharata*, Bharatiya Vidya Bhavan, Mumbai, 2019.

Subramaniam, K., translator, *Srimad Bhagavatam*, 7th edn, Bharatiya Vidya Bhavan, Mumbai, 2017.

Swahananda, Sw., translator, *Chandogya Upanisad*, Sri Ramakrishna Math, Madras, 1976.

Tapasyananda, Sw., *Srimad Bhagavad Gita*, Sri Ramakrishna Math, Chennai, 1984,

Tapasyananda, Sw., *Srimad Bhagavata*, Sri Ramakrishna Math, Chennai, 1981.

Tapasyananda, Sw., translator, *Sankara-Dig-Vijaya*, Sri Ramakrishna Math, Chennai.

Tapasyananda, Sw., translator, *Sivanandalahari of Sri Sankaracarya*, Sri Ramakrishna Math, Madras.

Torwesten, H., Ramakrishna – *Schauspieler Gottes*, Fischer Taschenbuch Verlag, Frankfurt, 2001.

Tyagisananda, Sw., *Narada Bhakti Sutras*, Sri Ramakrishna Math, Chennai, 2001,

Vireswarananda, Sw., translator, *Srimad Bhagavad Gita*, Sri Ramakrishna Math, Madras.

Whitehead, A.N., *Adventure of Ideas*, Free Press, 1967.
Whitehead, A.N., *Process and Reality*, Free Press, 1979.

Whitehead, A.N., *Religion in the Making*, Fordham University Press, 1996.

Wilkerson, I., *Caste: The Origin of Our Discontents*, Random House, 2020.

Yogananda, P., *God Talks with Arjuna*, 3 vols, Motilal Banarsidass, 1999.

Información Sobre El Autor

Gregor empezó con *el Raja* Yoga a finales de los años setenta y añadió *el Hatha* Yoga a principios de los ochenta. Poco después inició viajes anuales a la India, donde aprendió de varios maestros yóguicos y tántricos, *sadhus* indios tradicionales y ascetas. Vivió muchos años recluido, estudiando sánscrito y escrituras yóguicas y practicando técnicas yóguicas.

La serie de libros de texto de Gregor, compuesta por *Ashtanga Yoga: Práctica y Filosofía, Ashtanga Yoga: La Serie Intermedia, Pranayama: La Respiración del Yoga, Meditación del Yoga: A través del Mantra, los Chakras y la Kundalini hacia la Libertad Espiritual, Samadhi: La Gran Libertad, Cómo Encontrar el Propósito Divino de tu Vida, Chakras, Drogas y Evolución, y Mudras: Sellos del Yoga,* ha vendido más de 150.000 ejemplares en todo el mundo y se ha traducido a ocho idiomas. Puedes encontrar los artículos de su blog en www.chintamaniyoga.com.

En la actualidad, Gregor integra todos los aspectos del yoga en su enseñanza, siguiendo el espíritu de Patanjali y T. Krishnamacharya. Su alocado sentido del humor, sus múltiples experiencias personales, su vasto y profundo conocimiento de las escrituras, las filosofías indias y las técnicas yóguicas se combinan para hacer que las enseñanzas de Gregor sean fácilmente aplicables, relevantes y accesibles para sus alumnos. Ofrece talleres, retiros y formación de profesores en todo el mundo.

Ponte en contacto con Gregor a través de
www.chintamaniyoga.com
www.8limbs.com
https://www.facebook.com/gregor.maehle.

www.ingramcontent.com/pod-product-compliance
Lightning Source LLC
Chambersburg PA
CBHW020829160426
43192CB00007B/582